능력기도
예배 대표기도문[+]

**능력기도
예배대표기도문+**

1판 인쇄일 2016년 2월 15일
1쇄 발행일 2016년 2월 18일

지은이 한치호
펴낸이 한치호
펴낸곳 종려가지
등록 제311-2014-000013호.(2014. 3. 20)
주소 서울특별시 은평구 은평로 14길, 9-5
　　　전화 02. 359. 9657
디자인 표지 이수연
디자인 본문 구본일
제작 어시스트 강진오
제작대행 세줄기획(이명수)
　　　전화 02. 2265. 3749
영업(총판) 일오삼(민태근)
　　　전화 02 964. 6993, 팩스: 02. 2208. 0153

값 15,000 원　　ISBN 979-11-87200-00-0　03230

ⓒ 2016, 종려가지

잘못 만들어진 책은 구입하신 서점에서 바꾸어 드립니다.
책의 주문 및 영업에 대한 문의는 영업대행으로 해주십시오.
문서사역에 대한 질문은 010. 3738. 5307로 해주십시오.

능력기도
예배 대표기도문+

한 치 호 목사 지음

문서사역
|종|려|가|지|

머리말

'또 한 권의 책.' 하나님 앞에서 집필을 사역으로 섬기면서 첫째로 두려워하는 말이다. 원고를 탈고하여 책이 만들어지면 서점의 책꽂이에 꽂히게 된다. 이때, 이미 한 권이 출판되어서 서점에 배본되어 있는데, 또 한 권의 책이 더해진다는 건 아무래도 볼썽사납다. 그리고 다른 저자가 집필하여 똑같은 내용이나 형식의 책이 있는데, 그 옆에 나란히 놓이게 된다는 것은 시간의 낭비라 여기고 있다.

부족한 사람의 경우, 벌써 여러 권이나 되는 기도 안내서를 집필하여 서점에 내어놓았다. 인쇄를 거듭하여 쇄의 숫자가 꽤나 되는 책들도 있다. 그러나 원고를 집필하던 당시에는 집필의 타당성을 생각했고, 출판사에서도 이에 동의하여 출간하였는데, 이는 전적으로 나의 오류로 한 권의 책이 더해지게 되었음을 부인할 수 없다. 나름대로 독자들의 호평도 있어왔지만 꼭 집필되었어야 하는 건 아니었. '한 권의 책.' 이 단어를 프린트해서 책상의 한쪽에 붙여둔 지 이미 오래다. 집필이 사명이 된 후부터는 손이 닿는데 수첩을 두어 놓고 있다. 그리고 매일 쓰는 원고도 있다. 그렇지만 스스로의 유혹에 넘어가든, 주변 사람들이 부추기든 내가 쓰지 않아도 될 만한 원고는 작성하지 않기를 다짐하고 있다.

그럼에도 불구하고, 『능력기도 예배 대표기도문⁺』을 탈고해서 하나님께 올려드린다. 여기에는 몇 가지의 타당한 이유가 있기 때문이었다. 이 책을 펴낸 출판사에 이미 몇 권에 이르는 기도문이 있는데, 오래 전에 출간된 것들이었다. 그래서 '옛날 형식'이 된 문장 스타일을 오늘의 언어형식으로 다듬어달라는 부탁을 받았다. 그런데 그 부탁에 쉽게 동의하지 못하고 고민을 하다가 시간을 보내버리고 말았다. 그것은 기도에 담겨있는 신앙의 사상, 또는 신앙의 고백 때문이었다.

그리하여 이미 출간된 기도문의 서적들을 참고하여 기도의 정형을 정리하고, 집필하는 작업에 들어가게 되었다. 그러므로 이 책에 수록된 기도문의 내용은 전적으로 필자의 것이지만 그 주제는 출판사의 것이다. 그렇게 되어 『능력기도 예배 대표기도문⁺』을 내어놓게 되었다. 이로써 이 한 권의 책에는 우리가 교회에서 '대표자'로 지명되어 간구할 수 있는 기도의 모든 것들을 망라하게 되었다. 교회 공동체 기도의 전서(全書)라 할 수 있다.

대표로 기도하는 시간에 하늘의 문이 열리고, 예배의 성소에 하나님의 임재하심이 있는 예배를 소원하면서 '쓰는 기도'로 작성되었다. 우리가 예배할 때마다 거룩한 장소에 하늘의 능력이 나타나야만 할 것이다. 이 은혜가 이 책을 참고로 간구하는 모든 이들에게 나타나기를 기도한다. 귀한 기회를 주신 하나님께 영광을 드리고, 출판사에 감사한다.

주후 2016년 2월
한 치 호 목사

차 례

머리말 _ 4

대표기도자의 주일
예배에 대한 상식 _ 11

1. 주일 낮 예배기도문

1월의 기도 _ 30	2월의 기도 _ 38	3월의 기도 _ 46
4월의 기도 _ 56	5월의 기도 _ 64	6월의 기도 _ 72
7월의 기도 _ 82	8월의 기도 _ 90	9월의 기도 _ 98
10월의 기도 _ 108	11월의 기도 _ 116	12월의 기도 _ 124

2. 주일 밤(오후) 예배기도문

1월의 기도 _ 136	2월의 기도 _ 140	3월의 기도 _ 144
4월의 기도 _ 149	5월의 기도 _ 153	6월의 기도 _ 157
7월의 기도 _ 162	8월의 기도 _ 166	9월의 기도 _ 170
10월의 기도 _ 175	11월의 기도 _ 179	12월의 기도 _ 183

3. 수요일 밤(오후) 예배기도문

1월의 기도 _ 190	2월의 기도 _ 194	3월의 기도 _ 198
4월의 기도 _ 203	5월의 기도 _ 207	6월의 기도 _ 211
7월의 기도 _ 216	8월의 기도 _ 220	9월의 기도 _ 224
10월의 기도 _ 229	11월의 기도 _ 233	12월의 기도 _ 237

4. 교회절기 - 국가기념일 예배기도문

1. 사순절 – 244	2. 종려주일 – 246
3. 고난주간 – 248	4. 부활절 – 250
5. 성령강림절 – 252	6. 삼위일체주일 – 254
7. 맥추감사절 – 256	8. 추수감사절 – 258
9. 대강절 – 260	10. 성탄절 – 262
11. 삼일절 – 264	12. 현충일 – 266
13. 6 · 25 사변일 – 268	14. 광복절 – 270
15. 신년주일 – 272	16. 어린이주일 – 274
17. 어버이주일 – 276	18. 교육진흥주일 – 278
19. 성서주일 – 280	20. 송년주일 – 282

5. 교회행사 -기관헌신 예배기도문

1. 제직회 – 286	2. 사경회(부흥회) – 287
3. 어린이 성경학교 – 288	4 청소년 수련회 – 289
5. 전도주일 – 290	6. 세계선교주일 – 291
7. 사회봉사주일 – 292	8. 교회기관 총회 – 293
9. 교육기관 졸업식 – 294	10. 제직회 헌신 예배 – 295
11. 남전도회 헌신 예배 – 296	12. 여전도회 헌신 예배 – 297
13. 구역(셀) 리더 헌신 예배 – 298	14. 성가대 헌신 예배 – 299
15. 청년회 헌신 예배 – 300	16. 대학부 헌신예배 – 301
17. 청소년(중 · 고등)부 헌신예배 – 302	

6. 심방 예배기도문

1. 새신자의 가정 _ 304
2. 일반 성도의 가정-젊은이 _ 305
3. 일반 성도의 가정-장년 _ 306
4. 은퇴 제직의 가정 _ 307
5. 권찰 · 구역장의 가정 _ 308
6. 집사(서리)의 가정 _ 309
7. 권사의 가정 _ 310
8. 집사(안수)의 가정 _ 311
9. 장로의 가정 _ 312
10. 부교역자의 가정 _ 313
11. 새 가정의 축복 _ 314
12. 주일 성수에 게으른 자 _ 315
13. 가정이 평안하지 않는 자 _ 316
14. 교회생활에 회의를 보이는 자 _ 317
15. 유혹에 넘어가 스스로 낙심된 자 _ 318
16. 기도하지 않는 자 _ 319
17. 믿음에 회의를 갖는 자 _ 320
18. 연단을 이기지 못하는 자 _ 321
19. 갑자기 병에 걸렸을 때 _ 322
20. 불의의 사고로 다쳤을 때 _ 323
21. 오랜 지병 · 노환의 환자 _ 324
22. 질병의 고통이 심해질 때 _ 325
23. 병원에 입원 중인 환자 _ 326
24. 수술을 하게 되는 경우 _ 327
25. 치료 후 회복기의 환자 _ 328

7. 교회 - 교회의 지체들을 위한 기도문

1. 목회비전과 담임 목사를 위한 중보 _ 330
2. 복음이 선포되는 교회 _ 331
3. 하나 된 공동체가 되는 교회 _ 332
4. 지역사회에서 섬기며 봉사하는 교회 _ 333
5. 거룩함이 보전되는 교회 _ 334
6. 사회와 문화를 이끌어 가는 교회 _ 335
7. 지역사회에서 칭찬받는 교회 _ 336
8. 담임 목사 _ 337
9. 부목회자들 _ 338
10. 장로 _ 339
11. 안수집사 _ 340
12. 권사 _ 341
13. 집사 _ 342
14. 구역장 _ 343
15. 세상적인 것들에 마음을 두는 지체 _ 344
16. 욕심의 미혹을 받는 지체 _ 345
17. 재물에의 탐욕에 끌리는 지체 _ 346
18. 거짓에의 유혹을 받는 지체 _ 347
19. 부부가 서로 갈등을 겪고 있는 지체 _ 348
20. 고부의 갈등을 겪고 있는 지체 _ 349
21. 부모-자녀의 갈등을 겪고 있는 지체 _ 350
22. 가족 중에 불의한 일에 가담한 가정 _ 351

대표기도자의 주일예배에 대한 상식

1. 예배에 대한 정의

예배는 사람이 창안한 것이 아니다. 하나님께서 우리에게 예배하도록 제정해주신 것이다. 하나님께서는 인격적인 교제로 자신을 제공하시고 사람은 이에 응답한다. 하나님은 사랑을 제공하여 예배 행위에서 인간으로 하여금 응답하게 하신다. 우리의 예배를 통해 하나님께서는 지교회 지체들의 공동체 가운데 임재하신다. 그리고 그들은 중보자 예수 그리스도에 의하여 하나님과 만나게 된다. 여기에서 기쁨으로 그의 백성들은 하나님과의 교제를 맛보게 되는 것이다.

1) 성경에 나타난 정의

성경에서 개인적 예배는 가인과 아벨의 제사에서 볼 수 있으나 공적 예배의 시작은 셋의 시대부터였다(창 4:26). 아브라함은 하나님의 임재가 있었던 곳에 제단을 쌓고 여호와의 이름을 불렀다(창 13:3). 이렇게 하나님의 나타남이 있는 곳에 제단을 쌓고 하나님을 경배한 것을 족장들의 생활에서 볼 수 있다. 그러나 하나님 경배가 제도화된 것은 모세의 시대였다.

ㄱ. 구약

하나님을 만나는 기회가 시내산 예배에서 이루어졌고, 이 시내산 예배에서 죄인된 사람이 어떻게 거룩하신 하나님과의 만남이 이루어 졌는가를 살펴볼 수 있다. 여기에서 예배의 의미로 사용된 명사가 있는데, 샤하아와 아바드였다.

샤하아의 뜻은 예배를 드리는 사람들이 마음과 몸을 가지고 최대한으로 존경하는 태도를 보이는 것을 말한다. 시편 기자는 "어서 와 허리 굽혀 경배 드리자, 우리를 지으신 여호와께 무릎을 꿇자, 그는 우리 하나님, 우리는 그의 기르시는 백성, 이끄시는 양떼"(시 95:6-7)라고 하였다.

아바드는 성전에서의 봉사를 의미하였다. 이 말의 일반적인 뜻은 '일한다', '섬긴다' 로 쓰여졌는데, 성전에서 드리는 공적 예배에 대해서 사용되었다. 그것은 성전에서 봉사한다는 뜻이 있기 때문이었다. 또한, 노예나 고용된 종들을 의미하였다. 이 말이 하나님을 섬기는데 사용되면서부터 제물을 드리는 봉사와 레위인들의 회막에서의 봉사를 의미하는 말로 사용되었다.

ㄴ. 신약

헬라어로 기록된 신약에서는 예배라는 표현이 세 가지 용어로 나타나고 있다.

① 프로스퀴네오

이 낱말의 문자적인 뜻은 '누구의 손에 입 맞추는 것' 또는, '존경의 표시로 다른 사람 앞에 자신을 엎드린다' 는 의미를 갖고 있다.

유대교에서는 이 단어를 이스라엘의 하나님이나 혹은 거짓 신들에 대한 숭배와 관련되어 사용하기도 했으나 신약에서는 신성한 대상에만 관련하여 사용하였다.

② 라트레이아

이 낱말의 일차적인 뜻은 '보상을 위한 봉사' 다. 그리고 신앙적인 의미에서 신들을 섬김이라는 뜻을 가지고 있다. 우리는 신약에서 다섯 가지로 라트레이아가 사용된 실례를 볼 수 있다. 여기에서 세 가지는 희생제사 사역을 언급하고 있다.

- 로마서 9:4, "저희는 이스라엘 사람이라 저희에게는 양자 됨과 영광과 언약들과 율법을 세우신 것과 예배와 약속들이 있고."
- 히브리서 9:1, "첫 언약에도 섬기는 예법과 세상에 속한 성소가 있더라."
- 히브리서 9:6, "이 모든 것을 이같이 예비하였으니 제사장들이 항상 첫 장막에 들어가 섬기는 예를 행하고."

로마서 12:1에서는 내적인 생활과 외적인 행위의 산 제사를 말하고 있다. 즉, 인간의 이성과도 일치하며 또한, 그분 안에서 하나님의 이성도 역사하시는 하나님께 대한 예배를 말한다.

③ 레이투르기아

이 낱말이 가리키는 뜻은 섬김과 봉사이다. 이 말이 예배와 관련되어서 예배식이라는 단어가 만들어졌다. 성경의 사람들에게 이 낱말은 제사장들과 레위인들이 행한 바 특별한 봉사를 나타낼 때에 사용되었다. 그들의 제사장적 기능들은 모두가 예배적인 것들이었다.

신약 시대에 이 용어는 그리스도의 직분(히 8:6)과 교회의 예배(행 13:2)를 표시하였다. 사도 바울은 더 나아가 예루살렘 교회를 위해 모은 헌금과 빌립보 교회가 자기를 위해 준 선물에 대해서도 적용하여 사용하였다. 바울에게 있어서 참된 레이투르기아는 성령의 열매로 나타나는 믿음의 생활이었다.

2) 예수님과 관련된 정의

구약의 창조주와 이스라엘과의 언약을 지키시는 하나님은 신약에서 자신을 충분히 계시하셨다. 인간을 위하는 그의 사랑을 예수님의 사역으로 나타내시고, 주님께서 갈보리 십자가의 죽으심은 구약에서 제사로 예배되었던 것을 나타내셨다. 따라서 신약의 예배는 주님의 지상의 생활에서 충분하고 완전한 예배의 생활을 맛보는 것이었으며, 예수님의 죽으심을 통하여 과거를 기념하고 구속의 은총을 고백하는 예배였다.

예수님과 관련해서 예배를 나타내는 신약의 용어들에는 다음과 같은 것들이 쓰여 졌다.

-무릎을 꿇다

무릎을 꿇을 때나 완전히 부복하여 엎드렸을 때에 사용하는 말인데, 겸손과 자기의 부족감과 존경과 복종과 숭배의 표현이다. 마태복음 17:17, 마가복음 1:40, 10:17 등에서 나타나고 있다.

-절을 하다

어원적인 의미는 우상의 형상에 절하는 것이다. 예수님이 사탄으로부터 유혹을 받으셨을 때, 주님의 "주 너희 하나님께 경배하고 다만 그를 섬기라"(마 4:10)라고 하신 말씀 속에 나타난다. 요한계시록 5:14에서도 사용되고 있다. 이 낱말은 가장 보편적으로 헬라인들이 사용하였던 말이었다.

－봉사하다

종교적으로 사용되어서 주로 신에 대한 예배숭배, 제사예배에 사용되는 낱말이다. 원어적인 의미는 일이나 보상, 일반적인 봉사의 뜻으로서 그 일에 대한 대가를 바라는 개념은 전혀 없고, 노예의 일에 비하여 보다 포괄적인 뜻을 띠고 있다. 예수님께서는 사탄을 물리치시기 위하여 '다만 그분만을 섬기라'고 하실 때 쓰셨다.

이 낱말이 내포하고 있는 의미는 종으로서 자신의 상전만을 섬겨야 할 신분을 확신시키는 것이다. 여기에서 목회자들을 가리켜 '주의 종'이라고 하는 표현의 언어적 근원을 찾아볼 수 있다.

2. 예배의 신학적 의미－계시와 응답

예배자에게는 예배 가운데서 생각되어져야 할 신학적인 초점들에 대한 전체적인 이해가 필요하다. 신학이 없는 예배는 감상적이고 유약하며 예배가 없는 신학은 냉랭하고 그 자체가 생명력이 없다. 그래서 건전한 신학은 예배의 교정자로서, 참 예배는 신학의 원동력으로서 이바지하게 된다.

실제로 예배는 인간이 하나님과 의식적으로 사귀는 경험이고, 신학은 그 경험의 뜻을 설명하려고 하는 노력이다.

1) 하나님 중심적인 예배

예배의 대상은 인간이 아니며 어떤 사물도 아니다. 참 하나님을 경배하는 것으로서 하나님은 항상 예배에 있어서 알파(alpha)이며 오메가(omega)가 되신다. 따라서 예배는 하나님을 중심하여 이루어지는 예식이라 할 것이다. 하나님께서는 자기와 더불어 교제할 사람을 창조하심로써 예배에 솔선하셨으며, 존재의 근거로서 생명의 원천이며 보존자가 되신다.

그는 최고의 통치자로서 사람과 만나주시고, 또한 사람을 심판하시고 요구하신다. 그리고 예배를 통해 사람이 응답할 때, 하나님께서는 그의 선하심과 사랑을 새롭게 드러내어 사람으로 그것을 경험하게 하신다. 결국 우리가 하나님께 예배하는 것은 우리가 하나님을 붙잡고 있기 때문이 아니라 하나님께서 우리를 향하여 요구하시기 때문인 것이다.

2) 그리스도 중심적인 예배

예배는 기독론에 기초해서 예수님 안에서, 그리고 예수님을 통하여 드려야 한다. 예수님께서 이 땅위에서 하나님을 참으로 영화롭게 하셨다는 사실은 완전한 예배라고 할 수 있고, 이것은 주님의 공생애에서 완성하신 것이다. 주일학교의 예배의식은 예수께서 성육신에서 승천까지 이르는 그 동안에 이룩하신 완전한 예배행위인 그의 직무에 근거를 들 수 있다.

이처럼 십자가와 승천에서 절정을 이루신 예배의 완전한 행위는 예수님께서 위대한 대제사장으로 하늘의 지성소에 들어가심으로써 (히 8:2) 성취하셨다. 그러므로 우리는 기독교 예배의 기독론적인 근거를 확인하려고 할 때, 예배의식은 주님께서 '이것을 행하여 나를 기념하라'(고전 11:25)고 명령하신 말씀에 근거한다.

예수님께서 희생제물이 되신 것은 하늘의 예배를 반영한다. 그리고 우리가 드리는 예배는 주님께서 영원한 대제사장으로서 영원한 하늘의 제사를 드리신 것을 반영한다. 따라서 모든 진정한 예배는 예수님 중심적이고 그분 안에서만 이루어져야 할 것이다.

3) 성령님의 주도로 드려지는 예배

"하나님은 영이시니 예배하는 자가 신령과 진정으로 예배할지니라"(요 4:24)는 말씀에 따르면, 신약의 예배는 의식과 형식의 예배가 아닌 영적인 것임을 알 수 있다. 그러나 예배가 영적이라고 해서 예배의 형식이나 의식이 필요 없다는 뜻은 아니다. 의식적인 형식에서 성령님의 능력을 통하여 예배자들이 주님의 자기 봉헌과 연합하는 것이다.

하나님께서는 구원의 역사를 예수님에 의하여 성취시키셨다. 그리고 오순절 이후부터 주님의 재림시까지는 성령님을 통하여 완성해 가신다. 따라서 하나님의 구원의 역사는 '지금, 여기에서' 우리가 드리는 예배 속에서 성령님의 내적 증거를 통하여 예배자의 마음에 파고든다. 그래서 예배를 드리는 순간에 얻는 감동과 변화는 모두가 성령의 역사를 통해서 이루어지는 것이다.

 -사람들로 하여금 범죄행위를 확신케 하심(요 16:8)
 -그리스도의 진리를 사람들에게 분명히 하심(요 16:14-15)
 -하나님의 은혜의 활동으로 사람들을 변화시키심
 -성령님의 능력을 통하여 주님 안에서의 살아감(갈 2:20)

4) 코이노니아의 예배

예배는 본질적으로 공동체적 행위(a corporative activity)이다. 하나님의 자녀 개인의 개별적 행위가 아니라 하나님의 백성으로서의 교회 전체의 공동체적 행위다.

신약에서 교회를 에클레시아라고 부른 것은 히브리어인 '카할'에서 번역되었는데, 이 낱말의 뜻은 백성들이 함께 모이는 회합 또는 어떤 목적을 위하여 소집되는 것을 의미한다. 애굽에서 구원받은 백성의 공동체가 야웨의 공동체였고, 에클레시아라는 용어도 구속받은 사람들의 사귐을 의미한다. 그러므로 교회는 예배해야 하는 것이다.

3. 예배와 회중의 의미

예배에 있어서 가장 중요한 것은 성도들이 근본적으로 가져야 하는 예배에 임하는 마음의 자세다. 그들은 예배를 통하여 하나님 앞으로 나아가 그가 정성을 다하여 찬양하고, 경배하는 것에 초점을 맞추어야 한다. 이것에서 벗어나는 것은 하나님께서 원하지 않으신다는 사실을 깨닫고, 마치 영적 전쟁을 치르는 전사와 같이 온 마음을 예배 행위에 집중시켜야 한다.

1) 인간의 예배 경험

우리는 한 시간의 예배를 통해서 다음과 같은 사건을 경험해야 한다. 예배에서 경험되는 이와 같은 사건을 체험하느냐, 아니면 빈손으로 돌아가느냐가 판가름이 나는 영적 전쟁이라는 의식을 가져야 한다.
-하나님과의 만남을 가짐
-하나님의 임재를 느낌
-자신을 고통스럽게 만든 죄의 결박에서 자유로워짐
-이리저리 얽혀있던 삶의 문제들이 해결됨
-자신을 새롭게 하시며 위로하시는 역사를 체험함
-오늘도 살아 계셔서 말씀하시는 하나님의 계시의 말씀을 받음

이러한 체험은 결코 예배의 어떤 프로그램이 가져다주지 못 한다. 따라서 예배의 순서를 바꾸거나 예배에서 사용되는 어떤 악기를 바꾸는 것으로 예배가 새로워지고 좋은 예배가 되는 것이 결코 아님을 알아야 한다. 회중의 예배에 임하는 자세가 바뀔 때, 아울러 예배를 인도하는 사역자들의 의식이 바뀔 때, 살아있는 예배를 드릴 수 있게 된다.

무엇보다도 예배가 하나님을 섬기는 것이라고 했을 때, 예수님께서는 하나님을 섬기는 자세를 가르쳐 주셨다(막 12:30).

-네 마음을 다하고(with all your heart)
-목숨을 다하고(with all your soul)
-뜻을 다하고(with all your mind)
-힘을 다하여(with all your strength)

하나님은 예배를 하는 이들의 마음 전부, 목숨 전부, 뜻 전부, 힘 전부를 요구하신다. 그분이 원하시는 것은 우리의 전 존재다. 이에, 우리로부터 최고의 정성과 최고의 노력을 요구하신다. 예배를 할 때

마다 이것을 잊지 않을 때, 기쁨으로 예배를 준비하게 된다. 그러므로 우리는 자신의 전 존재를 드리는 자세가 되어 그분을 섬기는 자세가 되어야 한다.

2) 예배에 임하는 태도

하나님을 예배할 때 회중은 올바른 예배태도를 가지고 있어야 한다. 대부분의 목회자들은 회중이 조용히 하고, 잘 앉아 있어야 하는 것으로 가르친다. 예배 시간에 조용히 하고, 목사의 설교를 잘 듣고, 기도할 때, 손을 잘 모으고 고개를 숙여서 조용히 하는 태도가 왜 올바른 예배 자세가 아님을 분명히 해두어야 한다.

바울이 가르치고 있는 대로 우리의 몸을 하나님이 기뻐하시는 거룩한 산 제사로 드리기 위해 기쁨과 감사로 예배를 준비해야 한다. 우리는 예배할 때마다 우리 자신을 산 제사로 드리는 체험이 있어야 한다. 예배에 참여하는 회중의 태도를 살펴보면 다음의 열 가지로 정리할 수 있다.

① 하나님께 영광을 돌리는 일이 인생의 가장 큰 목적임을 알고 예배에 참여해야 한다.
② 하나님의 구원하시는 은총에 대하여 마음을 열고 응답하는 자세를 가져야 한다.
③ 복을 받으려 하지말고, 자신을 하나님께 바치려는 마음을 가져야 한다.
④ 예배할 때는 몸을 청결히 하고 복장을 단정히 하며 기도하는 마음을 가져야 한다.
⑤ 공중 예배는 모든 사람들을 위한 모임이므로 지교회의 온 가족

이 참여해야 한다.
⑥ 예배당에 들어서면 하나님께 대한 경의의 태도로 마음을 지녀야 한다.
⑦ 예배 순서의 각 요소 찬송, 기도, 고백, 찬양, 말씀선포, 응답, 봉헌순서에 헌신적으로 열심을 다해야 한다.
⑧ 미신적인 마음을 버리고 창조주시며, 역사의 주관자이시고, 인류의 구원자이신 하나님의 승리를 기뻐하는 경배가 되어야 한다.
⑨ 군중의 예배가 아니라 회중의 예배가 되도록 주님 안에서 모두 다 하나가 되어야 한다.
⑩ 예배 후에는 세상의 구원과 화해를 위한 삶을 통한 예배에 헌신적으로 동참해야 한다.

예배는 본질상 신앙의 사건이며 경험이다. 하나님께서 우리에게 오심의 경험이며, 동시에 결단과 봉헌의 경험이기 때문이다. 그러기에 예배는 가르치는 교육이 될 수 없다. 다만 예배 경험은 교육적인 의미를 가질 뿐이다. 이러한 관계가 올바로 설정되는 한, 우리는 예배의 바른 의미와 교육적인 역할을 논할 수 있다.

예배의 교육적 의미는 온 회중이 드리는 예배의 경험을 통하여 신앙을 배우는 것을 의미한다. 이를 다른 말로 바꾸면 예배를 통한 배움(education in worship)이라고 한다. 이것은 예배 경험 모두가 성도의 영적 성장을 형성하는 교육이 된다는 뜻이다.

찬양, 고백, 성서 봉독, 탄원과 중재의 기도, 설교, 헌금, 축도, 찬송 등 모든 예배의 순서마다 하나님과 인간의 만남과 경험은 이루어지며, 이는 참여자로 하여금 신앙인의 모습으로 변화시키며, 또 성장시키는 교육적인 의미를 가진다.

3) 회중의 마음이 바쳐져야 하는 예배

예수님께서 하신 말씀을 들어보자: "이 백성이 입술로는 나를 존경하되 마음은 내게서 멀도다 사람의 계명으로 교훈을 삼아 가르치니 나를 헛되이 경배하는도다 하였느니라."(마 15:8-9)

이 말씀은 우리의 예배가 전인격적인 표현이어야 한다는 것을 지적하고 있다. 예배는 입술과 마음이라는 두 가지의 도구로 드려져야 한다. 입술로만 찬양하는 예배가 되어서는 안 되고, 또 찬양이 없이 마음만 드리는 것도 바른 예배가 될 수 없다는 사실이다.

마음이 주께 가까이 가야 한다는 것에 대하여 토저(A. W. Tozer)는 다음과 같이 말한다: "하나님의 영광을 위한 모든 행위를 나타내려고 예배할 때 하나님을 향하여 전념하라."

마음을 드린다는 것은 한마디로 하나님을 향해야 한다는 것이다. 그러므로 우리의 예배드림은 하나님을 찬양하고 마음이 하나님께로 향해 있어야 한다.

그렇다면, 오늘의 우리들은 어떠한가? 과연 예배드릴 때, 하나님을 향해 마음을 바치고 있는 자신을 확인할 수 있을까?

- 주일 아침의 예배 현장이 하나님을 향해 있는가?
- 하나님을 위한 예배임을 성도들이 체험하고 있는가?

이사야 선지자 시대 때의 유대인들은 형식적으로 하나님을 예배하였다. 그들은 자발적으로 우러나오는 예배의 마음이 아니라, 월삭이 되었고 안식일이 되었기 때문에 제사를 드렸다. 이에, 하나님께서는 이사야 선지자를 통하여 "헛된 제물을 다시 가져오지 말라 분

향은 나의 가증히 여기는 바요"(사 1:13 상반절)라고 꾸짖으셨다.

하나님은 그의 백성들이 드리는 외식적인 종교행위를 거절하신다. 오로지 그의 자녀들이 "마음을 다하고 목숨을 다하고 뜻을 다하여" 하나님을 사랑하는 자세로 예배드릴 때 기뻐 받으신다. 예수님께서는 우리가 전심을 다하여 하나님을 사랑하는 것이 새 계명의 첫째 되는 계명이라고 하셨다.

오늘, 우리의 예배가 형식적으로 치우쳐지는 근본적인 이유는 마음의 결핍이다. 예배는 사람이 치러야 하는 의식이 아니라 하나님을 향한 '바침'의 표현이라는 사실을 인식해야 한다. 입술과 마음으로 예배하도록 경험해야 한다. 그렇게 될 때, 하나님께 드리는, 하나님을 위한 예배가 된다.

하나님께서 말씀으로 천지만물을 지으셨다는 기록으로 성경은 시작되고 있다. 하나님의 말씀으로 이 세상이 지어졌다는 것은 사실 기적이 아니라 할 수 없다. 성경은 기적의 이야기들로 채워져 있는데, 하나님께서는 우리를 기적의 현장으로 초대하신다. 우리는 성경에서, 하나님은 말씀하시며, 하나님의 사람들이 순종할 때 기적이 창조되었다는 사실을 확증을 받는다.

오늘도 하나님께서는 예배순서에서 설교라는 방법으로 말씀하신다. 그리고 우리들이 그 말씀에 순종하기를 기다리신다. 그리하여, 우리가 순종할 때 기적의 식탁을 허락하시는 것이다. 그러므로 그리스도인의 삶이란 기적의 축제라 말할 수 있지 않을까? 이 기적으로 말미암은 신령한 축제의 하루를 살아가도록 도와야 할 의무가 있다.

4. 대표기도-목회기도

예배의 순서에서 이 기도는 '목회의 간구'로서 목회자가 담당해 왔다. 서구의 교회에서는 지금도 목회자가 기도를 한다. 그러나 우리의 경우에는 평신도가 담당하고 있다. 일반적으로 장로가 맡게 되는데, 그날의 예배와 교회를 위하여 간구한다.

'예배모범'에서는 성도가 회중을 대표해서 기도하는 것에 대하여 다음과 같은 순서를 따르도록 한다. 시나 찬송을 부른 후에 강도(설교)하기 전에 신자의 일체소원을 포함한 기도를 해야 한다고 하였다.

1) 영광을 돌림

하나님께서 세상을 창조하시고 권고하시는 중에 나타내시는 것과 성경말씀 가운데 분명하고 완전하게 나타내신 영광과 완전하심을 존중할 것.

2) 감사

하나님의 주신 각양 은혜를 사례할지니, 보통 은혜와 특별 은혜와 신령적 은혜와 육체적 은혜와 단체적 은혜와 개인적 은혜를 감사하되, 모든 은혜 위에 초월한 은혜 곧 말할 수 없는 선물되신 예수 그리스도와 그로 말미암아 영생의 소망을 얻는 것과, 성령의 보내주심과, 성령의 역사하시는 것을 크게 감사할 것.

3) 자복

　원죄와 자기 범행한 죄를 자복하되 함께 예배하는 모든 사람으로 하여금 죄라는 것은 그 성질이 하나님에게 분리되는 것이니 심히 악한 것으로 깨닫게 하며, 또한 죄 뿌리에서 나는 각 죄를 말한 것이니 하나님을 거역하는 죄와 이웃을 해하는 죄와, 자기를 해하는 사언행(생각, 말, 행동)으로 범하는 죄와 은밀한 죄와 참람한 죄와 우연히 범하는 죄와 습관으로 범하는 죄며, 또 죄에 죄를 더하는 것도 말할지니 가령 짐짓 범하는 죄와 분별할 도리가 있는데 범하는 죄와 특별한 자비를 받고 범하는 죄와 특권을 받은 후 범한 죄와 맹세한 후 범한 죄들이다.

4) 간구

　여러 가지 간구할 것이 있으니 곧 구속하신 보혈의 공로로 죄 사함을 받는 것과 하나님으로 더불어 화평을 얻는 것과, 거기서 발생하는 중대하고 쾌락한 결과와 또 사람을 성결하게 하시는 성령과, 우리의 직임을 성취하기 위하여 만족할 능력 주심과 인간이요 죄인인즉 마땅히 받을 고난 중에서 적당한 자비를 베푸시기 위하여 기도할 것이니, 이 모든 것을 간구할 때에 이 은혜는 하나님의 언약하신 사랑에서 나는 것이요 우리의 신령적 생활을 보호하며 진보하게 하시기 위하여 주시는 것을 알고 간구할 것.

5) 간구할 근거

　기도할 때에 우리의 간구하는 바를 응락하실 연고는, 온 신·구약 성경에 허락한 모든 원리와, 우리의 부족함과, 하나님의 풍성하심과, 예수의 공로와, 우리를 위하여 간구하심과, 자기 백성의 위로와 희락에서 나타낸 하나님의 영광을 위함이다.

6) 다른 사람을 위하여 기도(도고)

다른 사람 곧 온 세계 모든 인류를 위하여 기도할 것이니, 모든 인류에게 성령을 부어주실 것과 하나님의 교회의 화평과 정결과 흥왕함을 위하여 기도하며, 여러 목사와, 각처에 있는 선교사를 위하여 기도하며, 의를 인하여 해 받는 모든 사람들과, 본 교회와, 우리와 교통하는 각 교회와, 병인과, 죽게 된 사람과, 비참한 사정을 당한 사람과, 가난하고 궁핍한 자와, 나그네와, 옥에 갇힌 이와, 남·녀 노소와 수륙(물, 뭍)에 여행하는 사람과, 본 교회 소재 지방과, 각 관리와 군인과, 그 밖에 필요한 일을 위하여 기도할지니, 이상에 기록한 제목 중에 어느 것을 더 말하고, 덜 말할 것은 주장하는 목사(기도자)가 깊이 생각하여 작성한다.

1
주일낮예배 기도문

1월 1주

_기도를 위한 말씀 묵상: 계 4:11

세상을 주관하시는 하나님,

주일 찬양 | 금년의 첫 여호와의 성일에 이 날을 지키려고 주의 자녀들이 모여왔습니다. ○○의 존귀한 지체들이 한 자리에 모였사오니, 기뻐하고 즐거워합니다. 마음을 열어 주님께로 향하오니, 이 날에 저희들에게 한 해의 성수주일을 통해서 예비된 복을 내려주시옵소서.

신년주일의 감사 | 지난 한 해 동안에도 때마다, 일마다 간섭하시며 좋은 것으로 만족케 하셨음을 감사드립니다. 아버지 하나님의 도우심으로 지낸 한 주간이었습니다. 여호와 앞에서 복된 해의 첫째 주일을 지키오니, 하나님의 은혜로 1년 52 주일을 성수할 수 있기 원합니다. 금년의 열두 달, 52 주일에 하나님은 영광의 주인이 되시고, 저희들의 삶을 주관해 주시옵소서.

자복·회개 | 자비로우신 하나님, 자신의 유익을 위해서 하나님의 말씀에서 떠나 자행했던 죄악을 고백합니다. 주님의 품을 귀찮게 여기며, 하나님의 말씀에서 떠나려 하였습니다. 세상과 불의와 타협하며 자신의 죄를 합리화하는 나약한 신앙을 가지고 살아왔음을 용서해 주시옵소서. 오늘, 예배하는 중에, 이전의 삶을 거절하는

경험을 하게 하시고, 새로움을 받는 은혜를 내려주시옵소서.

예배-순서, 담당자 | 만군의 여호와께 경배하며 예배를 드립니다. 성도들의 심령을 주장해 주셔서 하나님이 받으시기에 온전한 예배가 되게 해주시옵소서. 찬양으로 경배를 받으시고, 그 이름이 높아지기를 원합니다. 예배하는 모든 이들에게 복을 내려 주시옵소서.
말씀의 단에 세워주신 목사님을 더욱 성령님의 충만하심으로 붙들어 주시옵소서. 이 백성에게 선포하시는 하나님의 말씀을 듣게 하시옵소서. 생명의 양식을 받아먹고, 배부르게 하시옵소서. 성가대원들의 심령을 주장하셔서 그들이 여호와의 이름에 영광을 드리게 하시옵소서.

나라를 위한 도고 | 저희들이 예배로 모인 시간에 나라를 위하여 간구합니다. 이 땅에 많은 나라와 많은 이들이 사는데, 저희들에게 이 나라를 주셨습니다. 이 나라와 백성들이 하나님을 즐거워하고, 여호와의 인도하심을 소망하게 하시옵소서. 하나님을 경외하듯이 나라를 사랑하게 하시옵소서.

이 시간에, 신령과 진정으로 예배드리기를 원하오며, 모든 이들이 경건함을 더하여 예배할 때, 하늘의 하나님께 영광이 가득하기를 바라면서, 예수님의 이름으로 기도드립니다. 아멘.+

1월 2주

_기도를 위한 말씀 묵상: 시 8:5

전지전능하신 하나님,

주일 찬양 | 여호와의 이름을 찬양하며, 귀한 자리에 모였습니다. 주님의 이름을 찬양할 때, 우리의 입술이 기뻐하고, 가슴은 떨려옵니다. 오늘 종일을 여호와 그 이름에 마땅한 영광을 드리며, 하나님을 즐거워하기 원합니다. 이 자리에 모인 거룩한 백성들이 진심으로 무릎을 꿇고 찬양하게 하시옵소서.

은혜에 대한 감사 | 거룩하게 구별해 주신 복된 날에, 주님의 이름으로 예배드립니다. 여호와의 자비로우심으로 살아온 은혜를 기억하면서, 주님을 경배합니다. 저희들이 입술을 벌려 기도하며 찬송할 때, 영광을 받아 주시옵소서.

자복회개 | 저희들은 이미 믿음의 눈으로 주님께서 흘리신 땀과 피를 보았습니다. 이는 모두 저희들의 죄와 허물 때문이었습니다. 그런데 저희들은 또 다시 죄를 지으며 살았습니다. 저희들의 죄가 주님을 십자가에 내어주었습니다. 용서해 주시옵소서.

예배-순서, 담당자 | 하나님의 살아계심을 경험하는 살아있는 예배가 되게 하시옵소서. 찬양과 말씀으로 상한 심령들이 치유 받게 하시

고, ○○의 지체들을 위해서 준비된 하늘의 은혜를 내려주시옵소서. 오늘도 이 예배를 위해서 일군들을 세우셨습니다. 선택을 받은 그들이 영적으로 레위의 후손이 되어 거룩한 헌신이 되게 하시옵소서. 예배를 도우려는 저들이 먼저 주님께서 받으실 만하게 자신들을 드리게 하시고, 아름다운 수고를 하게 해주시기 원합니다.

결단 | 거룩하신 하나님, 우리 하나님의 은혜로 한 해의 삶을 시작할 수 있다면 하나님 앞에서 온전히 서게 하시옵소서. 저희들의 손이 청결하고, 마음이 청결해서 하나님의 나라를 보게 하시고, 여호와의 산에 오르는 즐거움으로 살게 해주시기를 원합니다.

비전의 간구 | 주님을 사랑하고 계명을 지키는 자를 위하여 언약을 지키시고 그에게 인자를 베푸시는 하나님을 알게 하시옵소서. 하나님의 마음에 합한 사람이 되어, 세상의 기쁨보다는 하나님의 기쁨이 되기를 원합니다. 믿음이 연약한 심령들에게는 강하고 담대한 믿음을 허락해 주시옵소서.

마음의 문을 열고, 겸손히 예배할 때, 천군과 천서들도 하늘에서 화답하는 예배가 되기를 바라면서 예수님의 이름으로 기도드립니다. 아멘.✝

1월 3주

_기도를 위한 말씀 묵상: 딤전 1:17

천지를 지으시고, 만물을 주관하시는 하나님,

주일 찬양 | 주님의 날을 지키도록 은혜를 주시고, 여호와의 이름에 찬송을 드리게 하시니 감사드립니다. 하나님께서 태초부터 구원을 작정하셨던 ○○의 지체들이 머리를 숙였습니다. 하나님을 찾는 것에 즐거워할 수 있는 은혜를 내려주시옵소서. 저희들이 예배하는 시간에, 우리 하나님이 다스리시니 기뻐하고 즐거워하게 하시옵소서.

자복·회개 | 무엇 때문에 바빠야 하였는지도 모르면서, 분주히 살던 저희들입니다. 하나님께 주목하지 못하고 살아왔던 시간을 회개합니다. 하늘의 문이 열려지기를 사모함보다 허전한 마음을 무엇으로라도 채우려고 뛰어다니던 모습을 감출 수 없습니다. 불쌍히 여겨 주시옵소서. 이 시간에, 사유하시는 하나님의 긍휼로 새로워지기 원합니다.

교역자들을 위한 중보 | ○○ 교회에 교역자들이 있게 하심을 감사드립니다. 그들의 수고와 기도로 말미암아 지체들이 푸른 초장으로 인도함을 받게 하시고, 믿음에 굳건해지기 원합니다. 나아가 이 시간에도 각 교회와 선교지에서 주님을 섬기는 종들과 특별히 세

계만방에 복음 들고 나선 하나님의 사람들 위에 은총을 더하시옵소서.

예배-순서, 담당자ㅣ 예배하러 교회에 모인 이 백성에게 하나님의 발등상 앞에 엎드리게 하시옵소서. 하나님의 구속하심에 대한 영광이 저희들에게 머무름을 즐거워합니다. 주님께서 행하신 일을 사랑을 입은 자녀들에게 나타내시며, 주님의 영광을 그들의 자손에게 나타내시옵소서.

목사님을 단에 세워 주셨으니, 그의 입술을 사용하여 하늘의 언어를 들려주시옵소서. 저희들이 천국 백성으로 살아갈 수 있는 생명의 말씀을 들려주시옵소서. 성가대원들의 찬양은 천군과 천사의 음악소리이기를 빕니다. 성가대원들에게 기름 부으심이 있기를 축복합니다.

공동체의 비전ㅣ 저희들에게 한 영혼이 천하보다 귀함에 대한 소원을 갖게 하시옵소서. 소원 중의 소원으로 복음이 널리 전파되어야 함을 깨달아 알기를 원합니다. 이 지역에 하나님의 백성이 많이 있음을 깨달아 복음을 전하는 저희들이 되게 하시옵소서. 우리 지체들이 주님의 보내심을 받아 삶의 현장에서 복음의 증인이 되게 하시옵소서.

이 시간에, 주 하나님의 이름을 높이고, 하나님께는 큰 영광을 드리며 저희들은 은혜로 충만하게 해주시기를 바라면서 예수님의 이름으로 기도드립니다. 아멘.✚

1월 4주

_기도를 위한 말씀 묵상: 빌 4:18

사랑이 많으신 하나님,

주일 찬양 | 주님의 은혜를 누리던 이들이 예배하러 나왔습니다. 영생의 지혜를 주셔서 어리석은 자들처럼 다른 신을 찾지 않게 하셨음에 감사드립니다. 인생을 죄로부터 구원해내지 못할 신에게 나아가지 않게 해주셨음을 인하여 감사드립니다. 땅 끝의 모든 백성이 하나님을 앙망하기 원합니다.

여호와께 송축 | 주님은 영원히 우리의 여호와이시니 그 이름을 송축합니다. 오늘 새벽부터 영광을 받으실 이름은 오직 하나님뿐이십니다. 그 이름을 높이는 우리의 입술이 기쁘고, 하늘에서는 천군과 천사의 즐거워하는 화답이 있기를 원합니다. 주 하나님이여, 홀로 영광을 받으시옵소서.

자복·회개 | 사유하시는 하나님, 어리석게 살아온 시간들을 고백합니다. 죄를 멀리하지 못하였던 삶을 고백합니다. 서로에게 마음을 열어야 하는 이웃관계에서 야박하고, 이해하려 하지 않은 편협하기 짝이 없었던 시간들을 고백합니다. 자신의 유익만을 앞세운 나머지 더러워진 마음에서 비롯된 삶이었음을 회개하오니 용서해 주시옵소서.

예배-순서, 담당자 | 주일을 구별할 수 있는 은혜를 주시고, 주님께 집중할 수 있게 하심을 감사드립니다. 오늘, 영과 진리로 예배하면서 신령한 은혜를 누리는 복된 날이 되기를 원합니다. ○○의 지체들에게 온전히 하나님께 바치는 심령이 되게 하시옵소서.
지금, 저희들은 하나님의 말씀을 듣고자 합니다. 단에 세워주신 목사님께 하늘의 권세를 덧입혀 주셔서 인간의 소리가 아닌, 하나님의 음성을 듣게 하시옵소서. 저희들의 심령을 찔러 쪼개는 말씀을 듣게 하시옵소서. 성가대원들에게 성령님의 충만하심이 있기를 빕니다. 그들 모두가 예배를 받으시는 하나님의 영광을 선포하게 하시옵소서.

위정자들을 위한 도고 | 전능하신 하나님, 위정자들을 위하여 간구합니다. 올해에도 나라와 국민들을 위하여 헌신하는 위정자들에게 복을 내리시고 그들을 지켜 주시옵소서. 저들이 하나님을 두려워하게 하시옵소서. 자신의 이익과 행복보다는 국민들을 위한 봉사자로 정치에 임하게 하시옵소서. 하나님을 두려워하고, 국민을 섬기는 마음으로 사명의 자리를 지키게 하시옵소서.

복된 날에, 예배하게 하심에 감사드리고, 그 이름이 온 세상에 선포되시기를 바라면서 예수님의 이름으로 기도드립니다. 아멘. +

2월 1주

_기도를 위한 말씀 묵상: 고전 15:52

우리를 가까이 해주시는 하나님,

주일 찬양 | 거룩하고 복된 날을 주셨습니다. 가깝거나 또는 먼 곳에서 살던 형제와 자매들이 모여 영광을 나타내기 원합니다. 하나님은 크신 팔로 우리를 두르셨습니다. 그 사랑과 은혜를 누리던 저희들이 교회의 한 자리에 모였으니 영광을 바치게 하시옵소서.

하나님께 영광 | 주일을 구별하여 여기에 모인 이들을 기억하여 주시옵소서. 온 성도들이 하나님께서 받으시기에 합당한 예배를 드리기에 부족함이 없게 하여 주시옵소서. 하나님을 사랑하는 한 마음으로 부복할 때, 주님의 영광이 영원하기를 소망합니다. 주님께서 받으시는 예배를 드리기 원합니다.

자복·회개 | 참고 누를 길이 없이 저희들의 마음에 소용돌이치는 죄를 고백하고자 이렇게 나왔습니다. 의의 열매를 맺어야 하는 저희들이 악인의 죄를 즐거워하여, 죄인의 자리에 앉았다가, 더러운 모습으로 주님 앞에 섰습니다. 연약함으로 말미암아, 다시금 죄를 지은 저희들입니다. 죄를 슬퍼하는 심령을 받아 주시옵소서. 사랑의 손길로 이 몸을 붙들어 주시옵소서.

예배-순서, 담당자 | 온 성도들이 한 마음을 묶어 예배하는 이 시간에 참 평안과 즐거움을 갖게 하시옵소서. 주님께서 받으셔야 하는 영광을 받으시고, 저희들에게는 기쁨을 누리게 하시옵소서. ○○의 공동체에 영광의 빛을 비추어 주시옵소서.

이 시간, 목사님께 성령 충만하게 하셔서, 말씀을 증거하실 때 사단의 권세 일절 틈 못 타게 하시옵소서. 찬양대원들이 하나님 앞에 찬양을 드립니다. 받아 주시며, 부르는 이들과 함께 하는 이들이 은혜를 누리는 찬양이게 하시옵소서. 예배의 진행을 위해서 갖가지 일들을 통해서 수고하는 일꾼들에게 복을 내려 주시옵소서.

헌신에 대한 다짐 | 자비로우신 하나님, 거룩하고, 참되지 못한 저희들의 마음을 주님 앞에 내어 놓습니다. 주님의 아름다우심으로 저희들의 심령을 깨끗하게 하옵소서. 이기심이 가득 찬 저희들의 마음을 아버지께 드립니다. 주님의 사랑으로 이기심을 털어 내어 주시옵소서. 주님의 뜻대로 산다하면서 그렇게 살지 못한 연약함을 주님께 드립니다. 사단을 무찌르며 십자가의 군병답게 살게 하신 하나님을 찬양합니다.

하나님께 영광을 드리는 예배의 한 시간이 되고, 저희들은 거룩한 은혜의 시간이기를 바라면서 예수님의 이름으로 기도드립니다. 아멘.✝

2월 2주

_기도를 위한 말씀 묵상: 시 100:4

영광 가운데 계신 하나님,

주일 찬양ㅣ 해가 뜨는 곳에서부터 하나님의 영광이 우리에게 비춰 오는 아침에, ○○ 교회에 속한 주님의 자녀들이 원근 각처에서 흩어져 살다가 주님 앞으로 나왔습니다. 지난 엿새 동안에 저마다 힘써서 일을 한 지체들입니다. 여기에 모인 이들에게 복을 내려 주시옵소서.

설날의 감사ㅣ 우리 민족을 위하시는 하나님의 열심에 감사드립니다. 그 은혜로 이 민족이 평안을 누리고, 설날을 맞이하게 되었습니다. 오랫동안 남북이 대치되어 전쟁의 불안이 있지만 하나님의 자비하심이 이 민족을 지켜주셨습니다. 기쁜 명절을 맞이해서 사랑하는 가족이 한 자리에 모일 때, 먼저 하나님을 예배하게 하시옵소서. 한 상에 둘러앉아 먹고, 마시게 해주신 은혜를 나누게 하시옵소서.

자복·회개ㅣ 하나님 앞에서 저희들의 죄를 고백합니다. 하늘에서 내려지는 성령님의 충만하심으로 말씀으로 새롭게 해주시옵소서. 하나님은 올바르시고 의로우시지만, 사람들의 욕심이 교회를 어지럽힐 때가 많았습니다. 주님의 보혈을 얼룩지게도 하였습니다.

하나님의 영광을 가렸던 죄를 용서하시고, 의로 새롭게 지어주시옵소서.

예배-순서, 담당자 | 만물을 다스리시는 하나님 아버지, 거룩한 날 아침에, 주님의 이름을 송축합니다. 죄를 아파하여 회개하는 예배가 되게 하시옵소서. 그리하여 하나님의 은혜로 영육 간에 회복의 기쁨을 누리는 성도들이 되기를 원합니다.

○○의 양떼를 위하여 목사님의 입술에 의해서 들려지는 말씀을 받도록 저희들 심령을 열어 주시옵소서. 한 마디, 한 마디의 말씀을 아멘으로 받게 하시옵소서. 하나님의 영광을 선포하려고 선 성가대원들을 보아 주시옵소서. 지휘자와 반주자, 전 대원들이 그들의 가슴을 바칩니다. 온 몸으로 찬양을 드립니다. 영광의 찬미를 받아주시옵소서.

교회를 위한 중보 | ○○ 교회가 오늘까지도 사명을 감당하게 해주셨음에 감사드립니다. 귀한 교회를 모든 진리로 채워 주시고, 온 교회에 평화와 진리가 가득 차게 하시옵소서. 주님께서 저희 교회의 머릿돌이 되어 주셔서 온 성도들이 서로 사랑하고 이해하며 감싸줄 수 있는 마음을 허락해 주시옵소서. 그리하여 저희 교회는 분열과 싸움과 교만이 없는 아름다운 교회로 이끌어 주시옵소서.

이 시간의 예배로 닫혔던 입술과 마음을 열어주시고, 하나님께만 영광을 드리기를 소망하면서 예수님의 이름으로 기도드립니다. 아멘. +

2월 3주

_기도를 위한 말씀 묵상: 행 2:38

하늘의 보좌에 계신 하나님,

주일 찬양 | 우리의 주인이 하나님이심을 아는 이들이 여기에 모였습니다. 소와 나귀가 제 구유를 아는 것처럼, 인생의 주인이 하나님이시기에 예배하러 모였습니다. 크신 영광을 받아 주시옵소서. 이 거룩한 날에 맞도록 마음을 다하고, 몸을 다하며, 뜻을 다하여 드리는 예배가 되도록 이끌어 주시옵소서.

사순절의 감사 | 사순절을 지키면서 우리를 위하여 고난을 당하셨던 주님을 묵상하게 하심에 감사드립니다. 험한 십자가에 못 박히셔서 고통과 치욕으로 창백해지신 주님의 얼굴을 보기 원합니다. 피와 같이 붉은 죄를 씻어내시고, 흰 눈보다 더 희게 해주시려고 십자가를 지셨던 주님을 바라보기 원합니다. 주님의 이름은 언제 불러도 못 다 부를 그리움입니다. 그 이름은 언제까지나 묵상해도 가슴을 뜨겁게 합니다.

자복-회개 | 제 인생이 제 것이 아님에도 마음대로 살다가 주님께 나왔습니다. 용서해 주시옵소서. 주님의 곁을 떠나 혼자서는 살아갈 수 없는 연약한 인생입니다. 그럼에도 불구하고, 제 자신을 의지하던 삶이었습니다. 이 시간에, 고백하니 죄 씻음의 은혜를 보여

주시옵소서. 십자가에서 흘리셨던 주님의 보혈로 새롭게 하시옵소서.

예배-순서, 담당자ㅣ 저희들의 예배를 받아 주시고, 이 예배를 드린 마음으로 살아가도록 도와주시기 원합니다. 이 예배에서 하나님은 영광을 받으시고, 저희들은 거듭나는 새로움으로 태어나기 원합니다.
설교하시는 목사님께 영력을 더하셔서 생명의 말씀으로 저희들이 배부르게 하여 주시옵소서. 예배가 진행되는 각각의 순서를 하나님께서 주관하시고, 주님을 향한 충성으로 예배에 임하는 ○○교회의 지체들이 되게 하시옵소서.

회중을 위한 중보ㅣ 미천한 자들을 돌아보신 하나님, 주님의 십자가로 말미암아 죄의 문제를 해결해 주시옵소서. 천국 백성 되게 하신 하나님의 이름을 높이는 고백을 하게 하시옵소서. 예배를 마친 후에, 한 사람이라도 그냥 돌아가지 않도록 은혜를 체험하게 해주시옵소서. 주님의 이름으로 죄를 이기겠다는 다짐으로 예배당 밖으로 나아가게 하시옵소서. 세상에서 사는 동안에 주님께 영광을 드리게 하시옵소서.

하늘을 두루마리로, 바다를 먹물로 삼는다 해도 그 은혜를 다 표현할 길이 없음을 예배를 통해 고백하기를 바라면서 예수님의 이름으로 기도드립니다. 아멘.+

2월 4주

_기도를 위한 말씀 묵상: 요 8:31

은혜로우신 주 하나님,

주일 찬양 | 주의 백성들이 십자가를 바라보면서 마음의 옷깃을 여미고 주님 앞에 섰습니다. 이 좋은 시간에, ○○의 권속이 하나님을 찾는 것을 즐거워하는 은혜를 주시기 원합니다. 주님의 이름을 부르는 지체들이 한 자리에 모여 예배할 때, 성령님의 감동하심을 내려 주시옵소서.

삼일절의 감사 | 일제의 치하에서 독립만세를 외치게 하셨던 하나님의 은혜에 감사드립니다. 눈물과 한숨으로 지내야 했던 이 백성들에게 독립에 대한 몸부림이 있게 하신 하나님을 기억합니다. 주님께서 이 민족을 불쌍히 여기신다는 소망을 품고, 독립만세를 외칠 수 있었습니다. 나라와 겨레를 자신들의 몸으로 바꾼 귀한 선조들이 일어나게 하셨던 그 하나님께 예배합니다. 영원히 영광을 드리게 하시옵소서.

자복회개 | 오직, 여호와 우리 하나님께 저희의 생각과 마음을 솔직하게 털어놓게 하시옵소서. 저희들이 아직도 거절하지 못한 거짓의 겸손이나 위선을 버리게 하시옵소서. 용서하시는 하나님께로 저희들의 있는 모습 그대로 나아갑니다. 주님께서 저희를 받으실

줄로 믿고 나아가오니 저희를 긍휼히 여겨 용납하여 주시옵소서.

예배-순서, 담당자 | 여호와의 영광이 이 전에 머물고 있음을 찬송합니다. 여기에 모인 이들로 하여금 주님의 영광을 찬양하고 영화롭게 하시옵소서. 마땅히 드릴 영광을 찬미하는 백성이 되게 하시옵소서. 삼일절을 맞이하여 이 민족과 함께 하신 주님의 이름을 찬송합니다.

이제, 목사님을 대언자로 세우셔서 말씀하시기를 기다립니다. 이 백성이 들어야 할, 그리고 따라야 할 생명의 메시지를 들려주시옵소서. 하나님께로 말씀을 받아 선포하시는 목사님께 하늘의 문을 여시고 능력과 권세로 더하여 주시옵소서.

나라를 위한 중보 | 이 민족을 사랑하시는 하나님, 이 나라와 민족을 불쌍히 여기사 복을 허락하시고 지켜 주시옵소서. 먼저, 이 나라와 백성이 하나님을 경외하며 두려워하게 하시옵소서. 고난과 역경만을 거듭해온 민족입니다. 다시는 이 땅에 고난이 없게 하시고 분쟁이 없게 하시옵소서. 남과 북으로 갈라진 이 땅을 하루 빨리 통일시켜 주셔서 이 민족의 한을 풀어주시옵소서.

이스라엘의 하나님을 영원부터 영원까지 찬양하는 ○○의 지체들이 되기를 바리면서 예수님의 이름으로 기도드립니다. 아멘.✝

3월 1주

_기도를 위한 말씀 묵상: 눅 1:78

크게 영화로우신 하나님,

주일 찬양 | 그리스도의 보혈로 의로움을 입은 자들이 주님 앞으로 나왔습니다. 주님의 자녀로 살아가는 것을 즐거워하면서 예배하러 나왔습니다. 스스로 정결하게 하고 나온 성도들에게 복을 내려 주시옵소서. 머리를 숙인 지체들이 신령과 진정으로 예배할 때, 하늘의 문을 열어 주시옵소서.

사순절의 고백 | 죄 가운데 태어나 죄를 지으면서도 그 죄를 몰랐던 우리를 주의 것으로 삼으신 주님을 바라봅니다. 보배로운 피를 흘리신 주님께 아무리 드려도 못 다 드릴 우리들입니다. 사순절을 보내면서 맞이한 주일 아침에 우리를 받아주시기 원합니다. 주님의 십자가를 바라보면서 드리는 예배에 하늘의 영광이 가득하기를 원합니다. 아름다운 주님의 이름에 합당한 영광을 드리게 하시옵소서.

자복회개 | 사랑의 하나님, 저희들의 죄를 고백합니다. 주님의 피로 깨끗이 씻어 주시옵소서. 착한 일을 하면서 하나님께 영광을 돌리도록 하는 삶을 살아야 하였으나 그렇지 못하였습니다. 유혹을 이기지 못하고, 쾌락에 마음을 빼앗겨 주님께서 미워하시는 일도 저

질렀음을 고백하오니, 용서해 주시옵소서. 특히, 나라를 사랑하고, 민족을 위해서 살아가지 못한 죄를 용서해 주시기 원합니다.

예배-순서, 담당자ㅣ 귀한 지체들이 하나님께 예배를 드립니다. 예배하러 나온 저희들에게 복을 내려주시옵소서. 이 전에 모인 이들마다 받은 은혜로 입술을 열어 하나님의 높으심을 찬양하게 하시옵소서. 말씀을 증거하실 목사님께서 예비하신 복음을 선포하도록 하시옵소서. 하나님의 대언자로서 왕의 말씀을 가감이 없이 전하시도록 권세 있는 입술을 주시옵소서. 그리고 오늘도 예배의 순서를 담당한 지체들이 거룩한 소명을 다하게 하시옵소서.

회중을 위한 중보ㅣ 기도를 들으시는 하나님, 예배하는 가운데 인간의 문제는 해결함을 받는 귀한 역사를 허락하시옵소서. 이 시간에, 저희들이 하나님과 신령한 교제를 갖게 하옵소서.

갈급한 심령으로 나아온 ○○의 권속이 온전히 채움을 받는 시간이 되게 해주시옵소서. 바라기는 성령의 뜨거운 역사로 지치고 힘들었던 심령들마다 새로움이 있게 하시옵소서.

거룩한 아침에 오직, 은혜로만 하나님께 영광을 드리고 예배할 수 있도록 해주시기를 바라면서 예수님의 이름으로 기도드립니다. 아멘.✝

3월 2주

_기도를 위한 말씀 묵상: 시 66:1

하늘에 계신 하나님,

주일 찬양 | 그리스도의 피로 한 몸 된 지체들이 한 목소리로 여호와의 이름을 부르게 하시옵소서. 오직 하나님만이 경배를 받으시옵소서. 우리의 모든 생각과 정성 그리고 사랑을 모아 예배하기 원합니다. 주님의 은혜로 불러 주셨으니, 그 부르심에 믿음으로 순종하여 나와서 신령과 진정으로 드리는 예배를 받아주시옵소서.

회개-자복 | 주님께 기도하며 자복할 수 있는 은혜를 원합니다. 하나님의 영광을 가릴 만한 죄들을 회개하게 하시며, 용서하심의 은혜로 새롭게 하시옵소서. 이제, 저희들이 지은 모든 죄를 고백하고 뉘우치오니 용서해 주시옵소서. 저희들이 주님의 마음을 닮지 못하고 허영과 시기와 미움으로 살아왔으니, 고쳐주시옵소서.

예배-순서, 담당자 | 여호와 하나님께서 경배를 받으셔야 할 시간에 주님의 이름을 높여드리게 하시옵소서. 예배하는 저희들에게는 위에서 보호해 주시고, 아래에서는 받쳐 주시며 또한, 앞에서는 끌어 주시고 뒤에서 밀어 주시는 하나님의 손길을 느끼게 해주시기 원합니다. 그래서 예배를 마칠 때까지 잠잠히 하나님의 영광만 기다리게 하시옵소서.

목사님께서 하나님의 자녀를 위하여 말씀을 준비해 주셨음에 감사드립니다. 저가 오직 하나님께로부터 받은 말씀을 가감이 없이 선포하시도록 붙들어 주시옵소서. 사랑하는 ○○의 지체들은 그 말씀을 생명으로 받아 아멘에 이르게 하시옵소서.

나라를 위한 도고ㅣ 이 땅에서의 삶을 통해서 천국에서의 삶을 배우도록 인도해 주시옵소서. 저희들의 기도가 나라를 위한 일이 되게 하시옵소서. 저희들의 믿음이 나라를 사랑하는 것이기를 원합니다. 이제도 하나님께서 보호하시고, 국민들은 서로 사랑하는 영광스러운 조국을 후손에게 물려 주어야 함을 잠시라도 잊지 말게 하시옵소서.

회중을 위한 중보ㅣ 예배에 참석한 모든 성도들을 위하여 간구합니다. 저희 성도들의 사업장을 위하여 간구합니다. 저들을 사랑하셔서 이 땅에서 사는 날 동안 먹고, 입고, 쓰면서 지내게 하셨음에 기뻐합니다. 주님의 돕는 손길로 기름 부으심을 주시옵소서. 하나님의 은혜가 자로 재어주신 구역에서 나타나 기업을 통해서 형통의 복을 누리게 하시옵소서.

온전히 하나님의 영광이 선포되고, 믿음이 부족한 성도에게는 굳세고 담대함을 주시기 바라면서 예수님의 이름으로 기도드립니다. 아멘.+

3월 3주

_기도를 위한 말씀 묵상: 말 3:8

구원의 주 하나님,

주일 찬양ㅣ 주님의 날 아침에, ○○ 교회로 불러주심에 감사합니다. 십자가의 은혜로 죄악의 저주에서 구원을 받은 성도들이 예배하러 나왔습니다. 죄 속에 살 때는 거룩한 날도 제 것으로 여기고 안식을 모르던 저희들이었습니다. 보혈의 사랑으로 죄를 씻음 받고, 새 생명의 은혜 안에서 살게 되었습니다.

자복·회개ㅣ 주의 은혜가 없으면 살 수 없는 저희들, 말씀대로 살기를 원하였지만 부끄러운 모습으로 살았습니다. 사순절에 주님께 합당하지 못한 삶을 살았습니다. 긍휼을 베풀어 주시옵소서. 절제하지 못하고, 혈기를 일삼으며 살았던 날들이었습니다. 주님의 영광을 가리는 말을 해왔고, 감정에 따라 행동을 했던 삶을 용서해 주시옵소서.

하나님께의 사랑ㅣ 영원하신 하나님, 저희들의 가슴에 주님을 사랑하고픈 마음으로 가득 차게 하시옵소서. 오직 하나님을 사랑하고, 주님 안에서만 만족하는 마음을 갖게 하시옵소서. 저희들의 찬송에 귀를 기울이사 영광을 받아 주시옵소서. 주님을 찬미하는 기도를 받아 주시기 원합니다. 예배로 모인 지금, 저희들의 마음에 힘한 그리스도의 십자가를 새기게 하시옵소서.

예배-순서, 담당자 | 저희의 영혼을 움직이셔서 하나님께만 예배드리려는 열망을 주시옵소서. 이 시간의 예배로 진정 하나님을 만나게 해주시옵소서. 생명의 주님이신 예수를 만나도록 이끌어 주시옵소서. 영원토록 주님으로 즐거워하는 삶이기 원합니다.

설교를 준비하신 목사님을 주님의 손으로 붙잡아 주셔서, 오늘 저희들에게 하나님의 말씀이 온전히 선포되게 하시옵소서. 하나님의 말씀으로 마른 막대기와 같았던 저희들이 생명의 풍성함을 누리게 하시옵소서. 성가대원들을 비롯해서 여러 모습으로 봉사하는 이들에게 은혜를 내려 주시옵소서. 봉사하는 종들이 드리는 온 몸을 받아주시옵소서.

노숙인들을 위한 도고 | 저희들 주변에서 원하지 않게 어려운 일들을 만나 노숙인으로 지내는 이들을 불쌍히 여겨 주시옵소서. 사업에 실패를 하였거나 순간적인 잘못으로 생활의 터전을 잃은 이들을 도와주시옵소서. 이들 중에 질병으로 고통을 당하고 있는 이들에게는 치료하시는 하나님의 손길로 어루만져 주시옵소서.

이 시간에, 예배할 때, 하나님의 음성을 듣는 신실한 주님의 백성이 되게 해주시기 원하면서 예수님의 이름으로 기도드립니다. 아멘. +

3월 4주

_기도를 위한 말씀 묵상: 사 66:23

영광을 받으실 하나님,

주일 찬양 | 하나님의 사랑으로 지내온 ○○의 지체들이 마음을 열어 주님께로 향합니다. 마음을 드려 산 제사가 되는 예배가 되는 영적 예배가 되기 원합니다. 우리가 즐거이 주님의 이름을 부르고, 하나님께서는 기쁘게 받으시는 예배로 인도해 주시옵소서.

고난주일의 감사 | 갈보리 산 위에 세워진 주님의 십자가에 얼룩진 핏자국을 보려 합니다. 주님께서 고통을 참으시던 신음 소리가 들려오는 듯합니다. 십자가를 지시려고 예루살렘 성으로 오신 주님을 생각하게 하시옵소서. 다윗의 후손으로 오신 이를 찬양합니다. 호산나로 영광을 드리게 하시옵소서. 죄인들을 구원하시려고 십자가를 지신 주님께 우리 자신을 드리도록 하시옵소서.

자복·회개 | 하나님 아버지, 저희들의 죄를 주님의 피로 씻어주시옵소서. 사순절을 보내면서 갈보리의 십자가를 바라보아야하였건만, 살아가는 일로 분주했었습니다. 알게 혹은 모르게 주님의 영광도 가로챘습니다. 주님께 드려야 하는 감사를 잊고, 나의 수고만을 생각했었습니다. 이러한 어리석음을 보혈의 은혜로 깨끗케 하여 주시옵소서.

예배-순서, 담당자ㅣ 주님의 귀한 자녀들이 거룩한 성전에 예수님의 이름으로 모였습니다. 이 전에 들어온 모든 이들이 신령과 진정으로 예배드리게 하시옵소서. 오직 하나님께만 영광이 되는 예배의 순서 순서로 이어지게 하시옵소서. 그리고 저희들을 위해서 준비된 하늘의 은혜를 허락해 주시옵소서.

특별히, 이 한 시간의 예배를 통해서 우리가 어떤 모습으로 살아왔든지 주님의 몸이 된 교회 안에서 한 공동체를 이루게 하시고, 하나님의 은혜를 사모하며 예배하게 하시옵소서. 예배하는 동안에, 주님의 고난에 동참하려는 결단의 은혜를 내려 주시옵소서.

일꾼들을 위한 중보ㅣ 주님의 몸 된 교회를 위하여 수고하시는 목사님께 은혜와 진리로 충만케 하여 주시고, 교역자분들과 여러 장로님들, 그리고 집사님들에게도 더욱 크신 복을 내려 주시옵소서. 그래서 교회와 목사님을 받들어 섬기는데 부족함이 없게 도와주시옵소서. 이 교회에 일꾼들이 많아 주님의 선한 사업에 쓰임 받게 해주시옵소서.

주님을 영화롭게 해드리는 시간에, 하늘의 천군과 천사들도 찬양을 하고, 저희들에게는 은혜가 내려지기를 바라면서 예수님의 이름으로 기도드립니다. 아멘.+

3월 5주

_기도를 위한 말씀 묵상: 엡 5:19

만물의 주가 되시는 하나님,

주일 찬양ㅣ 날마다 저희들을 가엾게 여기시는 은혜에 감사의 찬양을 드립니다. 주님께서 주신 분깃에 따라 살아가던 이들이 ○○ 교회에 모여 하나가 되었음에 감사드립니다. 오늘, 영과 진리로 예배하도록 인도해 주시옵소서. 하나님께서 다시금 새롭게 해주시려 하심에 감사로 예배하는 한 시간이 되게 하시옵소서.

부활절의 감사ㅣ 사망권세 이기고 승리하신 주님을 찬양합니다. 주님께서 흉악한 인간의 권세를 꺾으시고 부활하신 날에, 이 자리에 모인 ○○의 지체들이 예배함은 마땅합니다.
주님을 다시 살게 하신 하나님이여, 영광을 받으시옵소서. 예수님을 다시 일으키신 하나님께 승리의 영광을 드립니다. 주님의 다시 사심으로 저희들에게 부활의 소망을 갖게 하심을 감사합니다.

감사의 고백ㅣ 경배의 주인이 되시는 하나님, 주님께서 지으신 모든 민족이 와서 주의 앞에 경배하며 주의 이름에 감사를 돌립니다. 하나님께서는 지난 한 주간 동안에도 저희들을 능하게 하셨습니다. 그리스도 예수 우리 주님의 성호를 높이 들며 살게 하셨습니다. 주님의 보혈의 공로로 세상을 이기는 한 주간을 살아왔습니다.

예배-순서, 담당자 | 저희들이 여호와 하나님을 즐거워하며 찬송할 때, 홀로 하나님께만 영광이 드려지기 원합니다. 사탄의 궤계가 틈을 타지 않게 하시고, 이 성전 가득히 하나님의 영광으로 채워지게 하시옵소서.

거룩한 예배를 위하여 몸을 다 드려 준비하신 목사님을 축복합니다. 신령과 진정으로 예배하기를 기뻐하는 성도들을 축복합니다. 오늘, 목사님의 입술에서 선포되는 부활의 메시지로 저희들은 부활신앙의 결단으로 나아가게 하시옵소서. 여호와의 이름을 찬양하면서 시작되었사오니 예배를 마칠 때까지 성령 하나님께서 주관해 주시기 원합니다.

회중을 위한 중보 | 자비로우신 하나님, 이 구별된 주일 아침에 주의 사랑과 은혜를 사모하는 이들에게 풍성한 은혜를 내려 주시옵소서. 그리고 지금도 병마와 싸우며 고통 중에 있는 자들에게 치료와 회복의 은혜를 허락하시옵소서. 가정의 여러 문제와 경제적인 문제로 고민하며 간구하는 기도를 주께서 들어 주시고 친히 응답해 주시옵소서.

여호와의 성일에 예배로 하나님의 영광을 나타내고, 만나와 같이 내려지는 은혜를 기다리면서 예수님의 이름으로 기도드립니다. 아멘.+

4월 1주

_기도를 위한 말씀 묵상: 시 150:2

우주와 만물의 주가 되시는 하나님,

주일 찬양ㅣ 오늘, 이 거룩한 날에, 저희들을 불러주시니 감사드립니다. 저희를 죄 가운데서 구속하신 예수님의 은혜에 감사하며 나아왔습니다. 저희의 죄를 용서해 주시고, 아버지라 부르게 하신 하나님께 예배드리기 위해서 모였습니다. 이 한 시간에, 하늘에 영광을 드리는 예배로 인도해 주시옵소서.

부활 신앙의 고백ㅣ 부활절기를 살아가면서 저희들의 마음이 우리 죄로 인해 십자가를 지신 예수 그리스도의 고난의 의미를 되새기게 하시옵소서. 주님만이 내 죄를 해결해 주실 수 있음을 고백하게 하시고, 주님께서 지신 십자가에 내 모든 죄의 본성과 고집스런 자아를 못 박아 새 영으로 거듭나게 하시옵소서. 이로써 진정한 부활의 감격을 누리는 자들 되게 하여 주시옵소서. 여호와는 모든 나라보다 높으시며, 주님의 영광은 하늘보다 높으십니다.

예배순서, 담당자ㅣ 전능하신 하나님, 주의 권능으로 영광을 나타내심을 찬양합니다. 예배하러 모인 이 무리들 가운데서 영광을 받아주시옵소서. 예배의 모든 순서가 아버지 하나님을 바르게 경배하는 것이 되게 하시기 원합니다. 이 예배에 주님께서 찾아와 주시옵소서.

설교를 준비하신 목사님께 성령의 감동하심이 있기 원합니다. 저희들에게 말씀하실 하나님의 메시지를 전하시도록 이끌어 주시옵소서. 그 말씀이 잠을 자던 심령을 깨워 일어나는 은혜가 되기를 빕니다. 낙심해있는 심령에는 소성케 하는 생명의 역사가 있기를 빕니다.

약한 이들을 위한 중보 | 불쌍히 여기시는 주님, 육신이 연약한 자에게 육신의 건강함을 얻도록 해주시옵소서. 믿음의 확신이 없는 자에게 믿음의 확신을 주시옵소서. 말씀이 없어서 방황하는 자에게 말씀의 위로를 받게 해주시옵소서. 갈보리의 십자가 보혈로 새롭게 하시옵소서. ○○의 성도들이 사순절의 은혜를 누리게 하시기 원합니다.

환자들을 위한 도고 | 이 시간에도, 몸이 늙어서 병들어 집이나 병원에서 홀로 있는 이들이 있으니 도와주시옵소서. 회복하게 하시는 여호와의 만져주심으로 구원해 주시옵소서. 병든 이들에게는 싸매어주시는 은혜로 아픈 부위를 낫게 하시고, 노년의 아름다움을 신앙생활로 보낼 수 있도록 도와주시옵소서.

이 복된 시간에, 하나님께는 큰 영광을 드리며 저희들은 은혜로 충만하게 해주시기를 바라면서 예수님의 이름으로 기도드립니다. 아멘.✝

4월 2주

_기도를 위한 말씀 묵상: 시 45:2

종려주일로 모이게 하신 하나님,

주일 찬양 | 사랑을 입은 주님의 자녀들이 한 자리에 모였으니, 기뻐하고 즐거워합니다. 하나님께서 인생을 위하여 큰 일을 하셨으니, 여호와의 이름을 찬양하며 즐거워합니다. 지금, 예배로 구원의 주님이신 나의 하나님께 영광을 드리게 하시옵소서. 거룩한 아침에, 머리를 숙여 참으로 겸손히 예배하게 하시옵소서.

자복·회개 | 저희들의 삶이 예수 그리스도를 닮아 가는 것에 민감하지 못했음을 고백합니다. 하나님께 친백성으로 살기보다는 저희들 자신의 욕심을 붙잡고 살아왔습니다. 성령님께서 찾아오셨으나 성령님을 외면하고 지낸 죄를 용서해 주시옵소서. 성령님께 성실함으로 하나님의 말씀을 실천하는 성숙된 믿음이 되게 하여 주시옵소서. 하나님 앞에서 복된 성도들이 되게 하시옵소서.

예배·순서, 담당자 | 인생의 주인이신 하나님, 먼저, 십자가의 그 크신 사랑을 입어 예배하러 나온 ○○의 성도들에게 복을 내려 주시옵소서. 하나님의 강하게 하시는 은혜를 누리게 하시고, 저희들에게 성령님의 충만하심을 주시옵소서.
이 백성을 위하여 진리의 말씀을 준비해주신 은혜에 감사드립니다. 목사님께서 말씀을 전하실 때, 두려워하는 마음으로 듣게 하시옵소서. 그 말씀에 회개의 영이 임하여 여호와 앞에서 우는 것을 경험하게 하시옵소서. 이 예배를 영화롭게 하는 성가대원들에게 찬양의 은혜를 내려주시옵소서. 회중도 함께 성가대가 되어 찬양을 드리기 원합니다.

결단ㅣ 주님의 몸을 나누어 가졌으니, 이 세상에서 지내는 동안에 주님을 따르는 삶이 되게 하시옵소서. 종교적으로 예배당에 출입하는 삶을 버리게 하시옵소서. 예수님의 분신이 되어 세상에서 그리스도를 나타내며, 주님께서 하셨던 그대로 하나님의 일 하면서 살아가도록 이끌어 주시옵소서.

성도 가정을 위한 중보ㅣ 인자하신 여호와여, 장래의 소망을 하나님께 두고 있는 청소년들을 축복합니다. 그들이 자신을 낳아주시고, 길러주신 부모의 사랑에 감사하면서 살아갈 때, 복된 하루하루가 되게 하시옵소서. 그리고 여러 가지 문제를 안고 나온 성도들이 있사오니 이 시간 다 해결 받고 은혜 받는 시간이 되게 하시옵소서.

예배가 진행되는 순서 순서에서 받은 은혜로 입술을 열어 하나님을 찬미하게 하시기 바라면서 예수님의 이름으로 기도드립니다. 아멘.✛

4월 3주

_기도를 위한 말씀 묵상: 삼상 7:12

부활의 영광을 주신 하나님,

주일 찬양 | 하나님께서 거룩하다고 선포하신 날의 아침입니다. 하나님의 크신 손 안에 있는 온 땅이 주님의 이름을 드러내기 원합니다. 땅에 있는 모든 것들이 주님의 아름다우심을 찬양하기 원합니다. 이 끝에서 저 끝까지에 있는 모든 인생들이 주님의 이름을 찬양하도록 이끌어 주시옵소서.

경배 | 예수님께서 죽음의 권세를 이기시고 부활의 첫 열매가 되게 하셨음에 찬양을 드립니다. 주님의 부활로 우리에게 산 소망을 선물해 주셨습니다. 다시 사신 주님께서 하늘에 계시며 연약한 인생을 보호하여 주심에 찬양과 경배를 드립니다. 이스라엘의 거룩한 구속자이신 여호와께 경배를 드립니다.

자복·회개 | 사유하시는 하나님, 이 아침에도 저희들의 죄를 고백하오니 용서해 주시옵소서. 예수님께서 부활하셨건만, 아직도 부활 신앙을 갖지 못하고, 방황하는 삶을 살았습니다. 말과 행동으로 불신앙의 삶을 살았습니다. 주님께서 주신 것을 사용하는 삶을 살면서도 내 것처럼 욕심을 내며 지냈던 죄를 용서해 주시옵소서.

예배-순서, 담당자 | 우리 주님께서 다시 사신 기쁨의 날에 원근 각처에서 흩어져 생활하던 이들이 한 자리에 모였습니다. 부활하신 주님을 만나게 하셨으니, 저희들을 주관하사 살아있는 예배, 신령과 진정으로 아름다운 예배를 드리게 하시옵소서.

목사님께서 저희들을 위하여 설교 준비를 하셨음에 감사드립니다. 성령님의 감동하심으로 말씀을 베푸시도록 하시옵소서. 그 말씀으로 여호와의 만져주심을 경험하게 하시옵소서. 하나님께 영광을 드리려고 성가대원들이 세워졌습니다. 그들이 몸을 드려서 찬송을 올려드리게 하시옵소서.

나라를 위한 도고 | 민족을 보호하시는 하나님, 외세의 침략이 많았고, 민족적으로도 부침이 많았던 이 나라를 불쌍히 여겨 주시옵소서. 하나님의 은혜로 지구상에서 부강하고 굳건히 세워지는 나라가 되게 하시옵소서. 하나님이 공의가 강물처럼 흐르는 사회가 되어 모든 이들이 하나님을 두려워하게 해주시옵소서.

거룩한 날의 아침에 승리의 찬송을 부르면서 드려지는 예배에 하나님 앞에만 영광을 드리기를 소망하면서 예수님의 이름으로 기도드립니다. 아멘.+

4월 4주

_기도를 위한 말씀 묵상: 출 20:8

예배에 초청하시는 하나님,

주일 찬양 | 온 땅이 무릎을 꿇고, 하나님을 경배하는 아침입니다. 주님을 찬양하며, 그 이름을 높여드리는 시간에 거룩하다 여김을 입은 성도들이 모였습니다. 구원의 은혜, 의롭다 여겨주신 사랑에 감사하면서 경배를 드리게 하시옵소서. 우리의 모든 생각과 정성 그리고 사랑을 모아 예배하도록 인도해 주시옵소서.

자복·회개 | 십자가에서 흘려진 그리스도의 피로 저희들의 죄를 깨끗케 하시옵소서. 하나님의 부르심에 합당한 삶을 살아드리지 못한 연약한 저희들을 긍휼히 여기시고, 하나님을 기쁘게 해드리는 사람이 되게 하시옵소서. 자기의 죄를 숨기는 자는 형통하지 못하나 죄를 자복하고 버리는 자는 불쌍히 여김을 받으리라 하신 말씀을 기억합니다.

교회를 위한 중보 | 부족한 입술로 교회를 위하여 기도드립니다. 오직 주님께서 교회의 주인이 되어 주시고, 성령께서 교회를 늘 인도하셔서 성장하게 하시옵소서. 아버지 하나님께 기도하는 집이 되게 하시고, 사랑의 교제가 살아 있게 하시며, 하나님의 나라에 대한 꿈과 소망을 잃지 않는 공동체가 되게 하시옵소서. 이 교회에 속

한 모든 성도들이 참된 믿음 안에서 살아가도록 이끌어 주시옵소서.

예배-순서, 담당자 | 만유의 주기 되시는 하나님, 예배를 통하여 받으셔야 하는 영광을 드리기 원합니다. 지금, ○○ 교회의 성도들이 한 마음으로 예배할 때, 먼저 이 교회가 거룩해지게 하시고, 저희들의 심령이 열납되기 원합니다. 손으로 발로, 머리로 가슴으로, 마음으로 생각으로 춤추며 주님께 영광을 드리게 하시옵소서.
말씀을 준비하신 목사님께 성령으로 감동해주시고, 하나님의 뜻이 온전히 선포되기 원합니다. 생명의 말씀으로 이 시간에 저희를 깨닫게 하시고, 의와 진리로 이끌어 주시는 자리에 들어가게 하시옵소서. 죄로 말미암아 죽을 수밖에 없던 저희들에게 진리의 길을 열어 주신 하나님께 찬양을 드립니다.

성도의 가정을 위한 도고 | 하나님께서 사랑하셔서 가정을 선물로 주셨으니 가정마다 하나님의 나라를 이루고, 불신 가정에서는 예수님을 구주로 영접하는 복된 역사를 이루어주시옵소서. 가정에서 참 안식을 누리고 식구들이 화목하게 지내도록 해 주시옵소서.

이 시간에, 예배드릴 때, 다시금 다짐하오니 죄에 대해 죽고, 의에 대하여 살기를 바라면서 예수님의 이름으로 기도드립니다. 아멘.+

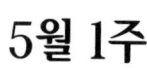

5월 1주

_기도를 위한 말씀 묵상: 요일 4:8

전능하신 하나님,

주일 찬양 | 주님의 날을 성일로 지키려고 부름 받은 성도들이 모였습니다. 오늘, 어린이주일로 지키면서 아버지 하나님께 예배하기 위하여 모였으니, 이 날을 복되게 하시옵소서. 여호와 우리 하나님은 영광을 받으시고, 우리는 영원히 주님 앞에서 살아가기를 다짐하는 한 시간이 되게 하시옵소서.

자복·회개 | 이 시간에, 저희들의 더러운 죄로 인하여 주님의 영광이 가려진 것을 용서해 주시옵소서. 저희들의 더러운 죄를 벗게 하여 주시고, 성결의 세마포를 입게 하시옵소서. 저희들에게 하나님의 영광에 참여하게 하시며, 하나님의 영광을 드러내게 하시옵소서. 가정에서 자녀들의 목자가 되게 하시며, 하나님의 영광을 구하게 하시옵소서.

어린이에의 축복 | ○○의 지체들, 각자가 흩어져 자신이 있는 자리에서 예배하는 삶을 살다가 다시 모였습니다. 어린이들을 축복합니다. 죄악과 방탕의 유혹이 범람하는 이 험한 세상에서 저희 자녀들을 지켜주시기 원합니다. 주님의 말씀과 성령님의 감동하심으로 인도하옵소서. 저희 자녀들의 마음 밭에 주님의 복음과 진리의

씨앗을 뿌려 주시고 성령의 크신 능력으로 가꾸어 주시며, 말씀의 영양분을 충분히 주셔서 그들이 영과 육이 건강한 자녀들로 자라게 복을 주시옵소서.

예배-순서, 담당자 | 영광을 받으실 하나님, ○○의 백성들이 주님의 발등상 앞에서 경배를 드립니다. 홀로 하나이신 하나님의 거룩하심을 찬양합니다. 저희들에게 복된 날을 허락해 주셔서 아침부터 이 밤까지 하나님을 찬양하며 예배하게 하시니 감사합니다.
말씀을 들고 단 위에 서신 목사님과 함께 하셔서 생명을 구원하는 능력의 말씀을 전하실 수 있도록 인도하시옵소서. 한 말씀도 땅에 떨어지지 아니하고 성도들의 마음 밭에 새겨져 열매를 맺게 하시옵소서. 그리하여 하나님 말씀으로 승리하는 삶을 살 수 있게 하시옵소서.

소원의 간구 | 저희 자녀들의 마음 밭에 주님의 복음과 진리의 씨앗을 뿌려 주시옵소서. 그들의 심령을 성령님의 능력으로 가꾸어 주시며, 말씀의 영양분을 충분히 주셔서 영과 육이 건강한 자녀들로 자라게 하시옵소서. 크신 사랑으로 어린이들을 키워주시옵소서.

죄악과 방탕의 유혹이 범람하는 험한 세상에서 저희 자녀들을 지켜주시고, 주의 지팡이와 막대기로 인도받기를 바라면서 예수님의 이름으로 기도드립니다. 아멘.+

5월 2주

_기도를 위한 말씀 묵상: 엡 1:3

만물을 다스리시는 하나님,

주일 찬양 | 영광을 받으셔야 하는 이스라엘의 주님께 나아옵니다. 그 이름 앞에 무릎을 꿇어 자복하면서 영광을 드립니다. 이 복된 날에, 하나님께서 정하신 방법에 따라 예배를 드리오니 받아 주시옵소서. 그리고 머리를 숙인 저희들에게는 여호와 앞에서 영원히 성민이 되게 하시옵소서. 예배하기를 기뻐하는 마음으로 충만하게 하시옵소서.

부모님 주일의 감사 | 오늘은 여호와의 성일을 부모님에 대한 은혜를 생각하며, 하나님께 예배합니다. 이 땅에 있는 인생을 사랑하셔서 거룩한 제도를 주셨음에 감사드립니다. 하나님께서는 우리를 친히 돌보시려고 누구나 부모에 의해 자라게 하셨습니다. 저희들에게 가정에서 지내게 하시고, 부모를 섬기도록 하셨음에 감사를 드립니다. 영광 가운데 계신 하나님의 이름을 높여드립니다.

자복·회개 | 부모님께 효도를 다하는 것을 잊고 살아온 죄를 용서해 주시기 원합니다. 날마다 소망해야 할 것은 부모님을 기쁘시게 해드림인데, 자신의 유익에만 매달려 살아온 죄를 용서해 주시옵소서.

예배-순서, 담당자 | 신령과 진정으로 드리는 예배가 되기 원합니다. 이미 찬양과 경배로 시작된 예배를 마칠 때까지 주관해 주시옵소서. 부모를 공경함에 대하여 말씀을 준비하신 목사님께 성령으로 감동해주시고, 하나님의 뜻이 온전히 선포되기 원합니다. 그 말씀으로 주님의 뜻이 무엇인지 분별하게 하시옵소서.

목사님의 입술을 통하여 말씀이 전해질 때, 저희들의 심령을 새롭게 하시는 하나님의 말씀만 선포되기 원합니다. 강단에서 선포되는 말씀에, 삶의 용기와 지혜를 얻게 하여 주시옵소서.

회중을 위한 중보 | ○○의 지체들이 어머니와 아버지의 은혜를 새롭게 기억하며, 하나님을 예배하게 하시옵소서. 어버이의 모습이 오늘의 예배 안에서 저희들에게 새롭게 보여 지기를 원합니다. 세상에 태어난 저희들이 만날 수 있는 사람들 중에 이처럼 훌륭하신 아버지와 어머니를 부모님으로 섬기게 하신 하나님의 은혜를 찬양합니다. 결코, 이 복된 만남을 잊을 수 없습니다. 그 무엇과도 바꿀 수 없는 만남을 주신 하나님께 감사드립니다.

이 거룩한 시간의 예배로 저희들이 새롭게 되어, 부모를 공경하고, 어르신들께 봉사하는 것을 사모하기를 바라면서 예수님의 이름으로 기도드립니다. 아멘.+

5월 3주

_기도를 위한 말씀 묵상: 롬 3:24

영광 가운데 계신 하나님

주일 찬양 | 여기에, 사랑을 입은 아버지의 자녀들, ○○의 지체들이 모두 거룩한 예배의 자리로 나아갑니다. 목소리 합하여 전능하신 하나님을 찬양하고, 이 자리로 불러 주신 하나님을 예배하게 하시옵소서. 예배드리는 이 모임에서 신앙 공동체를 체험하게 하시옵소서.

성령강림절의 감사 | 우리에게 오신 성령님을 찬양합니다. 죄인 되었던 저희들에게 예수님을 구주로 영접하게 하시고, 우리를 위하여 중보하시는 성령님을 기뻐합니다. 거룩한 시간에 하나님의 집에 나왔으니 무릎을 꿇게 하시옵소서. 성령님의 충만하심 안에서 예배하게 하시옵소서. 감사하는 목소리로 경배하는 시간이기를 원합니다.

자복·회개 | 하나님께 순종할 수 있는 삶이 되지 못하였음을 회개합니다. 혹 입술로 이웃의 허물을 증거하는 죄를 지었다면 용서해 주시옵소서. 은혜의 말씀을 부담스러워 했다면 용서해 주시옵소서. 안목의 정욕으로 마음을 더럽힌 모든 것들을 회개하오니 용서해 주시옵소서. 저희를 주님의 몸된 교회의 지체되기에 부끄럽지

않은 삶으로 인도해 주시옵소서.

예배-순서, 담당자 | 오늘 드리는 저희들의 예배가 주님께서 기뻐 받으시는 산 제사가 되게 하시옵소서. 이미 시작된 때부터 마치는 시간까지 오직 주님만이 임재하심으로써 여기에 나온 모든 성도들에게 한량없는 복을 내려 주시옵소서.
말씀을 전하실 목사님을 붙잡아 주시기 원합니다. 예수님께서 친히 교회의 머리가 되게 하시고, 주님의 사랑과 진리와 은혜가 가득 찬 교회가 되게 하시옵소서. 오늘도 이 땅의 사람들에게 찾아오셔서, 잃어버린 자들을 부르시는 말씀을 듣게 하심을 즐거워합니다.

회중을 위한 중보 | 이 시간에, 간절히 바라옵기는 하나님의 감동 안에서 사랑으로 하나되어 영광을 드리는 교회공동체가 되게 하시기 원합니다. 먹고, 살아가는 땅에 것들로 분주해야 하지만, 하나님의 일을 이루어드림에 대하여 고민하는 삶이 있게 하시옵소서. 이로써 주님의 나라를 상속받기 위해 경건한 자녀로 살게 하시고, 우리가 주의 백성으로 지내는 날들이기를 원합니다.

우리 ○○의 성도들 한 사람, 한 사람이 주님께서 열납하시는 예배를 드리게 하시며, 위로부터 내려지는 은총에 젖게 하심을 바라면서 예수님의 이름으로 기도드립니다. 아멘. +

5월 4주

_기도를 위한 말씀 묵상: 행 2:47

자비하신 하나님.

주일 찬양 | 주일을 누리게 하신 그 한없는 사랑에 감사를 드립니다. 하나님께서 허락하지 않으시면 숨 쉴 수조차 없는 것이 우리입니다. 그뿐만 아니라 우리는 기도할 수도 없고, 찬양할 수도 없으며 말씀을 들을 수도 없는 연약한 존재들입니다. 주님께서는 저희들에게 주일을 구별할 수 있는 은혜를 주셨습니다.

삼위일체주일의 감사 | 삼위일체 하나님의 역사로 주님 안에서 자녀로 살게 하셨습니다. 더욱이 감사함은 저희를 충성되이 여겨 하나님 앞에서와 세상에서 직분을 맡기심입니다. 생명의 빛 가운데서 성도의 기업의 부분을 얻기에 합당하게 하신 아버지께 충성을 다하기를 다짐하게 하시옵소서. 주님께서 저희들에게 베풀어주신 은혜를 헤아리면서 예배하도록 하시옵소서.

자복·회개 | 저희의 죄를 고백합니다. 기도해야 하는 시간에 기도하지 않았고, 참고 기다려야 하는 시간에 분노했던 죄를 용서해 주시옵소서. 봉사를 하면서도 하나님의 영광을 드러내기 보다는 인간의 욕심을 앞세웠습니다. 우리의 죄를 사해 주시옵소서. 우리의 타락한 죄성을 용서하셔서 더러워진 영혼을 깨끗하게 하시옵소서.

예배-순서, 담당자 | 하나님은 저희들을 새롭게 해주셨습니다. 지금, ○○의 권속들이 여호와 우리 하나님은 거룩하신 하나님이심을 찬양하면서 나아갑니다. 예배의 모든 순서가 아버지 하나님을 바르게 경배하는 것이 되게 하시옵소서.

오늘도 목사님을 세워주심에 감사드립니다. 연약한 영혼을 위해서 생명의 말씀을 준비하게 하셨으니 정말로 감사합니다. 성가대원들은 영과 진리로 입을 벌려 주님의 위대하심을 찬송하게 하시옵소서. 예배의 순서를 맡아서 섬기는 종들에게 은혜를 내려 주시고, 그들의 헌신으로 예배는 더욱 경건해지게 하시옵소서.

비전의 간구 | 바라기는 하나님의 자비로우심으로 성도답게 살게 하시옵소서. 이미 빛과 소금이 되라 하신 주님의 뜻대로 사는 종들이 되게 하시옵소서. 그리하여 악을 물리치고 하나님을 기쁘시게 하는 것을 사모하기 원합니다. 이로써 주님의 나라를 상속받기 위해 경건한 자녀로 살게 하시고, 주님의 백성으로 지내는 날들이기를 원합니다.

주 하나님을 우리의 반석으로 예배하게 하시고, 모든 성도들이 그리스도 안에서 살기를 바라면서 예수님의 이름으로 기도드립니다. 아멘.✝

6월 1주

_기도를 위한 말씀 묵상: 요 4:24

영광스러운 자리로 나아가게 하시는 하나님,

주일 찬양 | 이레 가운데 한 날을 구별하여 성일로 정하신 하나님께로 나옵니다. 죄인이었던 인생들을 의롭게 해주셨으니, 의로움을 입은 자들이 주님 앞으로 나옵니다. 스스로 정결하게 하고 나온 성도들에게 복을 내려주시옵소서. 오늘은 현충일을 기억하면서, 이 민족의 역사에 간섭하신 하나님의 손을 찬양합니다.

현충일의 감사 | 곧 현충일을 맞이합니다. 하나님께서 복되게 구별해 주신 아침에 나라를 구하려고 자기 목숨을 초개처럼 버린 이들을 생각합니다. 이 나라와 민족을 지켜주시는 은혜가 새로운 아침입니다. 하나님의 은혜 안에서 나라사랑의 의미를 묵상하게 하시옵소서.

자복·회개 | 사유하시기를 즐겨하시는 하나님, 죄 가운데 살던 우리가 하나님의 대속의 은혜를 사모하여 이 자리에 모였습니다. 저희들의 죄를 고백합니다. 욕심에 사로잡혀 분별력을 잃고, 잘못된 길을 가고 있으면서도 깨닫지 못한 어리석은 저희들이었습니다. 스스로를 속이며 타협하다가 걸려 넘어지기도 하였습니다. 용서하시옵소서. 주님의 십자가를 경험하면서 하나님의 사랑이 얼마

나 크고 놀라운지 깨닫는 시간이 되게 하여 주시옵소서.

예배-순서, 담당자 | 연약하고 어리석은 저희들이지만 믿음으로 하나님 앞에 서오니 우리를 받아 주시고 새롭게 하여 주시옵소서. 신령과 진정으로 예배드려 하나님께 영광이 되기를 원합니다. 성도들 마음을 합하여 온 교회가 성삼위 하나님께 영광을 드립니다. 설교를 준비하신 목사님께 성령의 능력이 더해지기 원합니다. 하나님의 지혜로 말씀을 전하게 하시기 원합니다. 이제 저희들에게는 우둔한 귀를 열어서 듣게 하사, 주님을 위해 살겠다는 다짐을 허락하시옵소서. 하나님을 영화롭게 해드리려는 성가대원들에게 기름을 부어주시옵소서. 그들이 입술을 벌려 찬양을 올려드릴 때, 이 전에 영광이 가득하기를 빕니다.

나라를 위한 중보 | 사랑으로 다스리시는 하나님, 이 민족에 복음의 횃불이 들려진 것을 감사드립니다. 한국전쟁으로 많은 이들이 피 흘리며 숨져 갔고, 그들의 유가족들이 슬픔 속에서 지내고 있습니다. 현충일에 즈음하여 이 민족을 특별히 위로해 주시옵소서.

나라를 사랑하는 마음에서 드리는 예배를 받아주시고, 민족과 나라를 위하여 기도하기를 바라면서 예수님의 이름으로 기도드립니다. 아멘.+

6월 2주

_기도를 위한 말씀 묵상: 눅 21:4

자기 백성을 부르시는 하나님,

주일 찬양ㅣ 주님의 날을 기다리게 하셨으니 감사드립니다. 이 예배의 날을 축복합니다. 오늘의 예배가 형식이나 습관대로 드리는 것이 아니기를 원합니다. 감사와 찬양이 넘치는 예배를 드리는 주일이 되도록 주님께서 친히 주장하여 주시옵소서. 저희를 구속하여 자녀로 불러 주신 아버지 앞에 모였으니 영광을 받으시옵소서.

자복·회개ㅣ 우리의 죄악이 하나님과의 사이를 내었사오니, 용서받는 시간이 되게 하여 주시옵소서. 이에, 죄에 대하여 끊을 것은 끊게 하시고, 자를 것은 자르게 하시옵소서. 저희들에게 십자가에 동참하게 하시고, 내 뜻이 아닌 주의 뜻을 이루어 드리게 하시옵소서. 주님을 본받게 하시고 겸손과 온유함으로 주를 따르게 하시옵소서.

교회를 위한 중보ㅣ 교회를 섬기시는 목사님께 함께 하셔서 영육간에 신령함과 강건함을 주시기 원합니다. 일꾼으로 부름을 받은 제직들이 맡겨진 일들을 수행할 때 부족함 없게 하시옵소서. 목사님의 뜻을 받들어 순종하는 가운데 주님의 영광으로 소문나는 교회가 되게 하시옵소서. 나아가 이 세상에서 방부제의 역할을 감당하며 많은 생명들을 주님께로 인도해 구원의 기쁜 소식을 전파하게 하시옵소서.

예배순서, 담당자 | 이 거룩한 아침에 하늘이 하나님의 영광을 선포하고, 땅과 모든 것들은 하나님의 손으로 하신 일을 나타내고 있습니다. 영광이 예배하러 모인 온 성도들에게 임하기를 원합니다. 예배를 위하여 여러 일꾼들이 헌신하게 하셨습니다. 기도로 설교를 준비하신 목사님께 힘을 더하셔서 권세 있는 말씀을 선포할 수 있게 하옵소서. 그 말씀으로 주저앉았던 저희들이 다시 일어나는 체험을 주시옵소서. 이 예배로 인하여 저희 교회가 온전히 하나님의 영광을 드러내는 교회가 되게 하시기 원합니다.

공교육기관들을 위한 도고 | 여호와 우리 주여, 우리 사회에 공교육기관들이 있어서 모든 이들이 교육을 받게 하셨음에 감사드립니다. 공교육기관에 의해서 도덕적인 인격을 형성하고, 시민의식을 기르게 해주시옵소서. 특히, 자라는 어린이들이 공교육기관에서 차별이 없이 교육을 받게 하시옵소서. 여기에서 봉사하는 이들에게 복을 내려 주시기를 원합니다.

주님의 교회에 하나님의 영광이 가득하고, 세상에는 복음의 강수, 생명수가 흘러가기를 바라면서 예수님의 이름으로 기도드립니다. 아멘.＋

6월 3주

_기도를 위한 말씀 묵상: 시 4:8

우주만물에 그 이름을 나타내시는 하나님,

주일 찬양 | 한 주간 살아왔던 시간들을 돌아볼 때, 하늘을 우러러 찬양을 드립니다. 지난날들이 오직 은혜로만 살아온 시간이었기에 감사드립니다. 여기에 모인 ○○의 지체들의 마음을 다하여 대속의 십자가를 지신 주님의 사랑을 찬양하게 하시옵소서. 정직한 입술로 감사와 영광이 담겨진 예배를 드리게 하시옵소서.

한국전쟁의 기억 | 하나이어야 하는 민족이 서로의 가슴에 총부리를 겨누고, 금수강산에 피가 뿌려졌던 땅이었음을 기억해 주시옵소서. 인간의 욕심이 전쟁을 불러오고, 그 전쟁으로 수많은 형제들이 피를 흘렸습니다. 지금도 대치되어 있는 남북의 이 민족을 불쌍히 여겨 주시옵소서. 민족적으로 하나님을 영화롭게 해드리게 하시옵소서.

하나님께 영광 | 하나님께 그의 이름에 합당한 영광을 돌립니다. 하나님의 자녀된 거룩한 옷을 입고, 여호와께 예배하러 나왔습니다. 주님의 전에서 영광과 권능을 여호와께 돌리기 원합니다. 오직 여호와의 이름을 높이고 그 이름을 찬양하는 영광을 돌리기 원합니다. '여호와 우리 주여 주의 이름이 온 땅에 어찌 그리 아름다운지

요 주의 영광이 하늘을 덮었나이다.'

예배-순서, 담당자ㅣ 하나님의 사랑이 저희들을 이곳으로 불러 예배드리게 하셨습니다. 이 백성에게 예배를 통해서 받는 은혜로 죄에 대해 죽고, 의에 살게 하시옵소서. 오늘, 단에 서서 주님의 귀한 말씀을 전하실 목사님께 신령한 능력과 성령으로 충만케 하시옵소서. 그리하여 말씀을 통하여 주의 영광이 드러나게 하시고, 주님께서 귀하게 쓰시는 종으로 삼아 주시옵소서.

나라를 위한 중보ㅣ 이 민족을 통해 영광 받으시기를 원하시는 하나님 아버지, 갈릴리 호수를 여행하시며 유대인과 이방인을 복음으로 하나되게 통일과 평등을 이루어 나아가신 예수님을 생각합니다. 이 백성의 삶에 깊숙이 개입하시어 둘로 쪼개진 강토가, 갈라진 사람의 마음들이 하나 되게 하시옵소서. 정치하는 이들이나 국방을 지키는 이들에게 은혜를 내리시어 하나님 두려운 줄 알게 하시고, 하나님의 뜻을 분별하는 지혜를 주시옵소서.

한국전쟁을 기억하면서 예배를 드릴 때, 하나님께 영광을 드리고, 우리 교회가 민족을 위해 기도하는 교회이기를 바라면서 예수님의 이름으로 기도드립니다. 아멘.+

6월 4주

_기도를 위한 말씀 묵상: 대상 29:13

영광의 주가 되시는 하나님,

주일 찬양 | 하나님께서는 예배를 받으시고, 저희들에게는 예배의 감격에 놀라게 하시기 원합니다. 이 작은 예배당에서 불리어지는 찬송이 하늘에 닿기를 소망합니다. 저희들을 위하여 부리는 천사들이 화답하여 하나님을 높이는 찬송을 올려드리게 하시옵소서. 하늘에 가득한 주님의 영광을 보게 하시옵소서.

감사의 고백 | 주님의 자비로우심에 감사를 드립니다. 이 전에서 저희들이 주께 감사함은 돌보아주심이 지극히 은혜로우시기 때문입니다. 지난 이레 동안에도 하나님의 보호하심은 심히 기묘하게 나타내셨습니다. 주님께서 하시는 일이 기이함을 저희들의 영혼이 잘 알고 있사오니, 여호와의 손길에 다시 한 번 감사드립니다.

자복·회개 | 저희들에게 거저 주신 은혜를 알면서도 배은망덕하게 살았던 것을 회개합니다. 용서해 주시옵소서. 이처럼 게으르고 핑계 대기를 좋아하는 저희의 죄성을 깨달아 회개하게 하시옵소서. 저희들의 입술이 범죄치 않게 하시고, 생각이 범죄치 않도록 날마다 동행하여 주시기를 빕니다. 주님의 말씀대로 살아가는 것을 즐거워하고 자랑하는 교회가 되게 하시옵소서.

예배 순서, 담당자 | 예수님의 이름으로 모이게 하신 주님, ○○의 지체들이 영과 진리로 드리는 예배가 되기 원합니다. 오직 하나님께만 영광이 되는 예배의 순서 순서로 이어지기 원합니다. 이 은혜로 하나님의 영광을 누리는 예배가 되게 하시옵소서.

이제, 강단에서 목사님의 입술을 통하여, 준비된 말씀에 성령님의 역사가 크게 나타나기 원합니다. 하나님께서 말씀하시는 시간에 저희들은 왕 앞에 선 신하와 같이 듣게 하시옵소서. 두렵고도 떨리는 심정으로 말씀을 받을 때, 생명의 진리로 새 힘을 얻게 해 주시옵소서.

교역자들을 위한 중보 | ○○ 교회에 세워주신 지도자들을 축복합니다. 그들이 맡겨진 양떼를 위해서 오직 주님의 음성에만 민감하게 하시옵소서. 세상과 타협하지 않으며 오직 주님 가신 발자취만 따라감으로써 사도의 모델이 되게 하시옵소서. 하나님의 일을 하실 때, 지치지 않게 해주시고, 더 큰 일을 행하는 사역자가 다 되게 하시옵소서.

예수님의 십자가 공로로 의롭다 함을 받아 예배드림을 감사하고, 하나님을 찬미하는 저희들이 되기를 바라면서 예수님의 이름으로 기도드립니다. 아멘.+

6월 5주

_기도를 위한 말씀 묵상: 계 19:4

경배를 원하시는 하나님,

주일 찬양 | 홀로 영광을 받으시고, 그 이름을 세상 만방에 알리셔야 하는 주님께로 나왔습니다. 하나님, 그 이름이 높임을 받으시는 예배를 드리게 하시옵소서. 주님의 피로 말미암은 예복을 입게 하시옵소서. 우리가 구원의 첫 은혜를 누렸을 때, 꿈꾸던 것 같았던 감격으로 예배드리게 하시옵소서.

감사의 고백 | 좋으신 하나님, 우리에게 생명을 허락하시고 삶을 지켜 주신 하나님의 사랑을 생각합니다. 아들 예수까지도 우리의 죄를 위해 아낌없이 내어 주신 구속의 은혜를 만입이 있어도 다 감사하지 못합니다. 지난 한 주간도 아버지의 넘치는 은혜로 살아왔사오니 감사로 예배하는 이 시간이 되게 하시옵소서. 하늘에 시민권을 갖고 있으매 천국 본향을 사모하면서 살아가기 원합니다.

자복·회개 | 사랑의 하나님, 지금, 저희들의 죄를 고백합니다. 하나님께서는 저희를 사랑하셔서, 지키고 따라야 하는 말씀을 주셨으나, 말씀에 따르지 못했던 지난 생활을 회개합니다. 하나님의 나라와 의를 구하면서 살아야 했는데, 오히려 유혹에 이끌리고, 욕심으로 말미암아 죄를 지으며 살았습니다. 참으로 뉘우치오니, 하나님의

인자하심으로 용서하여 주시옵소서.

예배-순서, 담당자ㅣ 영광 가운데 경배를 받으실 하나님, 이 자리에 모인 저희들에게, 신령과 진정으로 예배드릴 수 있게 하시옵소서. 예배의 순서를 통하여 하나님께만 거룩함을 나타내게 하시옵소서. 저희들이 주님을 찬양할 때, 하나님의 자녀들에게 기쁨이 있는 잔치의 자리가 되게 하시기 원합니다.
설교하시는 목사님께 하늘의 문을 열어 능력을 더하여 주시고, 말씀을 들을 때, 두려움과 경외함이 있게 하시옵소서. 하늘 우레의 말씀으로 듣게 하셔서 그 말씀으로 이 시대를 살아가는 저희들이 되게 하시옵소서 진리의 바람이 불어와 잠자던 심령을 깨워주시옵소서.

곤경에 처한 이들을 위한 도고ㅣ 빈궁함으로 말미암아 경제적으로 고통을 당하는 이들을 불쌍히 여겨주시옵소서. 다니던 직장이 문을 닫아 살아가는 것이 막막해진 이들에게 소망을 갖게 하시옵소서. 어떤 환경에서도 하나님의 손길을 기다리게 하시옵소서.

주님의 피로 세우신 교회에서 예배드릴 때, 성령님의 충만하심이 있기를 바라면서 예수님의 이름으로 기도드립니다. 아멘.+

7월 1주

_기도를 위한 말씀 묵상: 계 1:16

만물로부터 경배를 받으시는 하나님,

주일 찬양ㅣ 만왕의 왕이 되시는 예수님을 기억하는 저희들을 불러주시니 감사합니다. 오늘도 예배하는 거룩한 집에서 하나님을 찬양하는 소리가 메아리쳐지기를 원합니다. 죄의 신을 벗고 서있는 이 자리에 복을 내려주시기 원합니다. 믿음의 입술로 주 하나님을 고백하고, 보혈을 흘리신 주님을 찬양하는 예배로 영광을 드리게 하시옵소서.

맥추감사절의 감사ㅣ 맥추감사절을 맞이해서 놀라우신 주님의 은혜에 찬송으로 보답합니다. 진실로 주님의 도우심으로 기름이 흘러 저희들의 삶이 윤택하였고, 첫 열매를 거두는 기쁨으로 감격해 하고 있습니다. 인자하신 손길로 우리들의 필요에 따라 공급하여 주시고, 한 주간을 풍성하게 살게 하셨으니 참 고맙습니다.

자복·회개ㅣ 지금, 여호와 앞에서 저희들의 죄를 고백하니 용서해 주시옵소서. 저희의 사랑이 필요한 곳을 지나쳐 왔고, 저희의 손길이 필요한 곳을 외면했습니다. 저희들을 긍휼히 여기사 하나님의 손에 반드시 필요한 성도들이 되게 하여 주시옵소서. ○○의 지체들을 주의 영으로 덮으셔서 하나님의 사람으로 새롭게 해 주시옵소서.

예배-순서, 담당자 | 예배를 주관하시는 하나님, 주님께서 지으신 모든 피조물들이 하나님의 위대하심을 찬양하고 있습니다. 햇빛과 하늘의 파란색은 주님을 찬송하게 합니다. 밤하늘에 높이 떠서 명랑하고 사랑스럽게 비치는 달과 아름다운 별들처럼 주님을 예배하게 하시옵소서.

목사님의 입을 빌려서 선포되는 하나님의 말씀, 오늘, ○○의 지체들이 순종해야 할 말씀을 듣게 하시기 원합니다. '아멘'으로 받고 결단으로 새롭게 거듭나는 설교가 되게 하시옵소서. 그에게 성령의 능력이 더하여, 여기에 모인 이들이 모두 듣게 하시옵소서.

비전 | 예배하는 이 자리에서, 감사와 찬양을 통해 주님을 바라보게 하시옵소서. 그 크신 팔로 감싸 안아 주시는 하나님께 나아갑니다. 힘들어 지칠 때마다 위로가 되어주셨던 주님이셨습니다. 특별히, 바라옵기는 우리가 어떤 모습으로 살아왔던지 주님의 몸이 된 교회 안에서 한 공동체를 이루게 하시옵소서.

우리 ○○의 성도들이 낙심될 때, 소망을 갖게 하셨던 주님의 이름을 부르며, 은혜로 행하셨음을 예배를 통해 기리기 원하면서 예수님의 이름으로 기도드립니다. 아멘.✝

7월 2주

_기도를 위한 말씀 묵상: 히 13:15

영광을 취하시는 하나님,

주일 찬양 | 저희들이 주님의 초대로 이 거룩한 자리에 나오게 됨을 감사드립니다. 맑은 영혼을 가지고, 하나님의 이름을 부르게 하시고, 거룩한 예배를 드리기 원합니다. 하나님께 구별된 ○○의 지체들이 영과 진리로 예배하게 하시옵소서.

자복·회개 | 주님 앞에서 고백합니다. 하나님의 자녀답게 살아오지 못한 죄를 회개합니다. 주님께서 우리를 사랑하여 주심 같이 저희는 주님을 사랑하지 못하였습니다. 이웃과 민족도 사랑하지 못했습니다. 사랑의 본을 보이신 주님처럼 저희가 사랑할 수 있도록 축복하여 주시옵소서. 주님의 사랑을 실천하는 저희들이 되게 하시옵소서.

교회를 위한 중보 | 주님의 크신 뜻이 계셔서 이곳에 교회를 세워 주시고 오늘날까지 지켜주시니 주시니 감사합니다. 이 교회가 지역사회의 구원방주가 되게 하시며, 크신 능력과 축복을 허락하셔서 죽어 가는 많은 심령들에게 복음의 기쁜 소식을 전할 수 있게 도와주시옵소서. 또한, 역할과 사명에 따라 기관을 세우셨으니 각 기관을 지켜주시고 늘 새로운 힘을 주셔서 맡은바 사명을 감당하

도록 해주시기를 빕니다.

예배-순서, 담당자 | 여호와 우리 주여, 여기에, 하나님의 은혜로 살아온 주님의 백성들이 모여 하나님을 경배합니다. 저희의 작은 가슴들을 크게 벌려서 아버지의 영광을 찬양하며, 예배드립니다. 믿음으로 드리는 예배가 되기를 소망합니다.
말씀을 준비하여 강단으로 오르신 목사님을 축복합니다. 오늘도 저희들을 위하여 진리의 말씀을 주심에 감사드립니다. 선포되는 말씀을 듣는 순간에 마음을 다하고, 성품을 다하여 여호와를 순종하겠다는 각오를 갖게 하시옵소서. 아울러, 성가대원들을 축복합니다. 여호와의 기름 부으심으로 영화로운 찬양이 되게 하시옵소서.

결단 | 거룩하신 하나님, ○○ 교회의 성도들이 주님의 몸에 참예하였으니 예수님만으로 만족하며 살게 하시옵소서. 매일 매일의 삶에서 믿음의 주가 되시고, 저희들을 온전케 하시는 예수님만 바라보게 하시옵소서. 주님을 바라볼 때, 하나님의 뜻을 이루어 드리도록 이끌어 주시기를 원합니다.

저희들이 예배할 때, 복을 내려 주시고 속히 주님의 사랑과 평화가 넘치는 나라가 임하기를 바라면서 예수님의 이름으로 기도드립니다. 아멘.✝

7월 3주

_기도를 위한 말씀 묵상: 행 2:47

예배를 사모하게 하신 하나님,

주일 찬양ㅣ 할렐루야! 여호와의 은혜를 입은 종들은 다 찬양을 드리기 원합니다. 이 자리를 하나님의 거룩하신 존전으로 알고 나온 이들은 마음으로 부복하여 주님의 이름에 머리를 숙이기 원합니다. 주님의 이름은 이제부터 영원까지 찬송이 되시는 이름입니다. 영과 진정으로 예배할 때, 하늘의 문을 열어 주시옵소서.

주일의 은총ㅣ 주일의 아침이 시작되어 복된 날이 되게 하시며, 태양이 깃드는 곳마다 주님의 사랑이 빛나게 하시옵소서. 아버지의 은혜 아래 슬픔 사라지고 부끄럼도 벗겨지게 하시기 원합니다. 오늘을 보낼 때, 예배하는 가운데 성령님의 감동으로 충만하게 하시고, 작은 일에도 감사하며 어려운 일에 봉사하게 해주시기를 빕니다.

자복·회개ㅣ 주님의 크신 긍휼을 바라보며 회개하오니 용서해 주시옵소서. 저희들의 마음이 교만하여 주님을 인정하지 못했던 적이 많았음을 고백합니다. 나를 자랑하는데 힘을 쏟던 저희들이었음을 고백합니다. 이제는 주님의 은혜 앞에서 교만하지 말게 하시며, 성령을 거스르지 않고, 주님의 뜻을 높이는 삶이 될 수 있도록 인도하시옵소서.

예배-순서, 담당자 | 먼저, 십자가의 그 크신 사랑을 입어 예배하러 나온 저희들에게 복을 내려 주시옵소서. 하나님의 강하게 하시는 은혜를 누리게 하시고, 이 좋은 예배당에 모인 이들에게 성령님의 충만하심을 주시옵소서.

저희들의 생각이나 행동이 오직 하나님께만 집중하는 예배가 되기 원합니다. 온전히 영광을 드리는 거룩한 시간으로 지내도록 이끌어 주시옵소서. 예배가 진행되는 순서 순서에서 받은 은혜로 입술을 열어 하나님의 높으심을 찬미하게 하시기 바랍니다.

회중을 위한 중보 | 이 시간에, 온 마음과 정성으로 예배하게 하시고 육신의 병으로 고통을 당하는 성도에게 건강과 힘을 주시기 원합니다. 믿음이 부족한 성도에게는 굳세고 담대한 믿음을 주시기 원합니다. 여러 가지 문제를 안고 나온 ○○의 성도들이 있사오니 이 시간에, 다 해결 받고 은혜 받는 시간이 되게 하시옵소서. 저희들을 향한 주님의 뜻이 무엇인지 분별하게 하시고 무슨 일을 하든지 말씀의 인도와 기준에 따라 행하게 하시옵소서.

성령님의 충만하심으로 새 사람, 새 교회 공동체가 되기를 바라며 예수님의 이름으로 기도드립니다. 아멘.+

7월 4주

_기도를 위한 말씀 묵상: 시 146:2

하늘의 보좌에 계신 하나님,

주일 찬양 | 여호와의 성일에 주님의 이름을 송축합니다. 은혜를 입어 거룩한 자리에 나왔으니, 여기에 모인 이들을 거룩하게 하시옵소서. 여호와 앞에서 잠잠하여 주님의 이름을 높이게 하시옵소서. 하나님께서 거룩하게 하신 이 날을 저희들도 거룩하게 지키기 원합니다. 그리하여 마음을 다하고, 뜻을 다하는 예배로 인도해 주시옵소서.

자복·회개 | 저희의 죄를 고백하오니 용서해 주시옵소서. 주님의 거룩하신 전으로 나아오기까지 많은 범죄로 인하여 더러워진 심령으로 고민하던 저희를 주님은 아십니다. 지난 시간의 발자취를 돌아볼 때, 부끄럽기 그지없습니다. 발람처럼 어그러진 길이었고, 요나처럼 거역하는 길이었습니다. 용서해 주시옵소서.

예배·순서, 담당자 | 영광의 주인이 되실 하나님, 사랑을 받는 주님의 자녀들이 모여 진심으로 바치는 예배를 드리게 하시옵소서. 이 예배로 하나님은 영광을 받으시고, 저희들은 더욱 겸손히 무릎을 꿇게 하시옵소서. 이 자리에 모인 형제들 그리고 자매들이 하나님을 영화롭게 해드리는 예배가 되도록 힘쓰게 하시옵소서.

오늘, 단에 서서 주님의 귀한 말씀을 증거하실 목사님에게 신령한 능력과 성령으로 충만케 하시기 원합니다. 그리하여 말씀을 통하여 주의 영광이 드러나게 하옵소서. 또한 이 예배를 더욱 은혜롭게 하기 위해서 몸을 드리는 봉사자들을 주님께서 귀하게 쓰시는 종으로 삼아 주시옵소서. 성가대원들의 심령을 주장해 주시옵소서.

위정자들을 위한 도고ㅣ 이 나라를 위해서 봉사하는 위정자들을 위하여 간구합니다. 위정자들이 여호와 앞에서 하나님의 손길을 대신하여 이 사회를 이끌어 나가게 하시옵소서. 나라와 국민들을 위한 정치에 전념하게 하시옵소서. 자신의 이익과 행복보다는 국민들을 위한 봉사자로 정치에 임하게 하시옵소서.

노숙인들을 위한 도고ㅣ 하나님 아버지, 오늘도 여호와의 은총이 어렵게 지내시는 노숙인들에게 내려지기를 원합니다. 따스한 집과 사랑하는 식구들이 그리울 그들을 위로해 주시옵소서. 생활의 터전을 잃은 이들을 도와주시옵소서. 이들 중에 질병으로 고통을 당하고 있는 이들에게는 치료하시는 하나님의 손길로 어루만져 주시옵소서.

이 거룩한 아침에도, 예배를 통해서 받는 은혜로 죄에 대해 죽고, 의에 살게 하시기를 바라면서 예수님의 이름으로 기도드립니다. 아멘.+

8월 1주

_기도를 위한 말씀 묵상: 요일 4:9

자기 백성을 찾으시는 아버지,

주일 찬양 | 미천한 자들을 돌아보사 영원한 안식을 허락하시는 은혜를 소망하여 이렇게 나왔습니다. ○○의 지체들이 하나님의 존전에서 예배하기 위하여 모였사오니 참 예배를 드리게 하시옵소서. 우리가 섬기고 예배할 분은 하나님 밖에 없으십니다. 거룩하게 정하신 날에 주님을 찾음으로써 구원을 얻게 하여 주시옵소서.

하나님께 영광 | 저희들에게, 하나님의 영광과 위엄을 보여 주심을 감사드립니다. 예배하러 교회에 들어설 때, 찬란한 빛은 주 하나님을 찬양을 드리게 합니다. 눈부신 빛은 저희들을 향하신 하나님의 사랑을 알게 합니다. 놀라운 자연을 선물로 주신 하나님께 찬양을 드립니다. 종일토록 주님을 찬송하고 영광을 돌리게 하시옵소서.

자복·회개 | 사유하시는 하나님, 육신의 삶에 쫓겨 하나님의 은혜를 잊고 지냈음을 회개합니다. 입으로는 예수님이 나의 주인이라 하면서도, 행실로는 제가 스스로 주인 노릇을 했었습니다. 진심으로 용서를 구합니다. '죄인을 불러 회개시키러 왔노라' 라고 하신 예수님을 찬양합니다. 주님의 보혈로 죄를 깨끗이 씻어주시고 새롭게 하시옵소서.

예배-순서, 담당자 | 지극히 높으신 곳에 계신 하나님, 무엇으로 비교할 수 없도록 전능하신 하나님을 예배합니다. 참으로 좋으신 하나님은 저희들의 찬미와 영광이 되십니다. 여기에 모인 저희들로 존귀함을 주께 돌리니 받아 주시옵소서.

순서에 따라 하나님의 말씀이 선포될 때, 마음의 문을 활짝 열고 듣게 하시옵소서. 목사님께서 하나님의 말씀을 전하실 때, 성령의 능력이 드러나게 하시고, 저희들은 은혜 속에서 듣기 원합니다. 하나님의 말씀에 저희 모두 아멘으로 대답하게 하시옵소서.

회중을 위한 중보 | 이 제단에 꿇어 엎드린 주의 사랑하는 성도들을 위하여 기도합니다. 눈물 흘리며 간구하는 기도를 들으시고, 좋은 것으로 응답해 주시옵소서. 온 성도들이 먼저 하나님 말씀대로 살아가는 믿음을 갖기 원합니다. 저희들을 온전히 이끄셔서 더 굳센 믿음 위에 서게 해주시옵소서. 바라기는 성령의 뜨거운 역사로 지치고 힘들었던 심령들마다 새로움이 있게 해주시기를 빕니다.

이 거룩한 시간에, 하나님의 영광이 하늘에 선포되는 예배가 되게 하시고, 하늘의 소망을 갖고 사는 날들이기를 바라면서 예수님의 이름으로 기도드립니다. 아멘.✝

8월 2주

_기도를 위한 말씀 묵상: 시 29:2

인생을 지켜주시는 하나님,

주일 찬양 | 오늘, 새로운 날을 영화로운 시간으로 마련해 주시오니 진심으로 감사합니다. 오늘은 이 나라가 일제의 식민지로부터 해방된 것을 기념하는 날로 지키려 합니다. 우리 민족을 사랑하셔서 자유를 누리게 하셨으니 그 은혜를 새롭게 하시옵소서. 하나님의 사랑에 감사하여 찬미의 제사를 드리는 예배가 되기 원합니다.

광복절의 감사 | 세계 만국 가운데서 이 민족을 사랑해 주시니 감사합니다. 나라를 빼앗기고, 36년 동안이나 종살이를 하던 이 민족을 불쌍히 여겨주셨습니다. 하나님의 특별하신 은혜로 광복의 기쁨을 누리게 되었습니다. 나라의 주권을 회복시켜 주시고, 빼앗겼던 이름을 찾게 해주셨던 광복절을 기억합니다. 거룩한 자리에서 예배할 때, 광복의 기쁨을 주신 하나님의 섭리를 깨닫기 원합니다.

자복·회개 | 지난 한 주간에도, 저희는 이 세상의 삶에 취하여 살면서 주님의 자녀답지 못한 삶을 살아왔음을 고백합니다. 주님의 말씀을 따라 살기보다는 세상의 욕심을 채우려고 더 노력했음을 용서해 주시옵소서. 여호와 앞에서 거룩하지 못했던 삶을 바로잡아 주시옵소서. 저희로 육신적인 모든 삶을 버리기에, 즐거워하게 하시

옵소서.

예배-순서, 담당자 | 여기에 모인 주님이 백성이 아름답고, 거룩한 것으로 하나님을 예배하게 하시옵소서. 성령님의 은총으로 말미암아 흰옷을 입고 예배하기 원합니다. 하나님의 이름에 합당한 영광을 드리게 하시옵소서.

말씀을 들고 단 위에 서신 목사님과 함께 하셔서 생명을 구원하는 능력의 말씀을 전하실 수 있도록 인도해 주시옵소서. 찬양대원들이 하나님 앞에 찬양을 드릴 때에 아름다운 찬양으로 영광을 돌리게 하시고, 신령한 찬양에 성도들이 한가지로 은혜를 받게 하시옵소서.

결단의 간구 | 저희들을 도우사 주일에는 어떠한 시련이 닥쳐오더라도 흔들리지 않는 마음과 고요한 확신으로 맞게 하시고, 유혹 앞에서 강건케 하시기 원합니다. 주님께서 다시 오실 그날까지 주님의 이름만 의지하는 저희들이 되기 원합니다. 하나님 한 분 만을 희망과 위로로 삼아 말씀대로 살아가는 믿음을 갖게 해주시기를 빕니다.

이 시간의 예배로 하늘의 하나님께 영광이 되고, 세상에 나아가 하나님 말씀으로 승리하는 삶을 살기를 바라면서 예수님의 이름으로 기도드립니다. 아멘.✚

8월 3주

_기도를 위한 말씀 묵상: 계 7:11

여호와 우리 하나님,

주일 찬양 | ○○의 지체들이 아버지의 이름을 부르며 나옵니다. 비록 짧은 시간에 드려지는 예배이지만 여호와의 영광이 계속되기를 원합니다. 자기 백성을 사랑하시는 하나님의 열심을 찬양하게 하시옵소서. 저희들이 예배하는 이 시간에 하나님께서는 즐거워하시기를 소망합니다.

감사의 고백 | 지난 시간에도 하나님의 손이 함께 하셨음을 감사드립니다. 하나님의 그 인자하심으로 한 주간의 삶을 다스리시고 예수 안에서 승리하게 하시오니 무한 감사드립니다. 주님께서 저희를 불쌍히 여겨 기도에 응답하시고, 순간순간마다 구원이 되셨으니 감사합니다. 어렵고 힘들 때마다 하나님의 도우심이 있었음에 감사드립니다.

자복·회개 | 자비로우신 주여, 주님의 보호 아래에서 한 주간을 살면서도 하나님의 영광을 가렸던 죄를 고백합니다. 개인적으로는 기도의 가르침을 받았음에도 염려하고, 근심했던 불신앙을 용서해 주시옵소서. 저희들 모두가 주님 안에서 온전한 분량에 이르기를 사모하지 못했던 죄를 용서해 주시옵소서.

예배-순서, 담당자 | 주 하나님의 이름을 찬송합니다. 그 이름에 합당한 영광을 드립니다. 여호와 좋으신 하나님을 송축합니다. 이날을 주님과 함께 시작하게 하사 이 자리에 부복한 심령들이 은혜로 충만해지기 원합니다.

이 시간에, 목사님께 영력을 더하셔서 말씀을 선포하실 때, 권능이 있는 강단이 되게 하시옵소서. 그리고 우리의 찬양과 경배를 한 목소리로 표현하는 성가대원들에게 은혜를 내려 주시옵소서. 그들이 준비한 한 곡조의 찬양이 주님의 영광을 선포하는 것이 되며 입술로만 아니라, 그들의 몸으로 부르는 찬양이 되기 원합니다.

회중을 위한 중보 | 오늘, 선포되는 주님의 말씀이 저희를 비추는 거울이 되어 우리의 흐트러진 모습을 발견하게 하시고 신앙으로 바로 서게 하시옵소서. 병들어 고통당하는 성도에게는 치료의 역사가 나타나기 원합니다. 우리 모두에게 복된 시간이기를 원합니다. 저희 성도들의 사업과 가정과 자녀들에게 함께 하셔서 축복에 축복을 더해주는 놀라운 주님의 역사가 일어나게 해주시기를 빕니다.

주님의 보혈의 은혜로 정결케 되고, 성도들의 나약해진 심령을 새롭게 하시기를 바라면서 예수님의 이름으로 기도드립니다. 아멘.+

8월 4주

_기도를 위한 말씀 묵상: 시 33:12

하늘에 계신 하나님,

주일 찬양 | 죄를 지으면서도 그 죄를 모르던 어리석은 저희들을 불러주시고, 예배하게 하셨습니다. 저희들은 불의하지만, 하나님께서는 영광을 받으시는 한 날이 되기 원합니다. 이 땅에서 생명이라 이름이 붙은 모든 것들도 하나님의 주님이 되심에 경배하게 하시옵소서. 하나님의 사랑을 입고 살아온 저희들이라, 굽혀 경배하기를 원합니다.

하나님께 영광 | 하늘 위에 높이 들리시는 하나님, 복된 날 아침에, 아버지 하나님의 영광이 온 세계 위에 높아지기를 원합니다. 여호와의 그 영화로운 이름을 영원히 찬송합니다. 예배하러 주의 백성들이 모인 이 교회에 하나님의 영광이 충만하기를 소원합니다.

자복·회개 | 주님이시여, 받은 은혜 많사오나 구별된 삶을 살지 못했습니다. 십자가의 사랑을 실천하지 못했습니다. 진실한 믿음이나 열심을 다하는 신앙생활을 하지 못하고, 형식적으로 지낸 시간들도 많았습니다. 용서하시는 은혜를 내려 주시옵소서. 하나님의 나라보다는 자신의 유익을 구하기에 바빴던 저희의 행실을 용서해 주시기를 빕니다.

예배순서, 담당자 | 우리를 의롭게 해주신 주님의 보혈을 찬양하면서 예배를 드리기 원합니다. 이미, 시작된 예배의 순서, 순서가 진행되면서 거룩하심의 은혜가 있게 해주시옵소서. 참여하는 성도들을 복되게 하시옵소서. 하나님의 인자하심이 영원하심에 경배를 드립니다.

목사님께서 말씀을 선포하실 때, 능력으로 함께 해주시옵소서. 저희들은 그 말씀을 생명의 양식으로 받아 심령이 배부르게 하시옵소서. 그 말씀으로 새 생명을 얻은 기쁨 속에 살아가는 저희들이 되게 하시옵소서. 이 한 시간의 예배를 위하여 부름을 받은 일꾼들에게 은혜를 더하여 주시옵소서. 눈에 뜨이지 않는 곳에서 봉사하는 지체들에게 복을 내려주시옵소서.

나라를 위한 중보 | 이 나라와 민족을 불쌍히 여기사 복을 허락하시고 지켜 주시옵소서. 먼저, 이 나라와 백성이 하나님을 경외하며 두려워하게 하시옵소서. 고난과 역경만을 거듭해온 민족입니다. 다시는 이 땅에 고난이 없게 하시고 분쟁이 없게 해주시며 남과 북으로 갈라진 이 땅을 통일시켜 주셔서 이 민족의 한을 풀어 주시옵소서.

온 성도들이 전심으로 예배할 때, 하나님께는 영광이 드려지고 우리 교회는 성령님이 역사하시는 공동체가 되기를 바라면서 예수님의 이름으로 기도드립니다. 아멘.+

9월 1주

_기도를 위한 말씀 묵상: 욥 38:7

시작과 끝이 되시는 하나님,

주일 찬양ㅣ 한 주간의 생활을 마치고, 다시 주의 이름으로 모였습니다. 하나님께서 시작하게 하신 지난 월요일부터 어제까지의 삶을 돌아보면서 주님께 찬양을 드립니다. 아버지의 거룩하신 사랑 안에서 한 지체된 성도들을 주님의 백성으로 삼으시고, 영광을 받아 주시옵소서.

감사의 고백ㅣ 우리에게 생명을 허락하시고 삶을 지켜 주신 하나님의 사랑을 생각합니다. 그 사랑으로 저희들이 구원의 은혜를 누리고 있습니다. 저희 모든 성도들이 주님의 교회를 통하여 감사하게 하시옵소서. 축복에 반열에 참석하는 자들이 되게 하시옵소서. 다시 오실 주님을 기다리며 주님을 기쁘시게 하는 교회로 세워 주시옵소서.

자복·회개ㅣ 모든 불의에서 자신을 깨끗하게 하여 주님의 쓰임을 받을 수 있는 종들이 되게 하시옵소서. 저희들은 천국에 소망을 두고 살아야 하였으나 세상에 마음을 두고 지냈습니다. 세속의 분주함 때문에 주님의 일에 소홀히 했던 죄를 용서해 주시옵소서. 이제, 주님의 일을 귀하게 여기는 저희들이 되게 하시옵소서.

예배-순서, 담당자 | 성전에 계신 하나님, 온 성도들이 주님의 이름을 높여드립니다. 하나님께서 홀로 왕권을 갖고 계시는 아버지 집을 사랑합니다. 주님의 영광이 머무는 이곳을 사랑하기에 모인 저희들입니다. 영광으로 주를 찬송하게 하시옵소서. 오직 하나님께만 영광이 저희들의 소원이기를 빕니다.

목사님을 통해서 준비된 하나님의 말씀에 귀를 기울이고, 순종으로 응답하게 하시옵소서. 그가 하나님의 말씀을 전하실 때, 성령의 능력이 드러나게 하시고, ○○의 성도들, 모두가 은혜 속에서 듣기를 원합니다. 그 말씀이 선포될 때, 주님의 백성들이 하나님께만 거룩함을 나타내게 하시옵소서.

회중을 위한 중보 | 말씀을 듣고 깨달은 것을 하나도 잊어버리지 않는 성도들이 되게 하시옵소서. 오늘 들은 말씀의 경고와 질책이 나와는 상관없고 다른 사람들에게만 해당 되는 것이라고 생각하게 말게 하시옵소서. 그리고 진정으로 주님께서 저희들 가까이에 계시다고 진실로 느꼈던 것을 잊지 않도록 하시옵소서.

오늘의 예배로 말미암아 주님의 도움을 입어 앞으로는 더 잘할 수 있다고 느낀 믿음을 오래토록 간직하기 바라면서 예수님의 이름으로 기도드립니다. 아멘.+

9월 2주

_기도를 위한 말씀 묵상: 시 47:7

하나님 우리 아버지,

주일 찬양ㅣ 많은 인생들 가운데서 천에 하나, 만에 하나로 뽑아 자녀로 불러 주시고, 예배하라고 구별해 주셨습니다. 거룩한 날을 지킬 수 있게 하셨으니, 저희들은 복됩니다. 오늘, 하나님 앞에서 잠잠히 주님의 은혜를 기다리는 저희들이 되게 하시옵소서. 잠잠히 기다릴 때, 하늘의 문을 여시고 큰 은혜를 내려주실 줄 믿습니다.

감사의 고백ㅣ 예배하러 모인 저희들로 주께 영원히 감사하게 해주시옵소서. 이 전에 함께 한 주님의 자녀들이 전심으로 하나님을 찬송하게 하소서. 날마다 함께 하시며, 시간과 사건 속에서 영원토록 주의 이름이 영광이 되기 원합니다.

자복·회개ㅣ 저희들은 어리석어서 부지불식간에 죄를 짓고도 모릅니다. 거룩하게 지낸다고 하면서도 죄를 짓기도 합니다. 모든 죄를 고백하오니, 저희들이 새롭게 되는 날이 주 앞으로부터 이르게 해주시옵소서. 저희들이 저지른 실수나 저질러서는 안 될 죄에 대하여 느꼈던 비탄과 후회와 참회의 순간을 잊지 않으렵니다.

예배·순서, 담당자ㅣ 여호와 하나님이시여, 이 시간에 간절히 바라기는 하나님의 감동 안에서 사랑으로 하나 되어 영광을 드리는 예배로 진행되게 하시옵소서. 먹고, 살아가는 땅에 것들로 분주하게 지내다 나왔지만, 영과 진리로 예배를 드리기 원합니다. 삼위 하나님께만 영광을 바치게 하시옵소서.

오늘의 예배에서도 말씀을 듣게 하시니 감사드립니다. 저희 교회와 성도들이 꼭 듣고, 순종해야 할 말씀이 선포되게 하시옵소서. 그 진리의 은혜를 통해서 다른 사람의 도움이 없이는 살아가기 힘든 고아와 과부를 돌아보시는 하나님을 배우게 하시옵소서.

비전의 간구 | 이제, 하나님의 자비로우심으로 성도답게 살게 하시옵소서. 예배로 말미암아 온 교우들이 한 공동체의 친교를 갖게 하시옵소서. 예배를 마친 후에, 마지막 한 사람에게까지 새로워지는 것을 체험학기 원합니다. 비록 가난하고, 병든 육체를 갖고 살아도, 하늘의 하나님을 바라보게 하시옵소서. 저희 교회에 속한 지체들이 한결같이 주님의 뜻대로 사는 종들이 되기를 소망합니다.

예배를 통해서 천국을 상속받기 위해 경건한 자녀로 살려는 다짐이 있게 하시고, 주님의 백성답게 지내기를 원하면서 예수님의 이름으로 기도드립니다. 아멘.✝

9월 3주

_기도를 위한 말씀 묵상: 마 18:20

신실하신 우리의 주 하나님,

주일 찬양 | 주님의 은혜를 누리던 이들이 예배하러 나왔습니다. 이 날은 주님께서 구별하신 날이오니 기뻐하는 은혜를 내려 주시옵소서. 주 하나님의 이름을 높이 부르며 찬송할 때, 저희들의 심령이 위로부터 내려지는 은혜에 젖게 하시기를 빕니다. 하늘의 문을 여시고 폭포수와도 같은 여호와의 영광이 이 교회에 가득하게 하시옵소서.

추석의 감사 | 만물을 거두어들이게 하신 은혜에 감사드립니다. 추석 명절을 맞이해서 풍성함을 안겨 주신 하나님께 감사의 예물을 드리게 하시옵소서. 사랑하는 가족과 일가, 친족이 한 자리에 모이게 하심을 즐거워합니다. 오곡백과의 기쁨을 누리는 중에, 하나님을 영화롭게 해드리게 하시옵소서. 만물을 주신 하나님을 찬양합니다.

자복회개 | 하나님 아버지, 여호와의 인자하심으로 저희들을 죄에서 용서하시고, 사유하심을 받은 기쁨으로 예배드리게 하시옵소서. 주님께서 회칠한 무덤을 역겨워하셨는데, 저희들이 바로 그러하였습니다. 믿음이 있다 하면서도 실상은 형식뿐이었습니다. 저희

들을 긍휼히 여기셔서 용서하여 주시옵소서. 저희들이 이 날을 얼마나 기다렸는지요. 이제, 저희들도 부활의 그날까지 십자가를 지고서 주님의 뒤를 따라 가도록 인도해주시기를 빕니다.

예배-순서, 담당자ㅣ 부족한 저희들을 이처럼 사랑하사, 또 한 주간의 삶을 허락하시며, 복된 날을 주셨으니 감사드립니다. 이 시간에 하나님을 예배하면서, 저희들의 시간을 주님께 드리고자 합니다. 말씀을 준비하여 설교를 하시는 목사님께 영력을 더해 주시기 원합니다. ○○ 교회가 말씀이 풍성하고 사랑이 넘치는 교회가 되도록 이끌어 주시옵소서. 온전한 마음으로 말씀을 받게 하시고 정성된 기도를 드릴 수 있도록 성령님께서 주관해 주시옵소서. 이 예배로 하나님과 함께 하는 시간들이 되게 하시고, 주님의 다스리심에 저희들의 모든 것을 맡기게 하시옵소서.

회중을 위한 중보ㅣ 저희들의 예배에 응답하셔서 주님께서 행하신 일을 ○○에 속해있는 믿음의 자녀들에게 나타내시옵소서. 주님의 영광을 그들의 자손에게 나타내주시옵소서. 주님의 은혜에 감사하며, 후손들에게도 하나님이 우리의 아버지이심을 알리게 하시옵소서.

복된 날, 거룩한 시간에 드리는 예배가 하나님께서 받으시는 제물이 되기 원하면서 예수님의 이름으로 기도드립니다. 아멘.+

9월 4주

_기도를 위한 말씀 묵상: 시 84:4

인생을 위하여 큰일을 하신 하나님,

주일 찬양 | 주 하나님의 사랑을 입고 지내던 지체들이 나왔습니다. 주님의 자녀들이 한 자리에 모여 기뻐하고 감사합니다. 여호와의 이름을 찬양하며 즐거워합니다. 구원의 주님이신 나의 하나님께 영광을 드립니다. 나의 주, 나의 하나님께 삶의 모든 것을 맡기는 예배를 드리려 하오니 받아주시옵소서.

감사의 고백 | 지난 한 주간 동안에 우리를 지켜주신 하나님의 은혜에 감사드립니다. 온 성도들이 주님의 이름을 높여드립니다. 하나님께서 홀로 왕권을 갖고 계시는 아버지 집을 사랑합니다. 여기에 모인 ○○의 지체들이 우리 주님의 왕 되심을 찬양하게 하시옵소서. 영광의 주님을 찬송하면서 감사드리게 하시옵소서.

자복회개 | 우리를 불쌍히 여기시는 주여, 지난 시간의 삶을 되돌아보니 그 무엇으로도 지울 수 없는 죄악 된 행실을 회개합니다. 마음으로는 주님을 사랑하지만, 아직도 옛사람의 행실을 끊지 못하는 연약함을 용서해 주시옵소서. 악한 길에서 떠나 돌이키지 않은 여로보암의 행실을 고백합니다. 하나님 앞에서 의를 지키려하기보다 도리어 죄가 주는 쾌락을 즐겼으니 용서해 주시옵소서.

예배-순서, 담당자 | 한 성령님의 충만하심을 받아 한 가족이 된 성도들이 같은 마음으로 영광을 드립니다. 이 시간에, 거짓이 없는 진실 된 마음을 주사 영과 진리로 예배하게 하시옵소서. 하나님을 경외함으로 예배하게 하시옵소서.

단 위에 세워주신 목사님께는 영육간의 강건함을 주시옵소서. 하나님의 말씀을 전하실 때 힘 있는 말씀, 능력이 있는 말씀 되게 하시며, 듣는 이들이 강단의 메시지에 은혜를 받기 원합니다. 성가대원들에게 기름을 부으시고, 그들의 입술과 성대를 주장해 주시옵소서.

회중을 위한 중보 | 하나님, 이 한 시간의 예배로 온 교회가 든든히 세워지기를 원합니다. 주님의 십자가로 말미암아 우리 교회의 성도들은 모두 인생의 문제를 해결 받게 하시옵소서. 하늘나라의 백성 되게 하신 하나님의 이름을 높이는 고백을 하게 하시옵소서. 주님의 이름으로 죄를 이기겠다는 다짐으로 예배당 밖으로 나아가게 하시옵소서.

하늘을 두루마리로, 바다를 먹물로 삼는다 해도 그 은혜를 다 표현할 길이 없음을 예배를 통해 고백하기를 바라면서 예수님의 이름으로 기도드립니다. 아멘.✛

9월 5주

_기도를 위한 말씀 묵상: 사 26:4

우리의 기쁨이 되시는 여호와여,

주일 찬양ㅣ 예배로 말미암아 구원을 받은 기쁨을 크게 즐거워하게 해주시옵소서. 주님의 날을 거룩하게 지킴으로써 안식의 복을 누리는 저희들을 받아주시기를 빕니다. 정직한 입술로 감사와 영광이 담겨진 예배를 드리게 하시옵소서. 죄인들을 구원하시려고 십자가를 지신 주님께 우리 자신을 드리는 시간이 되게 하시옵소서.

국군의 날의 감사ㅣ 오늘은 국군의 날을 기념하면서 감사드립니다. 주님께서 주신 나의 나라와 나의 민족을 사랑하여 많은 이들이 군에 입대를 하였습니다. 자신의 목숨을 국가를 위하여 내어놓은 젊은이들을 숭고함을 보아 주시옵소서. 하나님 앞에서 애국의 가슴을 안고 지금도 국토방위에 헌신하고 있는 젊은이들을 축복합니다. 국군장병들에게 복을 내려 주시옵소서.

자복·회개ㅣ 이 시간에, 더러운 죄를 고백하지 않을 수 없습니다. 저희들은 주님의 뜻대로 살지 못하고 오히려 거절하였습니다. 손해가 되는 것 같았고, 재미를 잃는 것 같아 의도적으로 여호와의 계명에서 멀어졌음을 회개합니다. 순간의 즐거움에 자신을 내어주고, 불의와 타협하면서도 자신의 죄를 합리화하는 위선적인 행실뿐이었으니 용서해 주시옵소서. 하나님의 자녀라기보다는 세상에 속한 사람으로 살아온 어리석음을 용서해 주시옵소서.

예배-순서, 담당자 | 만주의 주이신 하나님께 굽혀 경배합니다. 저희의 생명을 지으신 여호와 앞에 무릎을 꿇는 예배를 드리려 합니다. 참 좋으신 하나님 아버지이신 그 이름에 맞는 경배를 드립니다.
오늘도 저희 무리를 위하여 목사님을 단에 세워주셨습니다. 목사님의 설교를 통해서 하늘나라의 백성으로 살아가려는 다짐을 새롭게 하게 하시옵소서. 주님의 말씀의 거울로 저희를 비추시고 영혼을 가르치시어 저희들의 삶 전체가 하나님 아버지를 향한 삶이 되게 하시고 주님을 저희의 희망과 위로로 삼게 하시옵소서.

소원의 간구 | 좋으신 하나님, 생명의 빛 가운데서 성도의 기업의 부분을 얻게 하셨으니, 아버지께 충성을 다하기를 다짐합니다. 주님의 나라를 이루어드리게 하시옵소서. 저희들 모두, 살아 계신 하나님을 찬양하며, 영원토록 감사하며 살 수 있도록 도와주시옵소서.

오늘의 예배로 하나님께 영광을 드리고, 위로부터 내리시는 은혜를 받아 새로워지기를 바라면서 예수님의 이름으로 기도드립니다. 아멘. ✛

10월 1주

_기도를 위한 말씀 묵상: 계 4:10

영원히 계신 하나님,

주일 찬양 | 복된 날 아침에, 주님의 집으로 모였습니다. 하나님께서 지키도록 구별해 주신 여호와의 성일에 주님의 존전으로 모였으니, 누릴 수 없음에도 누리고 있는 복을 헤아리면서 찬양으로 하나님을 영화롭게 해드리게 하시옵소서. 하나님은 영광을 받으시며, 저희들에게는 하늘의 문이 열려지는 신령한 세계로 들어가게 하시옵소서.

감사의 고백 | 하나님은 저희들을 새롭게 해주셨습니다. 그리스도 예수 우리 주님 안에서 자녀로 살게 하셨습니다. 더욱이 감사함은 저희를 충성되이 여겨 하나님 앞에서와 세상에서 직분을 맡기심입니다. 이 전에 함께 한 주님의 자녀들이 전심으로 하나님을 찬송하기 원합니다. 벌써 올해의 아홉 달을 살아오고, 금년도 석 달 밖에 남지 않았습니다. 감사합니다.

자복 회개 | 주님의 뜻대로 살겠다고 기도하면서 예배당을 떠났으나 살아온 발자취에는 죄의 걸음이었음을 회개합니다. 성령님의 물로 씻어주시던지, 성령님의 불로 태워주시던지 저희들의 죄를 없애 주시옵소서. 그 은혜로 교만한 자아의 무릎을 꿇게 하시고, 강

팍했던 마음은 녹아지게 하시옵소서. 새롭게 빚어지는 은혜가 있기를 빕니다.

예배-순서, 담당자ㅣ 우주 만물에 그 이름을 나타내시는 하나님을 바라봅니다. 하나님께 그의 이름에 합당한 영광을 드리게 하시옵소서. 하나님의 자녀 된 거룩한 옷을 입고, 여호와께 예배하러 나왔습니다. 주님의 전에서 영광과 권능을 여호와께 드리기 원합니다.
말씀을 준비하여 설교를 하시는 목사님께 영력을 더해 주시기 원합니다. ○○ 교회가 말씀이 풍성하고 사랑이 넘치는 교회가 되도록 이끌어 주시옵소서. 이 한 시간 온전한 마음으로 말씀을 받게 하시고 정성된 기도를 드릴 수 있도록 성령님께서 주관하시옵소서.

회중을 위한 중보ㅣ 사랑의 하나님, 여기에 모인 형제와 자매들이 예수 그리스도를 모셔 들이기를 원합니다. 한 사람, 한 사람이 주님을 인생의 반석으로 삼아 그리스도 위에 집을 짓게 하옵소서. "누구든지 그리스도 안에 있으면 새로운 피조물이라 이전 것은 지나갔으니 보라 새 것이 되었도다"라고 약속하심에 따라 새로워짐이 경험되는 예배를 드림으로써, 새롭게 살아가게 하옵소서.

예배를 통해서 길이요, 진리요, 생명이 되시는 예수님의 인도하심에 따라 살아가기를 바라면서 예수님의 이름으로 기도드립니다. 아멘.✝

10월 2주

_기도를 위한 말씀 묵상: 시 89:5

우주만물을 다스리시는 하나님,

주일 찬양ㅣ 여호와의 성일을 영화롭게 할 수 있도록 은혜를 주셨음에 감사드립니다. 원근 각처에 흩어져서 살다가 한 몸으로 모였습니다. 자신들의 처소에서 날마다 주님을 섬기던 지체들이오니, 이 시간에도 영과 진리로 예배하게 하시옵소서. 이 날을 지킬 때, 천국백성으로서의 영광으로 들어가게 하시옵소서.

자복 회개ㅣ 하나님께서는 저희를 사랑하셨으나, 저희들은 주님 앞에서 살아오지 못하였습니다. 지난 시간의 잘못된 일들에 대하여 회개하니 용서해 주시옵소서. 저희들에게 세상 죄를 이기려는 싸움에서 승리하게 해주시옵소서. 약한 저희들의 상처 입은 심령을 주님께서 십자가를 지시고 피 흘리신 손으로 치유해 주시기를 빕니다.

민족을 위한 중보ㅣ 하나님 아버지, 아직도 하나님을 모르는 사람들은 우상숭배를 버리지 못하고 있습니다. 나라의 크고 작은 행사에 미신을 섬기는 일들이 벌어지고 있음을 용서해 주시옵소서. 죄를 버리고 하나님께로 돌아오는 이 백성이 되게 하시옵소서. 육체를 자랑하는 일을 거절하고 거룩한 백성, 거룩한 민족이 되게 하시옵소서.

예배-순서, 담당자 | 천국의 백성들이 주님의 발등상 앞에서 경배를 드립니다. 홀로 하나이신 하나님의 거룩하심을 찬양합니다. 저희들에게 복된 날을 허락해 주셔서 하나님을 찬양하며 예배하게 하시니 감사합니다.

말씀을 듣고 단 위에 서신 목사님과 함께 하셔서 생명을 구원하는 능력의 말씀을 전하실 수 있도록 인도하시옵소서. 한 말씀도 땅에 떨어지지 아니하고 성도들의 마음 밭에 새겨져 열매를 맺게 하시옵소서. 찬양대원들이 하나님 앞에 찬양을 드릴 때에 아름다운 찬양으로 영광 돌리게 하시옵소서.

어려운 이들을 위한 중보 | 긍휼히 여기시는 하나님, 지금 우리와 함께 예배해야 하는 지체들이 보이지 않습니다. 육체적으로 병들어서 병원이나 집에서 치료 중인 이들이 있사오니 고쳐주시옵소서. 주일을 지킬 수 없는 환경이라 직장에 출근한 이들도 있습니다. 그들에게 주님의 평안을 허락하시고, 예수 이름의 능력을 바라게 하시옵소서.

주님께서 지셨던 십자가의 고난을 묵사하는 시간, 복음의 증거자로서의 사명도 깨닫기를 바라면서 예수님의 이름으로 기도드립니다. 아멘.+

10월 3주

_기도를 위한 말씀 묵상: 롬 15:11

전능하시고, 전지하신 하나님,

주일 찬양 | 가을이 깊어가는 아침의 해가 떠오르면서 주님의 날을 맞이하였습니다. 오늘, 주님의 ○○ 교회에 영광이 가득하게 하시옵소서. 예배하는 지체들에게 영광 가운데 임재하시는 성령님의 감화로 찬송을 부르게 하시옵소서. 성부와 성자, 성령 하나님께 영광을 드립니다.

자복·회개 | 먼저 죄를 고백합니다. 저희들의 죄가 주홍 같이 붉을지라도 눈처럼 희게 되는 용서의 기쁨을 주시옵소서. 한번 가면 다시 오지 않는 주님의 시간에 쓸데없는 일에 몰두한 채 주님의 일을 찾지 않았던 죄를 용서해 주시옵소서. 평안과 안일만을 추구하는 저희들에게 기꺼운 마음으로 고난당하신 주님을 따르는 믿음을 주시옵소서.

나라를 위한 도고 | 나라를 지켜주시는 주여, 이 나라에 복을 주셔서 백성들은 평안하고, 모두가 즐겁게 지내왔음을 고백합니다. 여호와의 손으로 붙들어 주시는 나라로 금년에도 복을 내려 주시옵소서. 금년에는 이 나라에 속한 모든 이들이 범사가 잘 되고 강건하여 하나님께 영광을 드리게 하시옵소서.

예배-순서, 담당자 | 예배하러 나온 저희들에게 복을 내려주시옵소서. 예배하는 가운데 인간의 문제는 해결함을 받는 귀한 역사를 허락해 주시옵소서. 이 시간, 저희들이 하나님과 신령한 교제를 갖게 하시옵소서.

오늘, 양떼를 위해서 생명의 말씀을 준비해주신 목사님을 축복합니다. 말씀을 전하실 목사님께서 예비하신 복음을 선포하시도록 해주시옵소서. 그 말씀이 큰 능력과 편 팔로 우리를 인도하시는 하나님의 음성이 되기를 빕니다. 예배를 위해서 찬양을 올려드리는 성가대원들도 축복합니다. 삼위 하나님의 영광이 이 교회에 가득 차는 찬양을 부르게 하시옵소서.

은혜를 간구함 | 하나님 아버지, 저희 교회에 속한 권속을 위하여 중보합니다. 오늘, 예배를 통해서 가정마다 은혜의 강물이 흘러가게 하시옵소서. 성전에서 흘러나오는 생수의 역사가 가정마다 흘러서 한해의 지표를 삼게 하시기 원합니다. 그래서 더욱더 믿음 안에서 굳건히 세워지는 권속들이 되어 우리 모두 믿음의 역사를 이어가기 원합니다.

오늘의 예배로 하나님께는 영광이 되고, 그 응답된 은혜로 치유와 문제의 해결, 위로가 나타나기를 소망하면서 예수님의 이름으로 기도드립니다. 아멘.+

10월 4주

_기도를 위한 말씀 묵상: 시 103:2

우리의 신앙을 새롭게 하시는 하나님,

주일 찬양 | 여호와께 구별된 날 아침에 주님 앞으로 나왔습니다. 종교개혁을 기념하여 지키는 이 날에 진실한 영혼으로 주 하나님께 찬양을 드리기 원합니다. 주님을 찬양하는 중에, 성령님의 깨달음으로 저희들의 양심이 괴롭고 책망하는 것일지라도 감사로 여기기 원합니다. 나아가 주님의 뜻에 귀를 기울이게 해주시옵소서.

종교개혁주일의 감사 | 종교개혁주일에, 저희들의 신앙을 돌아보게 하시니 감사드립니다. 하나님의 뜻보다는 제 마음에 만족하기를 원했던 삶을 고백합니다. 복음에 하나님의 의가 나타나서 믿음으로 믿음에 이르게 하는 진리를 배우게 하시옵소서. ○○의 지체들 모두에게 하나님의 품 안에서 걸어가게 하시옵소서.

자복·회개 | 저희들의 죄악 된 삶을 고백합니다. 우리 자신을 돌이켜보니, 죄의 행실이 가득할 따름입니다. 저희들을 가르쳐 기도하게 하시며, 주님은 저희들의 연약함을 아시니, 저희들을 가르쳐 굳세게 되는 힘을 주시옵소서. 주님은 저희들의 교만을 아시니, 저희들을 가르쳐 겸손을 배우도록 해주시기를 빕니다.

예배-순서, 담당자ㅣ 전능하신 하나님, 본래 죄의 종이었던 저희들에게 예배할 수 있는 은혜를 주셨으니 감사합니다. 이제, 교훈의 본을 마음으로 순종하여 예배하게 하시옵소서. 감사하는 목소리로 경배하는 시간이기를 원합니다.

오늘 드리는 저희들의 예배가 주님께서 기뻐 받으시는 산 제사가 되게 하시옵소서. 말씀을 전하실 목사님을 붙잡아 주시기 원합니다. 예수님께서 친히 교회의 머리가 되게 하시고, 주님의 사랑과 진리와 은혜가 가득 찬 교회가 되게 하시옵소서.

회중을 위한 중보ㅣ 여러 가지 문제를 안고 나아온 성도들이 있습니다. 고단한 중에도 주님의 날을 구별하여 예배하러 나온 이들의 신앙을 귀히 여기시옵소서. 예배를 통해 우리들의 문제를 해결 받고, 신령한 은혜를 받게 하시옵소서. 사정이 있어 예배에 함께 참여치 못한 사랑하는 성도들을 기억해주시고, 다음 시간에는 모두 나와서 주님께 영광 돌리며 은혜 나누는 복된 시간을 갖게 해주시옵소서.

이미 시작된 때부터 마치는 시간까지 오직 주님만이 임재하셔서 모두에게 한량없는 복을 내려 주시기를 바라면서 예수님의 이름으로 기도드립니다. 아멘.+

11월 1주

_기도를 위한 말씀 묵상: 계 7:10

살아계신 하나님 아버지,

주일 찬양 | 오늘을 주님의 날로 정해주시고, ○○의 가족을 한 자리로 불러주셨음에 감사드립니다. 이 좋은 날에 맞게 마음을 다하고, 몸을 다하며, 뜻을 다하여 드리는 예배가 되게 하시옵소서. 지체들이 마음을 드려 산 제사가 되는 예배가 되기 원합니다. 즐거이 주님의 이름을 부르는 이 시간의 예배를 하나님께서는 기쁘게 받아주시옵소서.

감사의 고백 | 주님께서 지으신 모든 민족이 주님 앞에 경배하며 그 이름에 감사를 돌립니다. 하나님께서는 지난 한 주간 동안에도 저희들을 능하게 하셨습니다. 우리 주님의 성호를 높이 들며 살게 하셨습니다. 때로는 유혹에 밀려 넘어지기도 하였으나 곧 일어서게 하시고, 사단을 무찌르며 십자가의 군병으로 살게 하신 하나님이셨습니다.

자복·회개 | 사유하시는 주님, 각 사람이 행한 대로 심판하실 하나님을 두려워하기 원합니다. 그리하여 죄를 지었던 삶에서 돌이켜 회개하고 모든 죄에서 떠나는 용기를 주시옵소서. 지난 한 주간 동안에도 주님을 기쁘시게 못하고, 육신을 위하여 이기적인 욕망과

많은 죄악에서 살아 왔습니다. 저희들의 회개를 들어주시고 용서해 주시옵소서.

예배순서, 담당자 | 거룩하고 복된 주의 날에, 원근 각처에서 흩어져 생활하던 이들이 한 자리에 모였습니다. 각자가 흩어져 자신의 자리에서 예배하는 삶을 살다가 다시 모였습니다. 거룩한 만남을 주셨으니, 신령과 진정으로 아름다운 예배를 드리게 하시옵소서.
목사님께서 단에 서셨으니, 저희들은 말씀을 들을 준비를 합니다. 강단에서 선포되는 주님의 말씀이 저희를 비추는 거울이 되어 주시기 원합니다. 저희들의 신앙이 하나님의 말씀으로 균형 잡히게 하시옵소서. 저희들의 흐트러진 모습을 발견하게 하시되, 신앙의 바른 자세로 서게 하시옵소서. 그 말씀이 영혼을 살리는 양식이 되기 원합니다.

다짐의 고백 | 신실하신 하나님, 가을이 깊어가면서 나무마다 열매를 맺고 있습니다. 과일들은 마지막 남은 뜨거운 태양빛을 한 뼘이라도 더 받아 익어가고 있습니다. 저희들도 주님 앞에서 착한 행실로 말미암은 성령님의 열매를 맺어가도록 해주시옵소서. 살아가는 날이 더해질수록 하나님을 사랑하게 하시옵소서.

이 시간의 예배로 말미암아 우리 교회는 더욱 굳건해지고, 믿음의 열매, 소망의 열매 그리고 사랑의 열매를 맺는 다짐을 바라면서 예수님의 이름으로 기도드립니다. 아멘.✝

11월 2주

_기도를 위한 말씀 묵상: 시 118:24

홀로 하늘에 계신 하나님,

주일 찬양 | 만군의 여호와께 경배하며 예배를 드립니다. 이 자리에 주님의 귀한 자녀들이 모였으니 영광을 받으시옵소서. 하나님의 백성들, 모두 머리를 숙였으니 영과 진리로 이끌어 주시옵소서. 주일에 예배하는 모든 이들에게 복을 내려 주시기를 빕니다.

하나님께 영광 | 저희를 위해 희생 제물이 되신 예수님을 찬양합니다. 그리스도의 보혈로 씻음받고, 주님 앞으로 나왔습니다. 온 땅이 주의 이름을 찬양한다면, 저희들은 하나님이 받으시기에 마땅한 경배를 드리게 하시옵소서. 오늘, ○○의 지체들이 하나님께 바쳐야 할 영광을 드리게 하시옵소서.

자복 회개 | 주님께서는 저희들의 마음을 들여다보고 계심을 압니다. 그러므로 저희들이 지은 죄를 고백하기 원합니다. 알면서도 잠깐 동안의 이익 때문에 저지른 죄를 회개합니다. 또한 깨닫지 못하는 순간에 저지른 죄를 고백할 때, 더러워진 심령을 그리스도의 보혈로 깨끗하게 씻어 주시옵소서.

예배-순서, 담당자 | 만유의 하나님, 이 전에 모인 이들마다 받은 은혜

로 입술을 열어 하나님의 높으심을 찬양하게 하시옵소서. 오직, 은혜로만 하나님께 영광을 드리고 예배할 수 있음을 고백합니다. 강단에 세우신 종을 통해서 하나님의 말씀이 온전히 선포되게 하시며, 그 말씀으로 주저앉았던 저희들이 다시 일어나는 체험을 주시옵소서. 주님의 말씀의 거울로 저희를 비추시고 영혼을 가르쳐서 저희들의 삶 전체가 하나님 아버지를 향한 삶이 되게 하시옵소서. 진리에 대한 응답으로 주님을 저희의 희망과 위로로 삼게 하시옵소서.

회중을 위한 중보 | 자비로우신 하나님, 죄인을 의인으로 만드는 힘 있는 주님의 피로, 새로워지기 원합니다. 성도들이 예배하는 이 시간이 새롭게 해 주시는 복된 순간이기 원합니다. 저들의 몸도, 마음도, 생각도, 영도 새롭게 해 주시는 주님의 은총을 받게 하시옵소서.
우리 ○○의 성도들 중에서 원하지 않게 어려운 일들을 만난 이들을 불쌍히 여겨 주시옵소서. 이들 중에 질병으로 고통을 당하고 있는 이들에게는 치료하시는 하나님의 손길로 어루만져 주시옵소서. 그들에게 다시 한 번 삶의 기회를 얻게 하시옵소서.

정성껏 드리는 예배를 받으시고, 이제, 참으로 죄를 거절하며 살수 있는 믿음을 갖게 하신 예수님의 이름으로 기도드립니다. 아멘.+

11월 3주

_기도를 위한 말씀 묵상: 신 12:7

인자하신 하나님,

주일 찬양 | 사랑하심을 입은 하늘의 백성들을 바라보아주시옵소서. 여호와 하나님의 이름을 즐거워하여 예배하려 합니다. 은혜를 입어 거룩한 자리에 나왔사오니, 여기에 모인 ○○의 형제들과 자매들을 거룩하게 하시옵소서. 여호와 앞에서 잠잠하여 주님의 이름을 높이게 하시옵소서. 거룩하게 하신 이 날을 거룩하게 지키기 원합니다.

추수감사절의 감사 | 추수감사절을 지키게 하심에 감사합니다. 저희들에게 '감사를 잊은 아홉 사람들'의 대열에 끼지 않게 해주셨음은 큰 은혜입니다. 여호와의 선하심을 맛보아 알게 된 성도들이 '감사의 제단' 앞으로 나옵니다. 수확의 기쁨으로 즐거워하여 이 자리에 모여 찬양을 드립니다. 예배할 때, 기쁨으로 이 전이 가득하게 하시옵소서.

자복회개 | 이 시간에, 저희들을 보니 하나님 앞에서 감출 수 없는 죄가 많이 있지만 저희들을 그대로 받아 주시옵소서. 거룩하게 살아야 할 시간을 죄악으로 채웠음을 회개합니다. 주님의 제자로 살아야 하였기에, 주님의 십자가를 바라보았어야 했으나 그렇게 하

지 못했습니다. 여전히 이 땅에서, 먹고 사는 일, 자신의 유익을 구하는 것에 분주했던 행실을 용서해 주시옵소서.

예배-순서, 담당자 | 영광을 받으실 하나님, 머리를 숙인 ○○의 지체들에게 오직 하나님께 경배를 드리게 하시옵소서. 저희들의 마음과 생각을 하나님의 영광으로 모으게 하시옵소서. 삼위 하나님께만 바칠 예배로 인도해 주시옵소서.

오늘도 목사님을 단 위에 세우셔서, 하나님의 말씀을 들려주시니 감사드립니다. 말씀을 전해 주실 목사님에게 성령의 능력이 더하시기 바라며, 말씀 속에서 저희들이 거듭나게 하시옵소서. 이 예배를 더욱 거룩하게 하기 위하여 성가대원들이 찬양을 마련하였습니다. 성가대를 따라서, 저희들 모두 주님의 이름을 찬양하게 하시옵소서.

감사의 결단 | 지난 시간을 돌이켜 볼 때, 저희들이 받은 것은 참으로 많습니다. 하나님의 열심 때문에 이루어진 일들이 많아 감사를 드립니다. 혹시, 아직까지 자신의 소망을 이루지 못한 이에게는 낙심하지 말고, 도우시는 주님의 손길을 기대하게 하시옵소서. 베풀어 주신 하늘의 은혜에 대한 응답으로 저희의 생명을 드리기 원합니다.

감사하는 자를 찾으시는 주님께, 예배로 영광을 드리고, 더욱 감사하는 삶을 살기를 다짐하면서 예수님의 이름으로 기도드립니다. 아멘.+

11월 4주

_기도를 위한 말씀 묵상: 미 5:2

은혜가 많으신 하나님,

주일 찬양 | 주님께서 주신 거룩한 삶의 터전에서 살던 ○○의 지체들이 하나로 모였습니다. 이 시간에, 영과 진리로 예배할 때, 하늘의 문을 열어주시기 원합니다. 의롭다함의 은혜를 입은 자녀들이 아버지께 드리는 예배를 받으시며 하늘 아래에 있는 모든 세계에 주 하나님의 이름이 높이 받들어지게 하시옵소서.

감사의 고백 | 오래 전에 오신 아기 예수님의 나심을 기억하는 대강절을 맞이합니다. 우리를 죄로부터 구원해주시기 위하여 하나님께서 사람이 되셨음에 감사드립니다. 예수님의 나심이 우리에게 얼마나 복이었는가를 생각합니다. 주님의 세상에 오심은 우리의 상처를 싸매어 주심이었고, 죄인을 의인으로 새로워지게 하심이셨습니다. 이 성전에서 감사와 찬양을 통해 주님을 바라보게 하시옵소서.

자복-회개 | 받은 은혜 많사오나 구별된 삶을 살지 못했습니다. 죄를 사하시는 은혜를 빕니다. 하나님의 나라보다는 자신의 유익을 구하기에 바빴던 저희의 행실을 용서해 주시옵소서. 욕심 때문에 가까운 이들을 시기하며 투기해야 하였고, 자신의 이익 때문에 거짓

된 행실도 서슴지 않았음을 용서해 주시옵소서. 대강절의 절기를 지키면서 잊고 지냈던 구원의 은혜, 십자가의 보혈을 묵상하게 하시옵소서.

예배-순서, 담당자 | 좋으신 하나님, 저희를 죄와 죽음으로부터 구원해 주신 주님의 이름을 높여드리는 예배이기 원합니다. 성탄의 영광을 드러내는 예배가 되기 원합니다. 별을 따라 길을 떠난 동방의 박사들과 같은 심정으로 부복합니다.
강단에 세우신 목사님을 붙잡아 주셔서 진리의 말씀을 준비하신 그대로 선포하게 하시옵소서. 예배를 위하여 여러 모양으로 섬기는 일꾼들에게 성령님의 감화로 섬길 수 있도록 은혜를 더해주시옵소서.

결단 | 금년에는 육체와 함께 그 정과 욕심을 십자가에 못 박는데 실패하였습니다. 하나님께서 한 번 더 삶의 기회를 주신다면, 성령님께 충만하여 성령님의 감화하심에 순종하여 따르기를 원합니다, 하나님의 은혜 안에서 지내는 ○○의 지체들이 순간, 순간에 자신을 살펴서 헛된 영광을 구하지 않도록 예민하게 하시옵소서.

이 시간에 예배할 때, 성탄의 기쁨으로 주님께 영광을 드리고 하나님 나라의 평강을 맛보기를 바라면서 예수님의 이름으로 기도드립니다. 아멘.+

12월 1주

_기도를 위한 말씀 묵상: 마 1;23

사랑이 많으신 하나님,

주일 찬양 | 어느덧 열한 달의 시간을 보내고, 달력의 마지막 장 잎에 선 저희들을 보아주시옵소서. 주님의 크고 부드러운 팔로 보호하심을 받아 살아온 시간들이었습니다. 여러 모양으로, 여러 곳에서 흩어져 있던 이들이 ○○의 성전에 모였습니다. 지금까지 지내온 것을 오직 하나님의 은혜로 여기고, 예배하게 하시옵소서.

대림절의 감사 | 대림절 아침에 주님의 자녀들이 예배하러 나왔습니다. 약속에 따라 주 예수님이 아기의 몸을 입고, 메시야로 오신 날을 생각합니다. 오래 전에 하셨던 약속이 이루어져 우리에게 구원의 선물이 나타났음을 기뻐하는 예배를 드리게 하시옵소서. 이 땅의 모든 이들이 하나님의 구원하심을 보기 원합니다. 자기들의 죄를 용서해주시는 예수님을 주라 부르게 하시옵소서.

자복·회개 | 아버지 하나님, 주님 앞에 나오니 저희들의 죄를 지은 모습이 그대로 드러나고 있습니다. 하나님을 두려워하지 않고 살았던 지난 시간의 삶을 회개합니다. 교만한 자아의 무릎을 꿇게 하시고, 강퍅했던 마음은 녹아지게 하시옵소서. 예배를 마치는 시간까지 오직 성령님만이 임재하시기 원합니다.

예배-순서, 담당자 | 오늘 드리는 저희들의 예배가 주님께서 기뻐 받으시는 산 제사가 되게 하시옵소서. 아기 예수님의 나심을 축하하고, 약속하신 말씀에 따라 다시 오실 재림의 주님을 기다리는 예배가 되게 하시옵소서.

성탄절을 기다리는 심령에 만족한 말씀을 증거하실 목사님께 영력을 더하시기 원합니다. 하나님의 대언자로서 생명력 넘치는, 살아 있는 말씀으로 저희들을 감동케 하시옵소서. 찬양대원들을 축복합니다. 저들의 찬양으로 더욱 영광을 받으시고 이 자리는 은혜로 가득하게 하여 주시옵소서.

곤경에 처한 이들을 위한 도고 | 임마누엘의 하나님, 메시야의 오심으로 고통에 있던 이들에게 소망이 되었던 것처럼, 성탄절의 아침이 절망의 나락에 있는 이들에게 희망이 되기 원합니다. 판단과 선택의 실수로 패배하여 낙심되어 있는 이들에게 아기 예수님이 위로와 기쁨이 되어주시기를 원합니다.

대림절에 우리의 기쁨이 되시는 주님을 만나는 체험이 있게 하시기를 바라면서, 예수님의 이름으로 기도드립니다. 아멘.✝

12월 2주

_기도를 위한 말씀 묵상: 마 2:21

자기 백성에게 신실하신 하나님,

주일 찬양 | 오늘을 성서주일로 거룩하게 모이도록 하셨음에 찬양을 드립니다. 우리에게 성경을 주신 하나님께 감사로 영화롭게 해드리는 한 시간이 되기를 빕니다. 책으로 된 하나님의 말씀에 대하여 다시금 묵상하면서 예배하는 주님의 백성이 되게 하시옵소서.

감사의 고백 | 우주와 삼라만상의 주인 되시는 하나님, 태초에 세상을 지으신 그때부터 오늘에 이르기까지 우주만물을 다스리시고, 연약한 인생을 보호하여 주심에 감사를 드립니다. 이스라엘의 구속자에게 영광을 드립니다. 이스라엘의 거룩한 이이신 여호와께 감사드립니다. 이 시간에, 자연의 만물을 통하여 감사의 영광을 받으시기 원합니다.

자복·회개 | 주님 앞에 서기만 하면, 저희는 자신 속에 있는 교만과 미움을 봅니다. 또한 완악함으로 가득 찬 마음을 감출 수 없음을 고백합니다. 저희들을 둘러싸고 있는 증오와 다툼 그리고 죄악이 가득함을 봅니다. 주님의 사랑과 긍휼로 이 더러움을 깨끗이 씻어 주시고, 용서해 주시옵소서.

예배-순서, 담당자 | 이 자리에, 주님의 백성들이 신령과 진정으로 예배하게 하시옵소서. 소리를 높여 찬양하는 저희들의 심령이 기쁨으로 흥겨워지게 하시고, 하나님께 영광을 드리는 것으로 만족하게 해주시기 원합니다.

이 복된 시간에, 살리시는 주님의 말씀으로 ○○교회 공동체를 새롭게 하시옵소서. 오직 하나님의 위로와 소망을 바라며 사는 저희들에게 힘이 되는 말씀이기 원합니다. 힘들고 지쳐서 넘어질 때, 늘 옆에서 너는 내 아들이라는 주님의 사랑스런 음성을 들려주시옵소서. 예배를 돕는 성가대원들을 축복합니다. 그들의 입술을 통해서 하나님을 영화롭게 하는 찬양이 이 전에 가득 차기를 원합니다.

회중을 위한 중보 | 저희를 불쌍히 여기시는 하나님, 여러 가지 문제를 안고 나아온 성도들이 있습니다. 고단한 중에도 주님의 날을 구별하여 예배하러 나온 이들의 신앙을 귀히 여기시옵소서. 사정이 있어 예배에 함께 참여치 못한 사랑하는 성도들을 기억하시고 다음 시간에는 모두 나와서 주님께 영광 돌리며 은혜 나누는 복된 시간을 갖게 해주시옵소서.

이 복된 시간에 불로 태워 역사와 은혜의 단비를 받는 성도들이 되기를 바라면서 예수님의 이름으로 기도드립니다. 아멘.+

12월 3주

_기도를 위한 말씀 묵상: 눅 2:10

구주를 보내주신 하나님,

주일 찬양ㅣ 오늘, 성탄주일로 예배하게 하신 하나님께 영광을 바치도록 해 주시옵소서. 동방박사들이 경배했던 그대로, 메시야 주님께서 받으셔야 하는 예물을 드리게 하시옵소서. 황금과 몰약과 유향이 주 예수님의 모습을 그대로 나타내었듯이, 저희들의 예배가 아기 예수님께 합당한 영광을 드리게 하시옵소서.

대림절의 고백ㅣ 영광을 받으셔야 하실 하나님의 크신 팔로 감싸 안아 주시는 하나님께 나아갑니다. 힘들어 지칠 때마다 위로가 되어주셨던 주님이셨습니다. 낙심될 때, 소망을 갖게 하신 주님의 이름을 부르며, 은혜로 행하셨음을 예배를 통해 기리기 원합니다.

자복·회개ㅣ 저희들은 하나님보다도 자신을 즐겁게 하는 삶에만 관심을 기울인 나머지 죄를 지었던 것을 회개합니다. 마땅히 하나님께 영광을 드려야 할 것을 저희의 기쁨으로 가로채었던 죄악을 용서해 주시옵소서. 여러 가지의 일들 속에서 하나님의 도우심을 기억하지 못하고 지나쳤음을 용서해 주시옵소서. 육신이 연약하고 믿음이 부족하다는 핑계로 주님의 말씀대로 살지 못했음을 용서해 주시옵소서.

예배-순서, 담당자 | 예수님의 나심을 축하하는 이 시간에, 이 기쁘고 복된 날을 기리게 하시옵소서. 주님의 사랑을 받는 모든 사람들이 마음을 다하여 찬송을 드리게 하시옵소서. 처음 성탄절의 예수님은 이 땅에 나시었으나, 오늘, 저희들의 마음에 예수님께서 다시 나시기를 합니다.

말씀을 증거해 주실 목사님에게 은혜를 더하시기 원합니다. 목사님께서 전해주시는 말씀이 저희들에게 기쁜 소식이 되는 성탄의 메시지가 되기를 원합니다. 이제, 성가대원들의 찬양은 하늘의 노래가 되게 하시옵소서.

교회를 위한 중보 | "하나님이 세상을 이처럼 사랑하사 독생자를 주셨으니" 감사드립니다. 주님은 인류를 구원하시기 위해 오셨으니, 오늘도 구원함에 이르는 날이 되게 하시옵소서. 예수님을 구주로 믿어 멸망치 않고 영생을 얻는 이들이 있게 하소서. 이제, 저희들에게는 심판의 주님으로 다시 오실 예수님을 기다리기 원합니다.

주님의 나심을 축하하는 예배를 드릴 때, 저희의 마음이 구유가 되게 하시므로 심령이 새로워지기 원하면서 예수님의 이름으로 기도드립니다. 아멘.+

12월 4주

_기도를 위한 말씀 묵상: 시 115:1

자비로우신 하나님,

주일 찬양 | 주님의 사랑을 입은 자들이 다시 모였습니다. 여호와께서는 우리를 능히 도우시니 하나님에게 소망을 두고 살아온 저희들입니다. 여기에 모인 주님의 백성들이 마음으로 몸을 굽혀 얼굴을 땅에 대고 여호와께 경배하도록 하시옵소서. 정해진 시간의 예배로 홀로 영광을 받으시고, 그 이름을 세상 만방에 널리 알려주시옵소서.

성탄절의 감사 | 하나님께서 저희들을 사랑하셔서, 이 땅에 예수님을 보내 주셨음에 찬송하게 하시옵소서. 하나님이신 예수님의 오심으로 아버지의 사랑이 저희에게 나타난 것을 즐거워합니다. 아기 예수님의 나심으로, 인류를 구원하시려는 하나님의 뜻이 이루어졌음을 찬양을 드리게 하시옵소서. 약속대로 메시야가 오셔서 생명의 길을 열어주시니 감사드립니다.

자복·회개 | 지금, 저희들의 죄를 고백하며, 성령님의 은혜를 기다립니다. 주님의 피로 깨끗이 씻어 주시옵소서. 착한 일을 하면서 하나님께 영광을 돌리도록 하는 삶을 살아야 하였으나, 그렇지 못하였습니다. 유혹을 이기지 못하고, 쾌락에 마음을 빼앗겨 주님께서

미워하시는 일도 저질렀음을 고백하니, 용서해 주시옵소서. 특히, 이웃을 사랑하고, 하나님의 영화로움을 위해서 살아가지 못한 죄를 용서해 주시기 원합니다.

예배-순서, 담당자 | 예배를 받으시는 하나님, 예배하러 모인 저희들은 마음을 다하여, 하나님을 경배하고, 하늘에 영광을 드리게 하시옵소서. 신령과 진정으로 드리는 예배가 되기 원합니다. 이미 찬양과 경배로 시작된 예배를 마칠 때까지 주관해 주시기 원합니다. 말씀을 준비하신 목사님께 성령으로 감동해주시고, 하나님의 뜻이 온전히 선포되기 원합니다. 그 말씀으로 저희들을 향한 주님의 뜻이 무엇인지 분별하여 새로워지게 하시옵소서.

은혜를 간구함 | 이제, 하나님의 자비로우심으로 성도답게 살게 하시옵소서. 이미 빛과 소금이 되라 하신 주님의 뜻대로 사는 종들이 되게 하시옵소서. 개혁의 신앙을 물려받아 악을 물리치고 하나님을 기쁘시게 하는 것을 사모하는 삶이 되기 원합니다.

예배로 영광을 드릴 때, 말씀에 순종하여 무슨 일을 하든지 말씀의 인도와 기준에 따라 행하기를 바라면서 예수님의 이름으로 기도드립니다. 아멘.+

12월 5주

_기도를 위한 말씀 묵상: 딛 2:13

복스러운 소망과 우리의 크신 하나님,

주일 찬양 | 이 거룩한 아침에 인생의 주인이 되시는 하나님을 경배합니다. 금년의 마지막 주일에, 여호와는 우리의 주이심을 고백하여 예배를 드립니다. 구주 예수 그리스도의 영광이 나타나심을 기다리게 하셨으니 영광을 받으시옵소서. 저희들에게 성부와 성자, 성령의 삼위일체 하나님만을 찬송하게 하시옵소서.

송년주일의 감사 | 긍휼이 풍성하신 하나님, 지난 한해 하나님은 참으로 좋으신 아버지가 되어 주셨습니다. 주님의 넘치는 자비로우심으로 저희들은 살아왔습니다. 때를 따라 돕는 은혜로 도우시며, 저희들의 삶이 물댄 동산과 같이 모자람이 조금도 없게 하셨으니 감사드립니다. 오늘, 송년 주일의 예배는 주님께서 주신 그 모든 것들을 헤아려 보는 시간이기 원합니다.

자복회개 | 저희들의 지난 한 주간 동안은 결코 아름답지 못하였습니다. 주님의 보내심으로 빛이요, 소금이 되어야 했던 세상이었건만 그렇게 하지 못하였습니다. 육신이 연약하고 믿음이 부족하다는 핑계로 주님의 말씀대로 살지 못하였습니다. 여러 가지로 범한 죄와 허물이 많이 있습니다. 이 시간 저희들의 모든 죄를 주님께

자복하고 회개하오니 주님의 보혈로 깨끗함을 얻게 하시옵소서.

예배순서, 담당자ㅣ 인간의 생사화복을 주관하시는 하나님, 금년의 끝에 서 있는 오늘 또 한 날의 생명을 주시니 영광을 받으시옵소서. 진실로 하나님의 구원이 그를 경외하는 자에게 가까우니 감사의 찬양을 받으시옵소서.
목사님께서 저희들을 위하여 설교 준비를 하셨음에 감사드립니다. 성령님의 감동하심으로 말씀을 베푸시도록 하시옵소서. 그 말씀으로 여호와의 만져주심을 경험하게 하시옵소서. 하나님께 영광을 드리려고 성가대원들이 세워졌습니다. 그들이 몸을 드려서 찬송을 올려드리게 하시옵소서.

다짐의 간구ㅣ 새해를 맞이하여 저희들도 새롭게 되어, 새 해에는 사랑이 메마른 곳에서 주님의 인자하심을 드러내는 삶을 다짐합니다. 온갖 미혹된 말들이 넘쳐나는 세상에서 복음을 외치는 삶을 결단합니다. 이를 위해서 기도하는 저희들이 되게 하시옵소서.

한 해의 삶을 매듭짓는 감사의 예배에 베풀어주시는 은혜로 말미암아 새 소망을 갖기 원하면서 예수님의 이름으로 기도드립니다. 아멘.+

2
주일밤(오후) 예배 기도문

1월 1주

전능하신 하나님,

죄로 말미암아 죽을 수밖에 없던 인류에게 구원의 길을 열어 주신 하나님께 감사와 찬양을 드립니다. 인류를 사랑하셔서 모든 이들을 구원받게 하심을 감사드립니다. 구원의 길을 열어 주셨음에 이 밤에도 경배를 드리게 하시옵소서.

새해를 맞이한 첫 주일에, 온전히 성수하는 은혜를 주셨음에 감사합니다. ○○의 지체들이 주일성수의 은혜를 금년 내내 누리게 하시옵소서. 저희들이 입을 벌려 주님의 위대하심을 찬송하게 하시옵소서.

자비로우신 하나님, 이 밤에, 예배로 하나님께 영광을 드리고, 저희들에게는 은혜로 충만하게 하시옵소서. 말씀을 준비하신 목사님께 말씀의 권세를 허락해 주시옵소서. 주님의 교회를 진리로 채워 주시고, 모든 성도들에게는 평화가 가득 차게 하시옵소서.

주님의 거룩한 교회를 위하여 간절히 기도드립니다. 예수님의 피로 구속받은 성도들이 주님의 몸을 이루게 해주시옵소서. 금년 한 해를 살아가면서 여호와의 이름에 영광을 나타내는 공동체가 되기 원합니다.

저희들 모두, 마음을 열어 주 하나님을 찬양하는 한 해가 되게 해주심을 빕니다. ○○에 속한 권속들에게 금년 일 년은 예배하는 한 해가 되게 하시옵소서.

예수님의 이름으로 기도드립니다. 아멘. +

1월 2주

사랑이 깊으신 하나님,

주일의 이른 새벽부터 지금까지 하나님을 영화롭게 하며 지내게 하셨음에 감사드립니다. 육신적으로는 연약하지만 성령님의 은혜 안에서 주일을 지켰습니다.

이 밤에, 다시 모인 ○○의 지체들이 작은 입술을 벌려 크신 하나님을 찬송합니다. 저희들의 작은 손을 모아 놀라우신 하나님께 영광의 기도를 드립니다. 성령님이여, 이 자리에 오셔서 찬양을 드리는 저희들을 도우시사 주님께 경배를 올리게 하시옵소서.

구하기 전에 이미 있어야 할 것을 아시는 아버지여, 하늘의 의를 먼저 구할 때에 이 모든 것을 더하여 주시리라 하신 말씀을 기억합니다. 저희들에게 하나님의 영광을 구하는 것이 제일의 소원이 되게 하시옵소서. 찬양으로 드리는 예배 모임에 크신 복을 내려 주시어 향기로운 제사가 되기 원합니다.

저희 교회가 세상을 향해서 담당해야 하는 사명을 잘 감당하게 하시옵소서. 하나님을 영원히 하나님으로 모시고, 항상 기뻐하면서 찬양으로 영광을 드리는 저희들이 되게 하시옵소서. 주님께서 저희 교회의 머릿돌이 되어 주셔서 온 성도들이 서로 사랑하고 이해하며 감싸줄 수 있는 마음을 허락해 주시옵소서.

예수님의 이름으로 기도드립니다. 아멘. +

1월 3주

하나님 아버지,

　주님의 십자가에 달려 피 흘리시고 돌아가심은 저희의 모든 죄를 대신지고 가시는 사랑이셨습니다. 죽음의 권세를 이기시고 다시 살아나신 주님의 부활은 모든 믿는 이들에게 내리신 영원한 삶의 보증이십니다. 예수님의 생애를 통하여 저희들에게 나타나신 하나님의 사랑을 영원히 찬송하는 ○○의 지체들이 되게 하시옵소서.

　오늘, 저희들의 예배로 영광을 받으시기 바랍니다. 마음의 문을 열어 하늘의 하나님께 영광을 드립니다. 이제, 마음을 모아 찬송을 드림으로써 주님께만 영광을 드러냅니다. 여기에 모인 귀한 지체들이 마음으로, 정성으로 하나님만을 경배하는 예배가 되도록 인도해 주시옵소서.

　하늘에 계신 하나님, 우리 하나님은 간구하매 응답하시고, 모든 두려움에서 건지시는 은혜를 묵상합니다. 이에, 간구하오니, 하나님을 영화롭게 하며, 그를 영원토록 즐거워하게 하시옵소서. 이 밤에, 주님께서는 저희들의 간구를 들으시고 그들의 일을 돌아보아 주시옵소서.

　새로이 한 주간을 시작합니다. 저희들 각자가 원근각처로 흩어져서 살아갈 때, 기업으로 주신 생활의 현장에 복을 더하여 주시옵소서. 우리 ○○의 성도들의 가정을 지켜주시고, 그들의 직장과 사업장에 필요한 것을 채워 주시옵소서.

　예수님의 이름으로 기도드립니다. 아멘. +

1월 4주

　은혜가 풍성하시 하나님,
　하나 밖에 없으신 아들, 예수님으로 말미암아 이 세상에 강림하셨음을 찬양을 드립니다. 세상에 오신 주님의 삶은 저희를 위하여 지극히 거룩한 곳으로 열려진 길이었습니다. 이 밤에, 그 은혜를 묵상하며 찬양으로 영광을 드리게 하시옵소서.
　하나님 앞에서 돌아볼 때, 지난 한 주간이 죄의 연속이었음을 고백합니다. 주님을 기쁘시게 하겠다는 말을 자신 있게 하기도 하면서도, 저희들의 삶은 자기 자신을 위해서만 힘쓴 생활이었음을 회개합니다. 하나님의 사랑은 잊어버리고, 이웃들에게는 소금과 빛이 되는 것을 오히려 부담스러워 했던 죄를 회개합니다. 용서해 주시옵소서.

　긍휼을 베푸시는 하나님, 이 시간에, 그 무엇보다도 저희들의 모습 그대로가 예물로 드려지는 예배이기를 원합니다. 이 시간의 예배에서 저희를 받으시고, 주님의 사람으로 만들어 주시기 원합니다. 성도로 세상에 내어보내질 수 있도록 만들어 주시기 원합니다.
　말씀을 들려주실 목사님께 권세 있는 능력으로 더해주시옵소서. 성령님께서 저희들의 심령을 주장하사 생명의 말씀을 받게 하시옵소서. 그 말씀에 순종하면서 살기를 다짐하는 귀한 밤이 되기를 빕니다.
　우리 교회에는 어려움에 처한 성도들도 많습니다. 각 사람의 형편에 따라 은혜를 내려 주시옵소서.
　예수님의 이름으로 기도드립니다. 아멘.+

2월 1주

우리 아버지 하나님이여,

이 밤에, 저희들의 마음을 정하였으니 죄에서 구원해주신 주님의 은혜를 노래하기 원합니다. 저희들이 마음을 다하여 찬양을 드리게 하시옵소서. 전심으로 주를 찬송하고, 주님의 이름에 영광을 돌립니다.

이 저녁에, 예배하러 모인 주의 백성들이 주님을 찬양하고 영화롭게 찬송하게 하시옵소서. 오직 예수님의 피로 죄를 씻음 받아, 거룩한 모습으로 예배드리기 원합니다. 성령님께서 저희들의 마음을 다스리셔서, 하나님께서 기뻐 받으시는 예배를 드리게 하시옵소서.

새롭게 하시는 하나님, 이 복스러운 예배에서 한 마음, 한 입으로 주님께 영광 드리기를 소망합니다. 구원의 은혜를 누리게 하신 그리스도의 피를 생각합니다. 목사님을 단에 세우셨으니, 말씀의 능력을 더해주시옵소서. 우리 ○○의 지체들은 그 말씀을 받아 그대로 따르는 삶을 살아드리려 다짐하게 하시옵소서.

질병으로 고통 중에 있는 지체들을 불쌍히 여겨 주시옵소서. 병으로 말미암아 오늘을 지키지 못했습니다. 그들이 얼마나 예배의 시간을 그리워하는지, 하나님께서 어서 일으켜 주시옵소서. 그리하여 오는 주일에는 함께 이 교회에서 예배드리도록 인도해 주시옵소서.

예수님의 이름으로 기도드립니다. 아멘. ✚

2월 2주

은혜 위에 은혜를 주시는 하나님,
주일을 주시고, 종일 교회 안에서 거룩하게 보내게 하셨음을 감사드립니다. 성령님의 감동하심이 이 전에 다시 모이도록 하셨으니 성령으로 충만한 시간이 되게 하시옵소서. 이 저녁에, 주님의 이름으로 모인 우리 교회의 공동체를 축복합니다.
저희들의 마음 문을 두드려 열게 하시고, 세상 죄를 이기려는 싸움에 승리하게 하시옵소서. 약한 저희들의 상처 입은 심령을 주님께서 십자가를 지시고, 피 흘리신 손으로 치유해 주시옵소서. 성령의 불로 저희들의 죄악을 태우고, 깨우쳐서 회개하게 하시옵소서.

하나님 아버지, 이 시간에 드려지는 예배로 먼저 하나님의 영광을 나타내고, 저희들은 신령하게 다시 세워주시기 원합니다. 말씀을 선포하시는 목사님께 주님의 역사를 나타내 주시옵소서. 목사님께서 말씀을 증거하실 때, 하나님의 능력과 은혜가 드러나게 하시옵소서.
성령님께서 저희를 이끌어 '아멘'으로 말씀을 듣게 하시옵소서. 지금, 하나님께서 저희에게로 오셔서, 들려주시는 음성으로 들을 수 있도록 이끌어 주시옵소서.
이 밤에, 예배를 마치고 다시 가정과 일터로 돌아갈 때, 주님으로 새롭게 되는 역사의 주인공들이 되게 하시옵소서. 한 사람, 한 사람이 세상 앞에서 흩어져 있는 교회가 되게 하시옵소서.
예수님의 이름으로 기도드립니다. 아멘.+

2월 3주

하나님 우리 아버지,

주님의 날에, 이른 새벽부터 황혼이 깃드는 시간까지 크신 은혜로 지냈습니다. 돌이켜볼 때, 지난 주간에, 성도의 신분을 잃지 않고, 주님의 자녀로 살아오게 하셨음에 감사합니다. 이 밤에 다시 성령님의 역사로 새 힘을 얻기 원합니다.

저희들을 돌보아 주셨던 그 은혜를 기뻐하며 찬양의 예배를 드립니다. 마음으로 찬송을 부르게 하시옵소서. 마음으로 영광을 드리는 기도를 하게 하시옵소서. 목사님을 통해서 준비된 하나님의 말씀에 귀를 기울이고, 순종으로 응답하게 하시옵소서. 예배를 영화롭게 하기 위해서 준비한 성가대원의 찬양에 하늘의 천군과 천사가 화답하게 하시옵소서.

교회를 지키시는 하나님, 저희들이 이렇게 나옴은 주님을 경배하고자 함입니다. 새롭게 하시는 하나님의 더러운 죄를 희게 해주시는 보혈의 능력을 믿으며, 십자가를 붙들고 살아가도록 이끌어 주시옵소서. 주님의 교회가 온전한 주님의 능력 있는 공동체가 되게 하시옵소서.

모든 형제와 자매들이 하나님의 말씀으로 충만한 삶을 이루어 드리는 공동체가 되게 하시옵소서. 주님의 평강과 소망과 사랑이 넘쳐나는 교회이기 원합니다. 저희들 모두가 가정과 사회에서 하나님의 자녀의 신분으로서 참되게 살아가게 하시옵소서.

예수님의 이름으로 기도드립니다. 아멘. ✛

2월 4주

긍휼을 베풀어 주시는 주님,

오늘은 벌써 한 달의 끝 주일입니다. 지나온 날들을 생각해 볼 때, 얼굴이 붉어집니다. 하나님께서는 좋은 시간을 주셨으나, 저희들은 주님 앞에서 살아오지 못하였습니다. 지난날의 잘못된 일들에 대하여 회개하오니 용서해 주시옵소서.

영과 진리로 예배하는 한 시간이기를 원합니다. 사순절을 보내고 있는 저희들에게 주님의 발자취를 묵상할 수 있는 예배의 시간이 되게 하시옵소서. ○○의 지체들을 주님의 팔로 붙들어 성령님의 인도하심에 따라 세상에서 주님의 길을 가는 사명을 다하도록 하시옵소서.

하나님 아버지, 사랑하는 지체들의 연약한 손을 잡아 일으켜 주시옵소서. 저희들의 심령이 다시금 새로워지고 믿음이 견고하여지기를 원합니다. 우리를 위하여 채찍에 맞으시고, 가시관을 쓰셨으며, 창에 허리를 상하셨던 주님을 바라보면서 기도로 살아가게 하시옵소서.

이 시간에도, 복음을 위해 수고하는 선교사들을 사랑합니다. 그들은 각각의 처소에서 복음의 증거를 위하여 여러 모양으로 섬기고 있습니다. 마을과 도시에서 설교하는 사람들, 학교나 대학에서 강의하는 사람들, 병원에서 일하는 사람들, 저마다 자기의 타고난 기술이나 행정적인 능력을 바치고 있는 사람들에게 복되게 하시옵소서.

예수님의 이름으로 기도드립니다. 아멘. ✛

3월 1주

　인애하신 하나님,

　이 밤에, 주님의 사랑과 은혜에 감사합니다. 주님의 은혜는 작은 소망으로 가슴을 열어 주시고, 흐르는 바람결에 떨리는 나뭇잎 보게 하셨습니다. 큰 것보다 작은 것으로 채워 주셨으며, 높은 자리보다 낮은 곳에서 살게 하셔서 겸손을 배우게 해주셨습니다.

　주일이 지나고 황혼의 시간에, 예배드리는 저희들을 주님의 진리와 평화로 이끌어 주시기 원합니다. 저희들이 하나님께로만 향한 믿음 안에서 한 몸이 되게 하시기 원합니다. 주님의 이름으로 한 마음, 한 영이 되어서 거룩함을 경험하도록 인도해 주시옵소서.

　하나님 아버지, ○○의 지체들에게 하늘나라의 교제를 찾게 하시고, 육체의 속박에서 건져 주시며, 주의 자녀들에게 속한 영적 자유를 누리게 하시옵소서. 심판 때에 우리를 구원하시고, 죄악 된 생각과 외부의 포악으로부터 해방시켜 주시옵소서.

　저희 교회의 모든 기관이 잘 연합하여 한 마음이 되기를 원합니다. 모양과 생각은 다르지만 남을 나보다 낫게 여기게 하시옵소서. 온 성도들이 모두가 같은 말을 하게 하시고, 같은 마음과 같은 뜻으로 교회를 섬기게 해주시기를 빕니다. 이 밤에도 귀한 지체들에게 서로 돌아보아 사랑과 선행을 실천하려는 다짐이 있게 하시옵소서.

　예수님의 이름으로 기도드립니다. 아멘. +

3월 2주

　자비로우신 하나님,
　잘못된 일들을 보면서도 불의한 일이라고 용감하게 말하지 못하였음을 회개합니다. 그리 중요하지도 않은 일에 몰두한 채 주님의 일을 찾지 않았던 죄를 용서해 주시옵소서. 저희들의 추한 모습을 고백하오니 주님의 십자가의 능력으로 용서해 주시옵소서.
　단에 세워주신 목사님의 입술에서 저희 교회와 성도들이 꼭 듣고, 순종해야 할 말씀이 전해지게 하심을 빕니다. 목사님께서 하나님의 말씀을 전하실 때, 성령의 능력이 드러나게 하시고, 저희들은 은혜 속에서 듣고, 저희들 모두에게는 아멘으로 대답하게 하시옵소서.

　자기 백성을 찾으시는 하나님, 오늘, 처음으로 교회를 방문하여 예배에 참여한 지체들이 있습니다. 이제, 주님 보혈로 한 형제가 되었으니, 그들을 위해 도고하게 하시옵소서. 그들이 주님의 보혈로 죄를 씻음 받았다는 증거를 갖게 하시옵소서. 그리고 우리 ○○ 교회 안에서 주님의 사랑을 풍성히 누리기 원합니다.
　이 자리에 함께 한 성도들이 주님의 몸으로 하나 됨을 체험하게 하시옵소서. 예배를 통하여 한 몸의 교제를 이루게 하시옵소서. ○○의 지체들이 주님의 교회 안에서 한 몸을 이루어 하나님의 영광을 드러내게 하시옵소서.
　예수님의 이름으로 기도드립니다. 아멘.✚

3월 3주

거룩하신 주 하나님,

하나님의 귀하신 이름을 찬양합니다. 돌이켜 보매, 어둡고 험악한 세상에서 방황하며 살았습니다. 아버지의 영광과 뜻을 드러내기보다는 육신의 안일을 추구할 때가 많았음을 회개합니다. 말씀을 가까이 하고 말씀에 순종하며 살기보다는 인간의 생각과 인간의 지혜를 따르는 불신앙의 행실을 용서해 주시옵소서.

이 밤에, ○○의 지체들이 영과 진리로 머리를 숙이게 하시옵소서. 예배의 모든 순서마다 함께 하시옵소서. 말씀을 듣고 단 위로 오르신 목사님께 영력을 더하시옵소서. 모든 성도들의 마음 밭이 옥토로 변하여져서, 30배, 60배, 100배의 결실을 맺게 하시옵소서.

오늘도 ○○ 교회에 은혜를 내려 주셔서 감사드립니다. 사랑의 교제가 살아 있게 하시며, 하나님의 나라에 대한 꿈과 소망을 잃지 않는 공동체가 되게 하시옵소서. 이 교회에 속한 모든 성도들이 참된 믿음 안에서 살아가도록 이끌어 주시기 원합니다.

예배하는 저희들의 심령은 기쁨으로 충만하지만, 이 자리에 함께 하지 못한 성도들이 있어 안타깝습니다. 질병으로 말미암아 병상에 누어있는 지체들을 불쌍히 여겨 주시옵소서. 개인적인 사정으로 주일을 지키지 못한 지체들에게 회복할 수 있는 은총을 내려 주시옵소서.

예수님의 이름으로 기도드립니다. 아멘.+

3월 4주

사랑이 깊으신 하나님,
 주님의 친절한 팔에 안겨서 지내왔던 삶에 감사드립니다. 세상은 어지럽고, 복잡하지만 아버지의 평강과 안식으로 살아왔음에 감사드립니다. 하나님의 은혜로 이렇게 교회에 모일 수 있게 하셨습니다. 여기에 모인 이들로 주님을 찬송하게 하시옵소서.
 오늘, 주님의 고난을 묵상하면서 하루를 보냈습니다. 주님께서 불의한 재판을 받으시고, 십자가의 저주를 당하심은 모두 저희들을 위함이셨음을 새롭게 감사드립니다. 이제, 그 은혜에 감사하여 주님의 남은 고난을 저희들의 몫으로 삼게 해주시옵소서.

 하나님 아버지, 주님께서 못 박히셨던 십자가를 바라보게 하시옵소서. 불의한 자들의 조롱에도 침묵하셨던 주님을 기억하게 하시옵소서. 그 십자가에서 하나님께로부터 버림을 받으실 때의 고통을 느끼게 하시옵소서. 가시관을 쓰시고 피를 흘리신 그 고귀한 사랑에 저희들의 심령을 적시게 하시옵소서.
 이제, 갈보리 언덕에 있는 십자가를 바라보려 합니다. 이 기간 동안에 마음으로부터 금식을 선포하며, 세상적인 즐거움을 거절하려 합니다. 저희들을 위하여 지옥에까지 가셨던 주님의 사랑에 감사하면서 거룩한 주간을 보내도록 인도해 주시옵소서.
 예수님의 이름으로 기도드립니다. 아멘.+

3월 5주

　예배하도록 불러 주신 하나님,

　오늘, 주님께서 부활하신 날을 기억하면서 주일을 성수하게 하셨음에 감사드립니다. 부활의 첫 열매가 되셔서 저희들에게 부활의 소망을 갖게 하셨습니다. 이 밤에, 다시 한 번 부활신앙으로 붙잡게 하시옵소서.

　이 시간에, 주님의 몸으로 세워진 교회에 하나님의 영광이 나타나기를 원합니다. 세상을 향해서 예수님의 부활을 전하는 교회가 되게 하심을 빕니다. 말씀이 풍성하고 사랑이 넘치는 교회가 되도록 이끌어 주시옵소서. 주님께서 죽음을 이기셨다는 메시지의 강한 울림으로 예배하기 원합니다. 영광의 보좌를 향해 찬양을 드립니다.

　교회를 사랑하시는 하나님, 저희들이 정한 순서로 예배를 마치고, 이 교회에서 떠나 모두의 삶으로 나아갈 때, 부활의 증인이 되기 원합니다. 입술을 열어 예수님의 부활을 전하는 사람들이 되게 하시옵소서. 그리고 저희들 자신도 다시 살아날 것을 담대히 선포하게 하시옵소서.

　다시 시작되는 한 주간의 삶을 천국에 소망을 두고 살아가도록 인도해 주시옵소서. 죽음을 두려워하지 않고, 하나님께서 저희들을 다시 살리실 것을 소망하면서 살게 하시옵소서. 비록 세상에서는 외톨이가 된다 해도 부활의 영광을 사모하며 지내게 하시옵소서.

　예수님의 이름으로 기도드립니다. 아멘. ✝

4월 1주

　세상을 다스리시는 하나님,
　만물을 창조하시고, 그 모든 활동을 주관하시는 하나님의 이름을 송축합니다. 거룩하시고 지혜로우신 여호와를 기뻐합니다. 이 밤에 우리로 건강한 육체와 건전한 정신을 보존케 하시고, 순결한 마음과 그리스도의 피 흘리심으로 은혜를 받은 가슴 벅찬 감동을 보존케 하시옵소서.
　이미 시작된 예배, 성령님의 충만하심 속에서 하나님께 영광을 드리게 하시옵소서. 말씀을 전하시는 목사님께도 이전보다 더 갑절의 능력으로 더하시옵소서. 사랑하는 종이 전하는 말씀 앞에서 저희들은 부복하는 심정으로 받게 하시옵소서.

　하나님 아버지, 하나님의 사랑으로 저희들을 채워주시옵소서. 아직도 가슴에 안고 있는 허접한 세상적인 욕망을 쓸어내시고, 십자가에 보여주신 예수님으로 사랑을 채워주시옵소서. 그 사랑으로 사는 ○○의 지체들이 되기를 빕니다.
　주님의 사랑으로 인하여 저희들의 사랑도 이웃을 향해서 지칠 줄 모르고 부드러워지게 해 주시옵소서. 주님의 손과 발이 되어, 이웃을 위하여 기도하고, 섬기게 하시옵소서. 이웃의 건강과 안녕, 안락과 행복을 위해 봉사하는 저희들이 되게 하심을 빕니다.
　예수님의 이름으로 기도드립니다. 아멘.✝

4월 2주

인애하신 하나님,

우리를 위하여 살을 찢으시고, 고귀한 피를 십자가 위에서 흘리신 주님을 묵상합니다. 주님께서 유월절 저녁에 다락방에서 제자들에게 감격을 안겨주셨듯이 날마다 주님으로 감격하며 지내게 하셨음에 감사드립니다.

주일을 거룩하게 보낸 ○○의 지체들이 황혼의 시간에 다시 모였습니다. 하나님께서 저희들을 세상으로부터 구별해주시고, 거룩한 자리로 나오게 해주신 구원의 은혜를 새롭게 하시옵소서. 이 예배를 드리면서 한 주간 내내 하나님의 사람으로 살게 하시옵소서.

하나님 아버지, 예배하는 시간 동안에, 성령님께서 저희들에게 충만한 은혜를 베풀어 주시옵소서. 말씀을 전해주실 목사님을 하나님이 장중에 붙들어 주시옵소서. ○○의 양 무리를 위하여 대언자로 세워주셨음을 감사드립니다. 강단에서 흘러나오는 말씀이 생수가 되게 하시옵소서. 영혼의 갈한 목을 촉촉이 적시게 하시옵소서.

이 밤에, 연약한 지체들을 위하여 눈물로 간구합니다. 질병의 고통으로 고생을 하는 이웃, 재정적인 어려움으로 궁핍한 시간을 보내야 하는 이웃이 있습니다. 일터가 없어 살아가는 것이 힘에 부친 이웃이 있습니다. 환난의 고통을 겪고 있는 이웃들의 눈물을 닦아 주시옵소서.

예수님의 이름으로 기도드립니다. 아멘. +

4월 3주

　영광의 보좌에 계신 하나님,
　오늘을 거룩한 날이라 하시고, 이 날을 지키게 하셨음에 감사드립니다. 아침의 이른 시간부터 하나님의 영광을 구하고, 예배하게 하셨음에 감사드립니다. 교회에 맡겨주신 일들을 섬기며 하루를 보냈습니다. 이 시간에, 감사와 찬미를 하나님께 드리게 하시옵소서.
　주 하나님이시여, 부활의 신앙으로 살기에 부족하였음을 회개합니다. 지난날의 죄 된 생활, 헛된 강포를 묻어 두고 정의와 진리로 부활함을 체험하기 원합니다. 냉냉한 마음에 뜨거운 성령으로 소생케 하시옵소서. 비겁한 믿음에서 담대한 용기로 충만하도록 인도해 주시옵소서.

　하나님 아버지, 우리 교회의 강단이 언제나 생명의 말씀으로 푸르기를 빕니다. 말씀을 위하여 자기를 아끼지 않으시는 목사님을 붙들어 주시고, 신원을 강건케 해주시옵소서. 성령님의 충만하심과 능력이 말씀과 함께 더하시게 해주시기를 빕니다. 이 밤에도 예배를 위해서 수고하는 종들의 손에 복을 더하시옵소서.
　저희들이 부활의 확신과 구원의 감격으로 날마다 주님을 전하는 생활이 되도록 하시옵소서. 한 알의 밀알처럼 죽어 썩고 희생함으로 많은 부활의 열매를 풍성히 거두는 신앙의 법칙을 다시 새기게 하시옵소서.
　예수님의 이름으로 기도드립니다. 아멘.+

4월 4주

전능하신 하나님,

그늘진 마른 풀잎을 보며 가난한 것으로 정을 나누고 고통을 체험하며 주님의 사랑을 찾도록 인도하시니 감사합니다. 저희들을 연단으로 입술을 지켜 찬양할 수 있게 하시고, 작은 열매 맺게 하시니 감사합니다. 우리의 심령을 성령으로 충만하게 채워주셔서, 하나님의 영광을 나타내는 삶이 되게 하여 주시옵소서.

은혜를 입어 거룩한 자리에 나왔사오니, 여기에 모인 이들을 거룩하게 하시옵소서. 여호와 앞에서 잠잠하여 주님의 이름을 높이게 하시옵소서. 하나님께서 거룩하게 하신 이 밤을 저희들도 거룩하게 지키기 원합니다. 마음을 다하고, 뜻을 다하여 예배하게 하시옵소서.

자비로우신 하나님, 우리 교회에 주신 사명을 감당하기 위해서 중직자로부터 전 제직들의 간구에 응답해 주시기를 빕니다. 이 교회에, 하나님의 손이 함께 하시는 복을 내려 주시기 원합니다. 사람들의 모임이 아닌 주님의 몸이 되어서 사명을 감당하도록 이끌어 주시옵소서.

교회가 이 지역에 하나님의 진리를 선포되게 하시옵소서. 세상을 향해서 우리 주님의 몸이 된 성도들이 기도와 사랑으로 교회가 지역을 섬기게 하시옵소서. 아무쪼록 우리 ○○ 교회가 세상 속에서 주님의 뜻을 나타내며, 복음을 드러내는 사명을 다하게 하시옵소서.

예수님의 이름으로 기도드립니다. 아멘. +

5월 1주

　사랑의 하나님,
　오늘, 어린이주일로 지키게 하셨음에 감사드립니다. 저희들에게 홀로 지내지 않고 가족을 주심에 감사합니다. 종일을 거룩하게 지내면서 가족을 주신 하나님의 사랑에 감사함을 드렸습니다.
　주님의 임재하심을 열망하며, 겸손히 주의 얼굴을 찾는 저희의 마음에 몸소 거하시옵소서. 우리가 저지른 과오와 미처 행치 못한 채 남겨진 선에 대한 수치감과 비애감을 뼈속 깊이 느끼게 하시고, 주님의 거룩하신 뜻에 따라 우리의 삶을 고치려는 열망을 더욱 북돋아 주시옵소서.

　이 시간에 예배할 때, 가족을 주신 하나님을 찬양 드리게 하시옵소서. 가족의 사랑을 나누면서 우리 하나님을 닮아가게 하심을 즐거워합니다. 자녀들을 키우면서 주님의 손길, 주님의 마음을 닮게 하셨습니다. 들판이 푸르른 5월에 성도들의 가정을 지켜 주시옵소서.
　우리의 이웃에는 아직도 많은 형제들이 병 때문에 가난 때문에 고통의 멍에를 지고 살고 있습니다. 주님께서 베푸신 구원의 기쁨을 회복하게 하사. 깨어진 것을 다시 매만져 주시옵소서.
　아직도 우리들 주위에는 안타까운 가정들이 있습니다, 고난으로 인하여 어려움을 당하는 이들, 깨어진 가정으로 말미암아 상처받은 이들이 있으니 그들을 도와주시기 원합니다.
　예수님의 이름으로 기도드립니다. 아멘. ✝

5월 2주

여호와 우리 주여,

주님의 이름을 높이고, 도와주시는 사랑에 감사하며 찬양을 드립니다. 주일 저녁에 다시 모인 ○○의 지체들이 예배로 나아옵니다. 주일을 성수하도록 은혜를 주셨음에 감사드립니다. 이 시간에, 사랑하는 성도들에게 온 몸으로 찬양하게 하시옵소서.

짧은 시간의 예배지만, 하나님께 온전한 영광을 드립니다. 이 예배로 인하여 저희들의 심령에 빛을 주시기 원합니다. 설교하시는 목사님께 하늘의 문을 열어 능력을 더하여 주시고, 그 말씀을 들을 때, 두려움과 경외함이 있게 하시옵소서.

치유하시는 하나님, 저희들 중에 슬픔에 잠긴 성도, 여러 가지 문제들로 고민하는 성도, 믿음이 약하여 흔들리는 성도들 있습니다. 주님께서 손을 대사 저들을 구원해 주시옵소서. 부활하신 주님을 영접하여 온전히 새롭게 지음 받는 놀라운 역사를 나타내 주시옵소서. 은혜를 찬양하면서 하나님을 즐거워하게 하시옵소서.

오늘, 저희들에게 하나님을 대신하여 부모를 주시고, 부모의 헌신으로 저희들이 살아왔음을 감사드립니다. 부모의 은혜에 감사할 때, 하나님의 사랑하게 하시옵소서. 우리들 중에, 혹시 부모를 일찍 여의고 지내는 이들에게는 하나님께서 친히 부모가 되어 주시옵소서.

예수님의 이름으로 기도드립니다. 아멘.✚

5월 3주

사랑의 하나님,

지난 시간의 삶, 주님께서 주신 시간들을 어떻게 보냈는지 살펴보게 하시옵소서. 하나님께 드려도 떳떳한 삶을 살았는지 돌아보기 원합니다. 저희들의 죄로 주님의 시간들을 얼룩지게 하였사오니 용서해 주시옵소서. 갈보리의 십자가에서 흘리신 보혈로 저희들을 성결케 하여 주시옵소서.

낮에는 성령강림절로 지키었으니, 오늘은 특별히 저희 교회에 예배의 성령님의 충만하심을 보게 하시옵소서. 모든 순서에 성령님의 충만하심이 있으시기를 빕니다. ○○의 지체들이 영과 진리로 예배하게 하시며, 하나님을 만나는 은혜의 시간이 되게 하시옵소서. 거룩하고 복된 시간에 모인 저희들의 온 몸으로 주님께 영광을 드리게 하시옵소서.

하나님 아버지, 저희들이 거저 받은 은혜로 이웃에게 손을 벌리게 하시옵소서. 가정에서 사랑을 받지 못하고 가엾게 지내는 이들, 외로운 이들 슬픈 이들, 병원에 입원한 이들에게 다가가게 해주심을 빕니다.

이 밤에, 저희 교회의 어려움을 당하고 있는 지체들에게 하늘이 문이 열려지는 은혜를 보여 주시옵소서. 병중에 고생하는 이들은 회복케 하시는 하나님의 대하게 하시고, 재정적으로 궁핍한 이들에게는 하나님의 부요케 하시는 은혜를 보여 주시옵소서.

예수님의 이름으로 기도드립니다. 아멘.+

5월 4주

　인애하신 하나님,

　오늘도 예수님의 보혈로 씻어 주시고, 주님의 찬양하도록 교회로 불러 주신 은혜에 감사드립니다. 찬양 예배로 다시 모였으니, 하나님께 합당한 예배를 드리기 원합니다. 성령의 인도하심에 따라, 우리 주님을 찬양하게 하시옵소서. 이 모임에서 주님의 이름이 높여지고, 하나님은 영광을 받으시옵소서.

　목사님의 입술을 통하여, 준비된 말씀에도 성령님의 역사가 크게 나타나기 원합니다. 그래서 하늘 우레의 말씀으로 듣게 하시옵소서. 하나님의 말씀으로 이 시대를 살아가는 저희들이 되게 하시옵소서. 저희들의 힘과 시간과 재능으로 주님을 영화롭게 해드리기 원합니다.

　하나님 아버지, 우리들, ○○의 지체들을 돌아보셔서 긍휼하심을 보여 주시옵소서. 성령님의 인도하심에 예민한 삶을 살기 원합니다. 성령님의 감동하심으로 우리를 인도하시는 아버지 하나님의 손길을 바라보게 하시옵소서. 그리하여 단 몇 분 동안이라도 말씀을 묵상하고 찬송하는 삶을 살기를 소망합니다.

　하나님의 손길을 간절히 기다리는 지체들이 있어 빕니다. 어려움에 빠져서 허우적거릴 수밖에 없는 이들에게 구원하심을 보여 주시옵소서. 우리를 세상의 문제에서 구해주시는 하나님을 보게 하시옵소서.

　예수님의 이름으로 기도드립니다. 아멘. +

6월 1주

하나님 아버지,

지난 주간에도 어둡고 험악한 세상에서 방황하며 살았습니다. 아버지의 영광과 뜻을 드러내기 보다는 우리의 육신의 안일과 평안만을 추구할 때가 많았습니다. 인간의 생각을 따르는 불신앙의 모습으로 살았습니다. 저희들의 죄를 용서해 주시옵소서.

오늘, 참 아름다운 밤에 하나님은 영광을 받으시기 원합니다. 주 하나님의 은혜로 다시 모인 성도들을 축복합니다. 벌써 초여름의 시원한 바람이 불어와 주님을 크신 느끼게 합니다. 저희들이 주님의 마음을 닮지 못하고 허영과 시기와 미움으로 살아왔사오니, 이 밤의 예배로 고쳐주시옵소서.

전능하신 아버지여, 우리가 사는 세상의 모든 것이 아버지의 장중에 있음을 알면서도 우리의 삶의 모습은 그 뜻대로 따르지 못하고 세상을 좇아갈 때가 많습니다. 아버지의 지혜를 허락해 주시옵소서.

곧 현충일을 맞이합니다. 나라를 사랑하고, 민족을 위하여 자신을 버린 국가유공자들을 잊지 않게 하시옵소서. 일제의 식민치하와 한국전쟁, 그리고 끝나지 않은 민족분단의 비극에서 목숨을 잃은 이들이 많습니다. 그들의 나라 사랑을 저희들이 본받기를 원합니다. 온 국민이 국가유공자와 보훈가족을 돌아보게 해주시기를 빕니다.

예수님의 이름으로 기도드립니다. 아멘.✝

6월 2주

크게 자비하신 하나님,

주님의 은혜가 아니었던들 저희들의 삶은 두려움뿐이었을 것입니다. 느닷없이 일어나는 사고와 사건들 속에서 지켜주셨음을 기억합니다. 이 밤에 다시 모였습니다. 찬양 예배를 드리면서 하나님을 경배하는 ○○의 지체들로 인도해 주시옵소서.

이 거룩한 밤은 하나님의 사랑을 누리며 주일을 성수하던 저희들에게 축복입니다. 이 밤에 우리 하나님께 영광을 드리기 원합니다. 말씀을 준비하시고, 단에 계신 목사님의 신원을 강건케 해주시옵소서. 그의 입술에 말씀의 권세를 붙여 주시옵소서. 그 말씀이 저희들에게 생명의 양식이 되어, 오고 오는 시간들 속에서 믿음으로 살게 하시옵소서.

하나님 아버지, 우리 교회 안에도 사업의 실패와 병마의 고통과 마음의 시험 등으로 괴로워하는 이들이 있으니 성령님께서 위로하시고 도와주시옵소서. 연약한 지체들, 한 사람, 한 사람을 붙들어 주시고, 일으켜 주시옵소서.

하나님의 베푸신 은혜 안에서 ○○의 성도들은 새로운 소망을 갖게 하시옵소서. 하나님의 사람으로 살도록 불러주신 이유에 맞게 살도록 하시옵소서. 이로써 우리 주님의 피 값으로 사신 교회를 온전하게 이룸으로써 하나님나라의 평강을 맛보게 하시옵소서.

예수님의 이름으로 기도드립니다. 아멘.✛

6월 3주

은혜가 풍성하신 하나님,

이 밤에 머리를 숙일 때, 죄가 눈앞을 가리고 있습니다. 저희들의 양심이 괴로울 만큼 여러 가지의 죄와 허물이 많이 있습니다. 모든 죄를 자복하고 회개하니 주님의 깨끗케 하시는 보혈로 씻어 주시옵소서.

예배에 임하시는 성령님께서 저희를 새롭게 만들어 주시기 원합니다. 성령님의 크신 감동으로, 새로운 목소리로 아버지께 영광을 드리기 원합니다. 예배하면서 바라기는, 형식적으로 이 자리에 모인 성도들이 되지 않게 하시옵소서. 오히려, 주님의 시간을 사모하고 기다렸다가 모인 지체들이기 원합니다.

하나님 아버지, 나라를 위하여 간구합니다. 정치하는 이들이나 국방을 지키는 이들에게 은혜를 내리시어 하나님 두려운 줄 알게 하시고, 하나님의 뜻을 분별하는 지혜를 주시옵소서. 이 민족 위에 하늘의 복으로 민주의 꽃이 피어나게 하시옵소서.

이 민족을 위해서 ○○ 교회가 지향해야 할 과제를 바로 인식하게 하시옵소서. 저희들에게 나라와 위정자들을 위하여 기도를 쉬지 않게 하시옵소서. 한국전쟁의 아픔이 우리의 가슴을 무겁게 합니다. 이 전쟁으로 아직도 고통을 당하고 있는 이들에게 은혜를 내려 주시옵소서.

예수님의 이름으로 기도드립니다. 아멘.+

6월 4주

영원히 찬양받으실 하나님,

저희를 위해 희생 제물이 되신 예수님을 찬양합니다. 그리스도의 보혈로 씻음을 받고, 주님 앞으로 나왔습니다. 이 밤에도 온 땅이 주의 이름을 찬양한다면, 저희들은 하나님이 받으시기에 마땅한 경배를 드리게 하시옵소서.

저희들의 죄를 뉘우치며, 회개하니 용서해 주시옵소서. 이 시간에, 저희들이 살아온 삶을 뒤돌아보며 회개합니다. 사람들의 눈초리와 비판을 두려워하면서도, 하나님의 불꽃같으신 눈초리는 생각하지도 않았습니다. 하나님을 외면하고, 인간의 욕심에 따라 행실을 일삼았던 부끄러운 삶을 회개하는 저희들을 용서해 주시옵소서.

영광으로 계신 하나님, 오늘, 찬양 예배의 모임이 향기로운 제사되게 하시옵소서. 주일을 성수하도록 인도해주신 은혜를 감사하면서 찬양으로 영광을 바치기 원합니다. ○○에 속한 권속들이 하나님을 사랑하기에 게으르지 않게 하셨으니 감사드립니다.

이 시간에, 우리 주변의 지체들을 위하여 부르짖는 심정으로 간구합니다. 질병으로 신음 중에 있는 이웃들, 특히 연약한 이들의 건강이 염려스럽습니다. 또한 ○○의 전 성도들이 주님의 나라를 상속받기 위해 경건한 자녀로 살게 하시고, 주님의 백성으로 지내게 하시옵소서.

예수님의 이름으로 기도드립니다. 아멘.+

6월 5주

　우리를 불쌍히 여기시는 하나님,
　예배하러 나와 주님의 십자가를 바라보니 눈물이 앞섭니다. 주님을 의지한다 하면서도 눈에 보이는 것들에 마음을 두고 살았음을 회개합니다. 하나님의 나라보다는 세상 속에서 욕심과 정욕을 따라 살았음을 용서해 주시옵소서.
　오늘, 찬양 예배의 시간에 하나님의 영광이 이 자리에 가득하게 하시옵소서. 주님의 말씀을 생명의 양식으로 받아 심령이 배부르게 하시옵소서. 그 말씀으로 새 생명을 얻은 기쁨 속에 살아가는 저희들로 이끌어 주시옵소서.

　교회를 세우시고, 일꾼을 선택하신 하나님, 주님의 교회에서 일꾼으로 부름을 받은 이들을 깨워주시옵소서. 저희들에게 죽어가는 영혼들을 불쌍히 여기는 마음이 불일 듯 일어나게 하시기 원합니다. 교회의 각 기관과 부서들이 세우신 목적을 따라 아름답게 교회를 섬기기에 부족함 없게 하시옵소서.
　이 나라를 하나님의 손에 부탁드립니다. 붙들어 주시옵소서. 다시는 외국의 세력에 나라를 빼앗기거나 전쟁이 있지 않게 해주시옵소서. 우리 주변이 가난한 이웃들에게 하나님의 부요케 하시는 은혜를 내려주시옵소서. 생존의 위기로 고통당하는 이들의 눈물을 씻겨 주시옵소서.
　예수님의 이름으로 기도드립니다. 아멘.✝

7월 1주

  찬양으로 영광을 받으셔야 할 여호와여,
  하나님의 귀하신 이름을 영원부터 영원까지 송축합니다. 맥추감사절을 지키게 하시고, 베풀어주신 은혜에 감사하는 예배를 드리게 하셨습니다. 모든 주님의 백성들이 여호와를 찬양하게 하시옵소서.
  이 시간에, 저희를 용서해 주시옵소서. 무지한 저희들은 다 양 같아서 각기 제 길로 가는 생활을 하였습니다. 교회 안에서는 주님을 사랑하노라 고백하고, 생활현장에서는 눈에 보이는 것에 마음을 내어주는 저희들이었습니다. 독생자를 보내주신 사랑, 대속의 은총으로 저희의 죄를 용서해 주시기 원합니다.

  하나님 아버지, 첫 열매를 거두어 감사하게 하신 하나님께서 언제나 풍성하게 하심을 찬양하는 예배가 되기 원합니다. 생명에 이르는 말씀을 전해주시는 목사님을 강하게 붙들어 주시옵소서. 그 입술의 권세 있는 말씀으로 저희들의 심령이 새로워지기를 빕니다.
  주 하나님의 그 크신 팔로 감싸 안아 주시는 은혜를 기억하며 예배할 때, 영광을 받아주시옵소서. 이 한 시간의 예배를 위하여 봉사하는 많은 손길들을 축복합니다. 이 예배로, 믿음으로 나아가기를 결단하게 하시옵소서. 날마다 주님의 은혜로 살아가기를 다짐하게 하시옵소서.
  예수님의 이름으로 기도드립니다. 아멘.+

7월 2주

전능하신 하나님,

만물이 하나님을 찬양하는 이 시간에, 주님의 이름으로 모였습니다. 여기에 모인 저희들을 주님의 백성으로 삼으셔서 영광을 받아 주시옵소서. 주일 밤에, 예배로 모인 성도들이 복되신 주님을 찬미하게 하시옵소서.

이미 찬송으로 시작된 예배, 마칠 때까지 성령님의 충만하심을 소원합니다. 하나님께서 친히, 이 예배를 주관해 주시옵소서. 예배의 순서를 담당한 종들에게 성령님께 이끌림을 받게 하시고, 하늘 보좌에 영광이 되게 하시옵소서. 저희들은 하나님을 만나게 하시옵소서.

하나님 아버지, 이 시간에, 간절히 간구하오니 성도들이 복되게 하시옵소서. 귀한 ○○의 지체들이 영적으로나 육적으로 잘 되어서 하나님의 은혜에 감사하기 원합니다. 성도들의 가정과 자녀들 그리고 직장의 일들과 사업장에 복을 내려 주시기 원합니다. 하나님의 복을 받은 증인이 되어 세상에서 소금과 빛으로 살게 하시옵소서.

교회를 떠나가기 전에 새로워지는 결단을 하기 원합니다. 옛사람의 생활을 거절하는 용기를 갖고 교회의 문을 나서게 하시옵소서. 저희를 사랑하여 주셔서 ○○ 교회가 평안 가운데 있게 하시고, 주님의 그 크신 능력의 팔로 붙들어 주시옵소서.

예수님의 이름으로 기도드립니다. 아멘.+

7월 3주

　찬송과 영광의 주인이 되시는 하나님,
　주님의 크신 이름을 높여드립니다. 주일, 이른 새벽의 시간에서 지금까지 저희들을 지켜주셨음에 감사합니다. 이 자리에 나올 수 있도록 믿음을 주시고, 이끌어 주신 사랑 앞에 영광을 드립니다.
　이 시간에, 저희들의 모자라기 그지없는 모습을 주님께 내어 놓습니다. 저희의 죄를 십자가의 보혈로 씻어 주시옵소서. 하나님께서 지으신 날을, 하루하루 또는 시간 시간을 아무 생각 없이 거저 되는 대로 살아온 저희들입니다. 사유하시는 은혜로 용서해 주시옵소서.

　하나님 아버지, 이 주간에도 저희들이 손으로 하는 일마다 30배, 혹은 60배, 100배의 결실을 맺게 하시옵소서. 이로써 그 열매를 가지고 하늘의 하나님께 영광을 드리면서 세상을 섬기게 하시옵소서. 가난한 자들이나 굶주린 이들에게 거저 주고, 베풀어 주는 저희들이기를 빕니다. 도와 달라 하는 이들의 손을 거절하지 않고, 섬기게 하시옵소서.
　민족의 흥망성쇠를 다루시는 하나님, 이 민족을 불쌍히 여겨주시옵소서. 하나님의 공의가 강물처럼 흐르는 사회를 만들어주시며, 이 땅 곳곳에 주님을 두려워하는 모습들이 나타나기를 원합니다. 저희 교회가 민족에 대한 사명을 갖고 이 나라와 백성들을 섬기게 하시옵소서.
　예수님의 이름으로 기도드립니다. 아멘. ✚

7월 4주

　자기 백성을 지켜주시는 하나님,
　오늘 주일에, 저희를 새롭게 하시고, 불꽃같은 눈동자로 지켜 주신 사랑에 감사합니다. 성령님의 능력으로 일으켜 주시고, 주님을 바라보게 하심에 찬양을 드립니다. ○○의 지체들에게 주일을 거룩하게 보낼 수 있도록 복을 주셨습니다.
　하나님을 찬양하는 찬송 소리가 하늘에 닿기를 빕니다. 설교를 준비하신 목사님께 성령의 능력이 더해지기 원합니다. 하나님의 지혜로 말씀을 전하게 하시기 원합니다. 이제, 저희들은 왕 앞에 선 신하와 같이 말씀을 듣게 하시옵소서. 말씀으로 새 힘을 얻게 해 주시옵소서.

　하나님 아버지, 주님의 형제와 자매들이 남의 잘못이나 허물이 있을 때마다 자신을 먼저 돌아보는 사랑으로 충만하기 원합니다. 진정으로 감싸주고, 피차 덕 세우기를 힘쓰는 사랑하는 저희들로 만들어 주시옵소서. 하나님의 나라를 넓혀가야 할 일꾼답게 나라와 사회에서 일어나는 문제들에 대하여 책임지고 기도하게 하시옵소서.
　저희들에게 주신 것을 가지고 이웃에게로 나아가게 하시옵소서. 아직도 가난한 이들이 우리 곁에 많습니다. 그들에게 주님께서 주신 것들을 나누어주도록 저희들의 손을 펴주시옵소서. 이로써 성도의 사명을 다하게 하시옵소서.
　예수님의 이름으로 기도드립니다. 아멘.+

8월 1주

구원을 이루시는 하나님,

하나님은 우리를 여전히 사랑하시고 자녀로 삼고 계심을 감사드립니다. 그 은혜에 감사하며 이 시간에, 우리의 추한 모습을 고백하니 주님의 십자가의 능력으로 용서해 주시옵소서. 바리새인과 조금도 다름없었던 종교적인 신앙을 버리게 하시옵소서.

새벽의 이슬보다 아름다운 주님의 권속들이 예배드립니다. 솔로몬처럼 믿음으로 예배하는 ○○ 교회의 공동체가 되기 원합니다. 삶의 주인이 되시는 하나님께 저희들의 모든 것을 드리게 하시옵소서. 주님의 시간에 하나님을 찬양하는 삶의 예배가 되게 하시옵소서.

하나님 아버지, 지금, 하나님의 말씀을 듣도록 귀를 열어 주시옵소서. 단에 오르신 목사님께서 말씀을 전하실 때, 하나님의 음성을 듣게 하시옵소서. 그 말씀으로 하나님을 만나도록 해주시옵소서. 그 말씀이 저희들에게 하나님이 심판과 위로하심이 되기를 원합니다.

교회에 속한 성도들의 가정에 건강한 몸과 사랑의 마음과 봉사의 생활이 늘 풍성한 삶을 허락해 주시기 원합니다. 물질의 넉넉함을 주심과 동시에 신앙적으로 풍요하게 이웃을 위하여 희생하는 가정들이 되게 하시옵소서. 아울러 경제적인 어려움으로 고난을 당하는 이들, 또는 지병으로 고통을 당하는 이들에게 은혜를 베풀어주시옵소서.

예수님의 이름으로 기도드립니다. 아멘.+

8월 2주

민족을 사랑하시는 하나님,
 주님 앞에서 우리를 돌이켜 볼 때, 부끄럽습니다. 곧 광복절을 맞이하면서 나라를 사랑함에 부족했음을 회개합니다. 이 나라에 하나님의 복 주심을 간구하기에 게을렀음을 용서해 주시옵소서. 불신자들과 조금도 다름없이 살았음을 회개합니다.
 찬양 예배로 머리를 숙인 ○○의 지체들을 보아 주시옵소서. 저희들의 우둔한 귀를 열어서 말씀을 듣게 하사, 주님을 위해 살겠다는 다짐을 허락하시옵소서. 예배를 마치고, 다시 세상으로 나가서 살 때, 보냄을 받은 일꾼처럼 순종하게 하시옵소서. 짧은 시간에 드려지는 예배이지만, 신령과 진정을 다하게 하시옵소서.

 하나님 아버지, 광복절을 맞이하면서 나라 사랑에 대한 다짐을 하게 하시옵소서. 저희들의 입으로, 또한 손이나 발로 하나님의 나라가 이 땅에서 이루어지도록 쓰임을 받는 일꾼들이 되게 하시옵소서. 주님의 영광을 위하여 헌신을 다짐하게 하시옵소서.
 이 민족이 하나님께 영광을 드리도록 기도하는 저희들이기를 빕니다. 이 백성의 삶에 깊게 개입하시어, 이 땅에 예수님의 사랑으로 정의와 평화가 깃드는 민족의 통일을 이루어 주시옵소서. 둘로 쪼개진 강토가, 갈라진 사람의 마음들이 하나 되게 하시옵소서.
 예수님의 이름으로 기도드립니다. 아멘.✝

8월 3주

만물의 주인이신 하나님,

영광 가운데 영광으로 계신 하나님의 존귀하신 이름을 높여드립니다. 이 시간에 함께 모인 모든 성도들이 전심으로 주를 찬송하고, 영원토록 주님의 이름에 영광을 돌립니다. 여호와는 모든 나라보다 높으시며, 주님의 영광은 하늘보다 높으십니다.

이 밤에, 저희들을 불러 주셨으니, 오직 주님을 기쁘시게 해드리는 예배의 모임이 되게 하시옵소서. 오늘도 목사님을 세워주셨음에 감사드립니다. 연약한 영혼을 위해서 생명의 말씀을 준비하게 하셨으니 정말로 감사합니다. 목사님의 입술을 통하여 말씀이 전해질 때, 저희들의 심령을 새롭게 하시는 하나님의 말씀만 선포되기 원합니다.

하나님 아버지, 아버지께서 다스리시는 시간 속에서 저희들을 지켜 주셨음에 감사드립니다. 날마다 좋은 것들로 저희를 만족하게 하시니, 그 은혜를 새롭게 기억합니다. 그 은혜로 보살펴 주심에 찬양으로 영광을 드립니다. 주일을 중심으로 우리에게 베풀어주시는 은혜로 세상을 살아가게 하시옵소서.

○○의 지체들이 때로는 홀로 방주를 예비하던 노아와 같은 외톨이로 하나님께 집중하게 하시고, 때로는 어렵게 지내는 이들을 향해 손을 펴는 고넬료와 같은 경건함의 삶으로 인도해 주시옵소서.

예수님의 이름으로 기도드립니다. 아멘. +

8월 4주

성령으로 임하시는 하나님,

종일동안 거룩하게 지켜주셨다가 다시 모여 영광과 찬송을 하나님께 드립니다. 그 무한한 은혜와 사랑을 다시 사모할 수 있게 하심을 감사드립니다. 우리의 심령 속에 성령님의 충만하심으로 뜨겁게 하시든지, 아니면 차게 하여 주시옵소서.

찬양으로 예배하는 이 밤에, 진리의 빛과 은총의 향기로 가득 채워주시고 삶의 용기와 지혜를 다시 얻게 하여 주시옵소서. 주님이 우리 마음에 오시면 저 밝은 하늘이 열리고 주의 빛이 저 넓은 대지를 비취는 것처럼, 죄와 슬픔과 고뇌는 사라지고 활기찬 생명의 능력이 우리의 심령 속에서 용솟음쳐 오르리라 믿습니다.

하나님 아버지, 아브라함의 기도를 들으시고, 그 성읍을 멸하지 아니하셨음을 기억합니다. 여호와 앞에서 제가 간구한 이 말씀이 주야로 우리 하나님 여호와께 가까이 있게 하시기 원합니다. 이 시간에, 우리 교회가 하나님께 칭찬을 받는 공동체가 되기를 원합니다.

이 예배를 마치고, 저희들은 삶의 현장으로 나아갑니다. 하나님의 영광을 선포하고, 복음의 증인으로 살라하신 세상으로 들어갑니다. 주님의 이름으로 보내심을 받은 삶의 자리에서 흩어진 교회로서의 사명을 감당하게 하시옵소서.

예수님의 이름으로 기도드립니다. 아멘.✝

9월 1주

　불쌍히 여기시는 하나님,
　이 밤에도 저희를 죄악이 관영한 곳에 머물지 않게 하시고, 하나님께로 불러주신 사랑에 탄복하며 감사드립니다. 주님의 사랑은 측량할 수 없으신데, 저희는 늘 죄짓는 생활뿐이었습니다. 저희들을 용서해 주시고, 십자가의 보혈로 정케 하여 주시옵소서.
　아직, 여름의 열기가 대지에 남아있지만 밤은 일찍 어둡습니다. 이 시간에, 예배하면서 계절의 변화를 통한 하나님의 말씀을 듣게 하시옵소서. 예배의 순서를 주장하시고, 머리를 숙인 ○○의 지체들에게 성령님의 충만하심을 사모하게 하시옵소서.

　하나님 아버지, 교회를 위해서 기도합니다. 교회 내의 기관마다 주님께서 붙들어 주시기 원합니다. 세우신 종들마다 사랑하여 주셔서, 주님의 몸 된 교회를 위하여 죽도록 충성하게 하시옵소서. 먼저 일꾼 된 제직들이 헌신의 본을 보이게 하시옵소서. 목사님이 목회를 도와 교회를 부흥성장 시키는 일에 헌신하게 하시옵소서.
　저희들의 영혼에 항상 성령의 은혜가 생수의 강같이 흘러넘치게 하셔서, 죄를 이기고 사단을 이기는 승리의 삶이 되게 하여 주시기 바랍니다. 주 예수님께서 저희 가운데서 영광을 받으시고, ○○ 교회의 권속들은 주님 안에서 영광되기 원합니다.
　예수님의 이름으로 기도드립니다. 아멘.+

9월 2주

예배를 받으시는 하나님,
주일 밤의 예배로 모인 여기에, 여호와의 영광이 머무르고 있음을 찬송합니다. 이 전에 모인 이들로 하여금 주님의 영광을 찬양하고 영화롭게 하시옵소서. 마땅히 드릴 영광을 찬미하는 ○○의 권속이 되게 하시옵소서.
신령과 진정으로 드리는 예배가 되기 원합니다. 이미 찬양과 경배로 시작된 예배를 마칠 때까지 주관해 주시기 원합니다. 말씀을 준비하신 목사님께 성령으로 감동해주시고, 하나님의 뜻이 온전히 선포되기 원합니다. 그 말씀으로 주님의 뜻을 분별하여 새로워지게 하시옵소서.

하나님 아버지, 하나님의 자녀들로 이루어진 주님의 몸 된 공동체가, 세상에서 방황하며 인생의 무거운 짐을 지고 고통을 겪고 있는 심령들에게 주님의 약속하신 신령하고 기름진 복을 나눠주게 하시옵소서. ○○의 지체들이 몸을 드려 헌신할 때마다 저들의 심령 속에 주님 사랑하는 기쁨이 충만하게 하시옵소서.
예배를 마치고, 다시 저희들의 가정으로 돌아갈 때, 세상 속에서 하나님의 영광을 구하게 하시옵소서. 저희들의 손이 주님의 손이 되어 착한 행실의 열매를 맺게 하시옵소서. 그리하여 한 주간 동안에 세상을 향해 복음을 전하고, 빛과 소금이 되어 살게 하시옵소서.
예수님의 이름으로 기도드립니다. 아멘.+

9월 3주

전능하신 하나님,

천국의 백성이 주님의 발등상 앞에서 경배합니다. 저희들에게 이 밤에 다시 나와서 예배하도록 허락해 주셔서 감사합니다. 추석 명절의 앞이라 많은 지체들이 명절의 준비로 분주한 듯합니다. 주일의 은혜를 저희 모두 누리게 하시옵소서.

주님의 이름을 찬양하면서 예배를 드립니다. 이 시간에, 저희를 깨닫게 하시고, 의와 진리로 이끌어 주시는 성령님을 찬미하는 예배이게 하시옵소서. 이 예배를 위해서 수고하는 일꾼들에게 은혜와 진리로 충만하게 하시옵소서.

하나님 아버지, 이 나라, 이 민족을 극진히 사랑해 주시옵소서. 지난날의 전쟁과 파괴와 원수 됨과 미움의 죄악 속에서 건져 주신 은총에 찬양을 드립니다. 온 가족이 모이는 추석을 맞이해서 평화와 화해의 나라가 되게 하시옵소서.

아울러 저희 우리 ○○ 교회는 사랑과 은혜의 교회가 되며 회복하는 공동체가 되도록 이끌어 주시옵소서. 어린아이부터 장년에 이르기까지 날마다 새로워지는 기쁨의 삶을 살아갈 수 있도록 도와주시옵소서. 아직도 병으로 고통을 겪고 있는 지체들이 있으니, 그들에게도 건강을 속히 회복하여 기쁨의 추석이 되게 하시옵소서.

예수님의 이름으로 기도드립니다. 아멘.+

9월 4주

　영원히 왕이신 하나님,
　언제라도 찬양을 받으실 하나님을 즐거워합니다. 저희를 위해 희생 제물이 되신 예수님을 찬양합니다. ○○ 교회의 권속이 다시 모인 지금, 하나님은 영광을 받으시옵소서. 여기에 모인 지체들이 하나님께서 받으시기에 마땅한 경배를 드리게 하시옵소서.
　하나님의 충만하심으로 그 영광이 나타나고 있습니다. 영원히 왕이신 하나님을 찬양하는 예배를 드리게 해주시옵소서. 목사님의 입을 빌려서 선포되는 주님의 말씀을 듣게 하시기 원합니다. 목사님께서 말씀을 전하실 때, 하나님의 음성으로 듣게 해주시옵소서. '아멘'으로 받고 결단으로 새롭게 거듭나는 설교가 되게 하시옵소서.

　하나님 아버지, 여기에 모인 성도들이 하나님의 말씀으로 하나 되기를 원합니다. 이 교회가 주님의 몸으로서 세상을 향해서 구원의 방주가 되어야 하는 일에, 온 성도들이 섬기게 해주시옵소서. 우리가 살고 있는 이 지역에서 죄인들의 영혼을 구원에 이르게 하시옵소서.
　우리 교회가 주님의 사랑을 전하기에 열심을 내게 하시옵소서. 사람으로서는 감당하기에 어려운 지체들에게 그들을 돕는 손길을 펼치게 하시옵소서. 사도들과 같이 예수님의 이름을 주는 교회이기를 빕니다. 그 은혜로 하늘의 영광이 저희들의 가슴에 차고 넘치게 하시옵소서.
　예수님의 이름으로 기도드립니다. 아멘.+

9월 5주

나의 하나님, 나의 아버지여,

입술을 크게 벌려 주님을 찬양합니다. 우리를 한 번도 실망시키신 적이 없으셨던 주님을 찬양합니다. 이 예배에 모인 이들이 거룩하신 주님을 찬양하되 마음껏 찬양하게 하시옵소서. 저희들에게 주일을 성수할 수 있는 복을 주셨음에 감사드립니다.

이 밤에, 하나님께 영광을 드리고, 그 은혜로 저희들은 생명의 삶을 누리기 원합니다. 오늘, 저희들을 위하여 목사님께서 말씀을 준비하게 하셨음에 감사드립니다. 저희들을 생명의 진리에로 이르게 하시옵소서. 이 예배가 하나님께 영광이 되도록 예배의 순서도 다스려 주시옵소서.

하나님 아버지, 이제, 곧 국군의 날입니다. 나라의 부름을 받고, 복무하는 그들을 축복합니다. 우리 군인들에게 무한한 힘의 근원이신 주님께서 함께 하도록 하시옵소서. 간절히 구합니다. 전능의 팔을 펴서 우리의 남녀 군인들을 강건하게 하시옵소서.

예배하는 ○○의 지체들에게 가족구원의 은혜를 내려 주시옵소서. 부모와 자녀가 함께 하나님을 경외하도록 인도해 주시옵소서. 먼저 가정에서 교회를 경험하게 하시며, 부모는 자녀들에게 가정 목회자가 되게 하심을 빕니다. 부모의 신앙이 자녀들에게 물려지게 하시옵소서.

예수님의 이름으로 기도드립니다. 아멘.+

10월 1주

찬양을 받으실 여호와여,

영원히 멸망을 받아 마땅했던 저희들을 구원의 반열에 서게 하시고 보호해 주셨음에 대하여 감사드립니다. 불신자들과 어울려야 했으며, 하나님을 대적하는 세력과 같이 있었으나 믿음으로 살게 하셨음을 감사드립니다.

주님께서 베풀어 주신 은혜를 기억하면서 찬양과 감사로 예배하는 한 시간이기를 원합니다. 온 산과 들이 단풍이 들어 하나님을 향하여 노래하듯이, 가을에 주님께서 행하신 일들, 우리에게 열매를 맺게 하신 것들을 기뻐하면서 영광을 드리기 원합니다.

하나님 아버지, 저희들이 하나님 앞에서 살아갈 때, 하나님의 영광을 가로채려 하는 마귀를 대적하게 하시옵소서. 우리를 믿음에서 떨어지도록 하는 세상의 유혹들을 물리치게 하시고, 때로는 잠간의 손해를 본다 해도 하나님 우선의 자리를 놓치지 말게 하시옵소서.

늘 성령님으로 충만하기를 사모하도록 하시고, 마귀의 유혹을 분별하도록 해주시옵소서. 찬양예배로 모인 이 자리에 주님의 사랑과 은혜를 사모하는 이들에게 풍성한 은혜를 허락해 주시옵소서. 이 예배로 주일을 온전히 성수한 지체들에게 복에 복이 더하는 은혜를 풍성하게 하시옵소서.

예수님의 이름으로 기도드립니다. 아멘.✛

10월 2주

홀로 찬양을 받으실 하나님,

온 성도들이 여호와 앞에 엎드려 예배하기를 원합니다. 분주해야만 하였던 일상의 삶을 쉬고, 종일을 예배하는 시간으로 보내려 합니다. 참 안식의 하루를 온전히 주님께 드리려고 모였습니다. 이 시간에 찬양과 경배를 주님께 드립니다.

○○ 교회와 양떼를 위하여 목사님을 보내주셨음에 감사합니다. 목사님께서 저희들을 위하여 설교 준비를 하시고 성령님의 감동하심으로 교회를 인도하게 하시옵소서. 진심으로 자기의 양을 사랑하는 목자의 마음으로 성실하게 사역하시도록 이끌어 주시옵소서.

자비로우신 주님, 이 시간에, ○○의 지체들 중에, 어려움을 겪고 있는 이들이 있어 간구합니다. 우리 곁에는 집을 떠나 있는 이들이 있습니다. 가족이 한 상에 들러 앉아 먹고, 마셔야 하건만 생활이 어려워 떨어져 있는 이들에게 복을 더하시옵소서. 생활의 어려움이나 직장의 때문에 가정을 떠나 있는 사람들에게 복을 내려주시옵소서.

이 밤에도 하나님의 나라와 의를 먼저 구하는 저희에게 이 모든 것이 더하여 지는 복이 임하기 원합니다. 저희들에게 하나님의 나라를 먼저 구하게 하시며, 세상에 대하여 주님의 자비하심을 나타내는 청지기로 살도록 인도해주시옵소서.

예수님의 이름으로 기도드립니다. 아멘.+

10월 3주

　교회를 지키시는 하나님,
　세상을 다스리시며 교회를 보호하시는 하나님께 영광을 드립니다. 주님의 이름으로 모인 저희들로부터 찬양을 받으시고, 영광을 취하시기 원합니다. 여호와는 위대하시니 우리 하나님의 성, 거룩한 산에서 극진히 찬양 받으시리로다.
　이 시간에, 신령과 진정으로 예배하는 한 시간이기를 원합니다. 예배하도록 정해주신 시간에, 다시 예배당을 찾은 ○○의 성도들에게 은혜로 풍성하게 하시옵소서. 하나님께 영광이 되도록 예배하게 하시옵소서. 여전히 부족하지만, 이 시간의 예배를 통해서 걸음이 실족치 않게 하시고, 예배하는 은혜로 악에서 떠나 선을 행하게 하시옵소서.

　하나님 아버지, 죄로 얼룩진 세상에서 저희를 긍휼히 여겨 주시옵소서. 저희를 사랑해 주시옵소서. 아직도 이 사회에는 불의와 모순이 있습니다. 구석구석이 어둡고, 사람은 악해졌사오니 이 나라에 주님의 공의가 있게 하시옵소서.
　이 주간에도 사랑하는 지체들이 자기의 길을 하나님께 맡기게 하시옵소서. 하나님의 도우심을 바라며 지내게 해주시옵소서. 우리의 모든 경영과 계획을 주께서 아시오니 선하신 뜻 안에서 이루어져 영광스런 열매를 맺게 해주실 것을 확신하면서 감사드립니다.
　예수님의 이름으로 기도드립니다. 아멘.✚

10월 4주

인자하신 하나님,
온 인류를 위해 갈보리에서 고통의 십자가를 지신 주님을 묵상합니다. 오늘, 우리는 고난 주간에 주님의 그 고난의 순간을 생각합니다. 죽음을 아시고도 그 죽음을 향해 묵묵히 걸어가신 주님의 크신 사랑, 죄인 된 우리는 오직 감사뿐입니다.
자기의 좋은 생각에 따라 멋대로 살던 저희들이었습니다. 주님 앞에 서기만 하면, 저희는 자신 속에 있는 교만과 미움을 봅니다. 또한 완악함으로 가득 찬 마음을 감출 수 없음을 고백합니다. 주님의 사랑과 긍휼로 이 더러움을 깨끗이 씻어 주시고, 용서해 주시옵소서.

하나님 아버지, 오늘, 걱정스럽고 어렵게 보내는 모든 사람들에게 복을 주시옵소서. 병원에서 수술을 기다리는 사람들, 아주 중요한 결정을 내려야만 하는 사람들을 지켜 주시옵소서. 특히, 수학능력고사를 보아야 하는 학생들과 학업을 마치고 새 직장에 찾는 이들에게 복을 내려 주시기 원합니다.
하나님께 마음을 정하여 예배하는 ○○의 지체들에게 복 된 시간이 되게 하시옵소서. 말씀을 준비하신 목사님께 영력과 지혜를 더하여 주시옵소서. 이 주간에도 주 안에서 승리하기를 원합니다. 우리의 믿음과 주님의 돌보심 가운데서 늘 굳건히 살게 하시옵소서.
예수님의 이름으로 기도드립니다. 아멘.+

11월 1주

　자기 백성을 찾으시는 하나님,
　주님의 사랑으로 살던 주님의 자녀들을 보아 주시기 원합니다. 좋으신 아버지를 예배하기 위하여 이렇게 모였습니다. 저희들의 더럽기 짝이 없는 죄를 회개하고, 새 사람으로 태어나려고 모였습니다.
　이 밤에, 예배하면서 모든 성도들이 자신을 돌아보고 맡겨주신 사명을 감당하기를 다시금 다짐하게 하시옵소서. 저희들이 이 땅 위에 사는 동안에 하나님의 사람이라는 인생의 본분을 깨닫도록 인도해 주시옵소서. 단에 세워주신 목사님을 성령님의 능력으로 더하시며, 권세 있게 하시옵소서.

　하나님 아버지, 복음을 전하기 위해 외국에 나가 있는 모든 선교사들을 축복합니다. 그들이 주님의 이름으로 낯선 땅을 밟게 하셨습니다. 때로는 위험과 고난에 처할 수도 있는데, 낙심하지 말게 하시옵소서. 나아가 언어와 낯선 생활환경에 적응하느라 어려움을 겪기도 합니다. 복음 전파를 위해 목숨을 내어놓은 그들을 지켜주시옵소서.
　지금, 이 예배당이 그리워도 참여하지 못한 지체들이 있습니다. 병들어서 병원이나 집에서 치료 중에 있는 지체들을 회복시켜 주시옵소서. 그들과 함께 주님을 찬미하고, 예배하는 즐거움을 주시옵소서.
　예수님의 이름으로 기도드립니다. 아멘. +

11월 2주

우리를 지켜주시는 하나님,

모든 두려움으로부터 보호하사, 죽음의 구름이 우리에게서 영원한 사랑의 등불을 가리지 못하게 하시옵소서. 주님은 친히 우리에게 독생자 예수님을 통해 그 증거를 보이셨습니다. 주님께서 저희들의 영혼을 용납하사, 주님의 끊임없는 사랑 속에서 주님과 함께 살기를 소망하게 하시옵소서.

오직 예배하면서 하루를 보낸 지체들에게 은혜를 더하여 주시옵소서. 이 밤에, 저희들에게 머리를 숙여 예배하게 하시옵소서. 저희들의 찬송이 이 자리에 가득차기를 빕니다. ○○의 지체들이 하나님의 영광에 주목하여 영과 진리로 예배하게 하시옵소서.

하나님 아버지, 우리 민족 모두의 가슴을 사랑으로 채워주시기 바랍니다. 서로 사람다운 길에 설 수 있도록 위로하며, 권면하도록 도와주시옵소서. 스스로 겸손의 띠로 허리를 동이고 복음의 신발을 신어 화해와 평화의 사도가 되게 하시옵소서.

저희들의 심령을 주님의 놀라우신 사랑으로 채워주시옵소서. 그리하여 주님의 영광 속에서 주님과 함께 영원히 즐거워하도록 인도해 주시옵소서. 이 밤에도 저희의 영혼이 주님의 사랑과 뜻에 적합한가를 염려하는 것 외에는 아무 것도 염려하지 말게 하시옵소서.

예수님의 이름으로 기도드립니다. 아멘. ✛

11월 3주

　큰일을 이루신 하나님,
　주님의 성소에서 하나님을 찬양하며, 그의 권능의 궁창에서 그를 찬양합니다. 오늘, 추수감사절을 지키게 하셨음에 감사드립니다. ○○의 성도들이 교회에 모일 때마다 하나님의 은혜에 감사하는 찬양으로 가득하게 하시옵소서. 주님의 교회가 감사의 공동체를 이루어 교회되어 주님의 영광을 드러내게 하시옵소서.
　이 밤의 예배로 하나님은 영광을 받으시고, 저희들은 하나님을 만나는 시간이 되기를 빕니다. 강단에서 전해주시는 목사님의 말씀은 저희들의 마음에 주의 등불을 밝혀주심이 되게 하시옵소서. 저희들의 영혼에 생명의 빛을 비추시어 주님을 믿어 새 생명에 이르게 하시옵소서.

　○○ 교회의 권속들 가운데는 바쁜 이들이 있습니다. 공부하는 일로 바쁘고, 사업의 일로 특히 바쁜 이들이 있음을 감사드립니다. 그러나 아무리 바빠도 가장 중요한 일들을 놓치지 않도록 도와주시옵소서. 바쁠수록 주님을 바라볼 수 있게 하시고, 주님께서 지으신 세상의 아름다움을 볼 수 있게 하시옵소서.
　하나님의 은혜를 평생 동안 감사하게 하시옵소서. 그 감사에서 우리의 손으로 주님께서 바라시는 일을 하거나 어려운 지체들을 돕는 일에 망설이지 않도록 해주시옵소서.
　예수님의 이름으로 기도드립니다. 아멘.✝

11월 4주

만물의 풍성함을 주시는 하나님,

인류를 위하여 파종기와 추수기를 작정하여 주시고, 때를 따라 우리 곧 당신의 어린 양들에게 땅에서 나는 열매를 주시니 감사드립니다. 들에서 익어가는 백과의 열매가 하나님을 찬양합니다. 이 모든 은혜에 감사하여 주께만 영광을 돌립니다.

이 밤에, 주님의 전에 모인 ○○의 지체들에게 결실의 풍성함으로 말미암아 감사의 예배를 드립니다. 이 나라와 이 백성 위에 부어진 무한한 복이 찬송의 제목이 되게 해주시옵소서. 목사님께서 말씀을 준비하여 단에 서셨습니다. 귀한 종을 붙들어 주시고, 그의 말씀이 저희들에게 감사의 신앙고백이 되기를 빕니다.

하나님 아버지, 오늘, ○○의 지체들에게 여호와 앞에서 평생 감사로 살아갈 것을 다짐하게 하시옵소서. 우리 교회는 이 지상에서 감사의 공동체가 되기를 원합니다. 인생들에게 베풀어주신 하나님의 은혜에 감사로 영광을 드리는 교회, 그 감사로 이웃에게 사랑을 베푸는 교회이기를 빕니다.

풍성한 자비의 의미를 바로 깨닫게 하시고, 거룩함과 순종을 나타내는 예배를 드리게 하시옵소서. 저희들의 마음을 넓혀주셔서 이 모든 환희와 아름다움을 누리게 하시고, 하나님의 영광을 찬양하게 하시옵소서.

예수님의 이름으로 기도드립니다. 아멘. +

12월 1주

　자비로우신 하나님,
　오늘, 종일은 참으로 주 안에서 복되었습니다. ○○ 교회의 권속들이 주님의 피 묻은 십자가를 묵상하면서 크신 사랑을 느끼며 지내었습니다. 이 시간에 그 놀라우신 사랑에 대한 응답으로 예배하기 원합니다.
　이 밤의 예배를 통해서 병들고 허약해진 마음을 강하게 붙들어 주시옵소서. 단에 오르신 목사님께서 하나님의 말씀을 전하실 때, 메시야를 기다리는 마음을 갖게 하시옵소서. 이미 오신 예수님을 기억하고, 다시 오실 예수님을 기다리는 신앙으로 대림절을 지내기 원합니다.

　하나님 아버지, 대림절 기간 동안에, 저희들을 주님께서 가시려는 곳으로 보내주시옵소서. 가정이 어려운 이들과, 사랑이 없는 삶과 의지 없는 군중에게 주의 사자가 되게 하시옵소서. 또한 축복해 줄 이 없는 굶주린 자들과, 위로해 줄 이 없는 낙심자들과 위안 없는 절망자들에게로 ○○의 성도들을 보내주시옵소서.
　이 시간에, 부족한 입술로 교회를 위하여 기도드립니다. 오직 주님께서 교회의 주인이 되어 주시고, 성령께서 교회를 늘 인도하셔서 성장하도록 역사하여 주시옵소서. 우리 ○○의 지체들은 목사님의 목회를 전심으로 도와드리는 종들이 되게 하시옵소서.
　예수님의 이름으로 기도드립니다. 아멘. +

12월 2주

거룩하신 하나님,

하나님의 거룩하신 뜻에 합당하게 살아오지 못한 저희들의 허물과 죄를 고백합니다. 저희들은 만물을 소유하려는 욕심에 사로 잡혀 있었습니다. 서로 돕고, 이해하고, 용납하지 못했던 행실이 바로 죄라는 것을 깨달아 회개하고, 용서를 구하게 하시옵소서.

주님의 교회가 솔선하여 허물이 있는 곳을 치유하고, 모자란 곳을 채우며, 나누인 곳을 하나 되게 하는 데 최선을 다하게 하시옵소서. 주님의 영광을 높이 드러낼 수 있는 교회가 되게 하시옵소서. 성도들의 마음과 마음에 새 생명을 주셔서 우리 영혼이 되살아나서 교회 안에 사랑과 기쁨과 찬송이 넘치게 해주시기를 빕니다.

하나님 아버지, 이 시간에, ○○ 교회의 권속들이 주님 앞에서 살아가는 모든 길의 안내자로 성령님을 보내주시옵소서. 성령님의 강권하심으로 저희의 영혼과 육체를 성스러움으로 이끌어 주시기 원합니다. 주님을 향한 경외와 사랑 안에서 저희를 구원해 주시옵소서.

저희들의 마음에 오시되, 우울하고 약한 우리의 마음에 오셔서 기쁨을 주시고 힘이 되어 주시기 원합니다. 예배를 마치고 돌아갈 때 저희들의 가슴을 성령님의 충만하심으로 채워주시고, 발걸음은 거룩한 삶에의 도전으로 가볍게 해주시옵소서.

예수님의 이름으로 기도드립니다. 아멘. ✝

12월 3주

　메시야를 보내주신 하나님,
　큰 별이 비추이던 밤에 하나님께서 아기로 세상에 오셨습니다. 그 아기는 우리를 자기들의 죄로부터 구해내실 메시야이셨으니, 그 일을 이루신 하나님을 찬양하면서 경배합니다. 여러 선지자들과 제사장들의 입을 빌어서 구원의 소망을 선포하셨고, 베들레헴에서 이루셨습니다.
　구원을 선물로 주신 하나님의 이름을 높여드립니다. 거룩한 밤에 저희들이 예배합니다. 동방의 박사들이 아기 예수님께 경배했던 것처럼, 이 시간에 하늘의 하나님께 예배드립니다. 약속하신 그대로 메시야가 이 땅에 나시도록 하신 하나님께 감사합니다.

　하나님 아버지, ○○의 지체들에게 하늘에서는 영광이 되고, 땅에서는 인생들에게 기쁨을 주신 기적을 찬양하는 예배를 드리게 하시옵소서. 성탄절을 이루어주신 하나님을 믿고, 그 은총을 의지하여 간구하오니, 죄악 가운데서 이 세상을 구원해 주시옵소서.
　메시야를 보내주신 하나님, 하나님을 경배하는 마음의 예물을 드리기 원합니다. 성탄절을 기다리면서 우리 생애 최고의 선물을 준비하여 드리게 하시옵소서. 메시야를 약속하심과 같이 그대로 이루어져 첫 번째 성탄절을 지켰던 것을 묵상합니다.
　예수님의 이름으로 기도드립니다. 아멘.＋

12월 4주

사랑의 아버지 하나님,

이 시간에, 저희들을 받아 주시옵소서. 저희들의 모자라기 그지없는 모습을 주님께 내어 놓습니다. 하나님께서 지으신 날을, 하루하루 또는 시간 시간을 아무 생각 없이 거저 되는대로, 믿음이 없이 행해왔던 지난 시간의 모든 것들을 용서해 주시옵소서.

이 밤에 예배하면서 성탄절을 기다리는 저희들을 복되게 하시옵소서. 이미 아기 예수님으로 오신 그 날을 기뻐하면서, 세상을 심판하시는 주님으로 오심을 기다리게 하시옵소서. 성탄절을 기다리는 저희들이 은혜에 가슴 벅찬 감동으로 예배하기 원합니다.

하나님 아버지, 오늘도 교회에 모여 주일을 지키도록 은혜를 내려 주셨음에 감사드립니다. 이 날을 주 안에서 구별하여 지키게 하신 그 은혜를 감사하면서 예배하는 ○○의 성도들이기를 빕니다. 주님의 형상으로부터 오는 빛과 하늘로부터의 평화를 내려 주시기 원합니다.

교회에 속한 성도들의 가정에 건강한 몸과 사랑의 마음과 봉사의 생활이 늘 풍성한 삶을 허락해 주시기 원합니다. 물질의 넉넉함을 주심과 동시에 신앙적으로 풍요하게 이웃을 위하여 희생하며 이웃을 돌보는 가정들이 되게 하시옵소서. 긍휼히 여기시사 저희들의 삶을 받아 주시고 새롭게 창조해 주시옵소서.

예수님의 이름으로 기도드립니다. 아멘.+

12월 5주

찬송과 영광의 주인이 되시는 하나님,
오늘, 금년의 마지막 주일을 지키면서 하나님께로 나아갑니다. 금년 일 년 동안 주일을 성수함은 하나님의 사랑이셨습니다. 주님의 크신 이름을 높여드립니다. 이 자리에 나오도록 믿음을 주시고, 이끌어 주신 사랑 앞에 영광을 드립니다.
사랑과 평화 속에서 함께 더불어 살아가기를 원하신 하나님, 날마다 변화되는 삶을 기대하신 하나님 앞에서 무감각한 표정을 짓고 뻣뻣이 서 있었습니다. 모든 처소마다 하나님의 평화와 질서를 선포해야 함에도 불구하고 많은 핑계와 게으름 속에서 무책임한 삶을 살았습니다. 저희들의 모든 죄악을 용서해 주시옵소서.

하나님 아버지, 저희들을 불러 주신 하나님의 이름이 세상에 가득하기를 원합니다. ○○ 교회의 성도들이 주 앞에 설 때에 부끄러움이 없게 하시옵소서. 온갖 유혹의 마수가 저희를 삼키려할 때 물리칠 수 있는 힘을 주시고, 순결한 몸과 마음을 지니게 하시옵소서.
금년의 마지막이 있는 것처럼, 세상의 끝이 있음을 주목하게 하시옵소서. 한 해를 보내고, 주님의 은혜로 맞이하는 새 해에는 하나님의 나라를 위해서 우리의 모든 것을 헌신하게 하시옵소서. 새 해에는 주님의 더욱 정결케 하시고, 은총으로 주의 발자취를 따르게 하시옵소서.
예수님의 이름으로 기도드립니다. 아멘.+

3
수요일 밤(오후) 예배 기도문

1월 1주

하늘에 계신 하나님,

　주일을 보내고, 지난 사흘 동안 하나님의 은혜와 사랑을 묵상하게 하셨음에 감사드립니다. ○○의 지체들이 각기 사랑의 가정과 일터에서 하나님의 함께 해주심에 즐거워하다 다시금 모였습니다.

　이 시간에, 저희들의 악함을 회개합니다. 겉으로 드러나지는 않았으나 마음에 품은 죄악을 용서해 주시옵소서. 예배를 드릴 때 뿐, 언제나 순종에 부족한 저희들이었습니다. 주님을 바란다 하면서도 주님께 대한 목마름이 없이 지내왔습니다. 예배하기 전에, 하나님 은혜와 사랑으로 죄를 씻음 받게 하시옵소서.

　하나님 아버지, ○○ 교회에 속한 식구들을 축복합니다. 올해 일년이 저희들에게 생애 최고의 해가 되도록 돌보아 주시옵소서. 혹시, 실패와 병마의 고통과 마음의 시험 등으로 괴로워하는 자들에게는 위로하시고 도와주시기를 빕니다. 주님의 은혜로 회복되고, 고침을 받아 하나님께는 영광이 되어드리며, 자신들은 소망을 갖도록 도와주시옵소서.

　새해의 첫 수요일을 지키었으니 금년에는 주님께 예배하는 것을 첫째로 여기기를 다짐하게 하시옵소서. 하나님 앞에서 예배의 생활을 가장 귀하게 여기도록 해주시옵소서.

　예수님의 이름으로 기도드립니다. 아멘.✛

1월 2주

찬양을 받으실 하나님,

영광을 드러내시는 하나님께 그 영광을 올려드립니다. 하나님의 영광이 예배하러 모인 ○○의 성도들에게 임하게 해주시기를 빕니다. 날마다 하늘의 문을 여시고, 저희들 각 사람의 형편에 따라 신령한 복을 받아 누리게 하시옵소서.

돌이켜 보건대, 주일 후에 사흘 동안은 결코 아름답지 못하였습니다. 주님의 보내심으로 빛이요, 소금이 되어야 했건만 그렇게 하지 못하였습니다. 육신이 연약하고 믿음이 부족하다는 핑계로 주님의 말씀대로 살지 못하였음을 용서해 주시옵소서.

전능하신 아버지여, 우리 성도들의 각 가정에는 방학으로 보내고 있는 아이들이 많이 있습니다. 그들이 게으르지 않고, 개인적으로 공부에 힘을 쏟도록 이끌어 주시옵소서. 춥다고 움츠리지만 말고, 적당히 운동도 해서 튼튼한 몸을 가질 수 있게 하시옵소서.

우리가 사는 세상의 모든 것이 아버지의 장중에 있음을 알면서도 우리의 삶의 모습은 그 뜻대로 따르지 못하고 세상을 좇아갈 때가 많습니다. 담대히 주님의 뜻을 최우선으로 따르기 원합니다.

이 시간의 예배와 기도를 통해서 성령님의 충만을 누리고, 죄는 버리고 의를 취할 수 있는 용기를 갖도록 해주시옵소서.

예수님의 이름으로 기도드립니다. 아멘.+

1월 3주

예수님의 이름으로 모이게 하신 하나님,

이 밤(오후)에 영과 진정으로 드리는 예배가 되기 원합니다. 오직 하나님께만 영광이 되는 예배의 순서, 순서로 이어지기 원합니다. 주일을 마감하는 시간에 저희들을 위해서 준비된 하늘의 은혜를 허락해 주시기 원합니다. 이 은혜로 하나님의 영광을 누리는 예배가 되게 하시옵소서.

몸 된 교회의 머리가 되시는 주님을 생각합니다. 병들어가고 있는 뭇 심령들과 세상에 대해 무관심했던 저희들이었음을 고백합니다. 열심을 다해 저희에게 맡겨진 사명에 충성하지 못했음을 용서해 주시옵소서.

하나님 아버지, 저희들이 성령 안에서 기도하고 찬송하고 말씀을 사모할 때 은혜 받게 하시옵소서. 말씀을 선포하시는 목사님을 권세 있게 하셔서 말씀에 귀 기울여 듣는 모든 자들이 성령의 역사하심을 체험하고, 은혜를 받는 시간이 되게 하시옵소서.

저희 교회의 교육기관에서 겨울수련회를 준비하고 있습니다. 어린이, 청소년, 청년들이 그들의 자람에 따라 신앙훈련을 받게 하려 합니다. 여기에 성령님의 강한 역사가 나타기를 소원합니다. 준비하시는 교역자님들과 지도자들에게 은혜로 함께 해주시고, 재정도 마련해 주실 줄로 믿습니다.

예수님의 이름으로 기도드립니다. 아멘. ✛

1월 4주

자비로우신 하나님,
여러 가지의 죄와 허물이 많이 있음을 깨닫습니다. 저희들의 모든 죄를 자복하고 회개하니 주님의 깨끗케 하시는 보혈로 씻음 받게 하시옵소서. 하나님 앞에서 착한 일을 하여 모든 이들로 하여금 영광을 드리게 하시옵소서.
주님의 교회를 위하여 기도합니다. 주님의 뜻이 계셔서 이곳에 교회를 세워 주시고 오늘날까지 지켜주시니 감사합니다. 주님의 피로 세워진 이 교회가 지역사회의 구원방주가 되게 하시며, 크신 능력을 허락하셔서 죽어 가는 많은 심령들에게 복음의 기쁜 소식을 전하도록 도와주시옵소서.

하나님 아버지, 오늘도 말씀을 전하시는 목사님께 성령의 능력으로 함께 하셔서 선포되는 말씀마다 성령 충만, 은혜 충만한 말씀이 되게 하시옵소서. 그 말씀을 듣는 저희의 심령이 뜨거워져서 주님을 사랑하지 않고는 견딜 수 없는 마음이 되도록 역사를 일으켜 주시옵소서.
이 저녁에, 우리가 어떤 모습으로 살아왔던지 주님의 몸이 된 교회 안에서 한 공동체를 이루게 하시옵소서. 또한, 역할과 사명에 따라 기관을 세우셨으니 각 기관을 지켜주시고, 늘 새로운 힘을 주셔서 맡은바 사명을 감당하게 하시고 날로 발전하게 하시옵소서. ○○의 지체들이 부르심에 합당한 삶으로 하나님을 기쁘게 해주시옵소서.
예수님의 이름으로 기도드립니다. 아멘.+

2월 1주

영광을 받으셔야 할 여호와여,

하나님의 귀하신 이름을 영원부터 영원까지 송축합니다. 모든 주님의 백성들이 여호와를 찬양하게 하시옵소서. 저희들에게 향하신 하나님의 사랑에 감사드립니다. 우리의 영혼이 잘 됨처럼, 육체도 잘 되게 하셔서 추운 겨울을 잘 지내고 있습니다.

이제, 믿음으로 드리는 예배로 이끌어 주시기 원합니다. 저희들의 기도와 찬송이 하늘의 하나님께 합당한 영광이 되게 하시기 원합니다. 성가대의 찬양으로 영광을 받아 주시옵소서. 목사님의 말씀에 귀를 기울이게 하시옵소서. 갈급한 심령으로 나아온 저희들이 온전히 채움을 받는 시간이 되게 해주시옵소서.

하나님 아버지, 교회를 위하여 기도합니다. 은혜가 있는 교회, 용서가 있는 교회, 용납하는 교회, 위로가 있는 교회가 되게 하시옵소서. 바라기는 성령님의 뜨거운 역사로 지치고 힘들었던 심령들마다 새로움이 있게 하시옵소서.

성도들의 가정에서는 아이들이 겨울방학을 즐겁게 보내고, 개학을 맞이합니다. 그동안 집에서 지내면서 학교에서 배울 수 없었던 것들을 배우게 하셨음에 감사드립니다. 이 시간에, 주님의 평안을 허락하시고, 우리를 새롭게 하시는 예수 이름의 능력을 바라게 하시옵소서.

예수님의 이름으로 기도드립니다. 아멘. ✛

2월 2주

　예배를 원하시는 하나님,
　이 저녁에 드리는 저희 예배가 영과 진리로 드릴 수 있게 되기를 원합니다. 주님의 날 밤에 하나님의 자비하신 구원의 은혜를 저희들에게 흡족하게 내려 주시옵소서. 성령님의 충만함을 통하여 능력을 받아 저희들의 이웃과 형제들에게 이 복된 빛을 전하기에 부족함이 없기를 간절히 간구합니다.
　이 시간에, 예배를 주님께서 기뻐 받아주시옵소서. 이 찬양을 통하여 저희들의 마음을 밝게 해주시기 원합니다. 찬양 가운데 인간의 연약함에서 벗어나고, 하늘의 용기로 살아가는 다짐이 있게 하시옵소서.

　이 밤의 은혜로 말미암아 하늘의 신령한 양식을 위하여 일할 수 있도록 거룩한 다짐을 주시옵소서. 주님의 나라와 의를 위하여 게으르지 않도록 인도하시고, 주님의 몸 된 교회를 섬기고 이웃을 위하여 베풀고 쓰기에 인색하지 않도록 인도하여 주시옵소서.
　모든 성도들이 자신을 돌아보고 맡겨주신 사명을 감당하도록 붙들어 주시기 원합니다. 저희들이 이 땅 위에 사는 동안에 하나님의 사람이라는 인생의 본분을 잊지 않게 하시옵소서. 그리고 교회의 머리 되신 예수님을 남편 같이 귀히 섬기게 하시옵소서. 믿음으로 살게 하시옵소서. 저희들을 도우시어 믿음을 굳게 하시고 주를 믿게 하시옵소서.
　예수님의 이름으로 기도드립니다. 아멘.+

2월 3주

　의와 진리로 이끄시는 성령님,
　천국의 백성들이 주님의 발등상 앞에서 경배합니다. 홀로 하나이신 하나님의 거룩하심을 찬양합니다. 하루를 분주하게 지냈던 저희들에게 이 밤에, 하나님을 찬양하며 예배하게 하시니 감사합니다. 구별된 시간에 하나님의 사랑을 사모하는 이들에게 풍성한 은혜를 허락하여주시옵소서.
　이 시간에, 주님의 귀한 말씀을 대언하시기 위하여 단 위에 서신 목사님과 함께 하시기를 원합니다. 성령의 두루마기를 입혀 주시고 심령 골수를 쪼개는 권세 있는 말씀을 전하시도록 인도해 주시옵소서. 나아가 예배의 진행을 위해서 헌신하는 모든 종들에게 은혜로 감당하게 해주시기 원합니다.

　자비로우신 하나님, 간절한 마음으로 주님을 찾아온 성도들에게 한량없는 자비를 베풀어 주시옵소서. 지금도 병마와 싸우며 고통 중에 있는 자들에게 치료와 회복의 은혜를 허락하시옵소서. 가정의 여러 문제와 경제적인 문제로 고민하며 간구하는 기도를 주께서 들어 주시고 친히 응답해 주시옵소서.
　오늘, 예배하는 중에, 주님 안에서 위로와 평안과 안식을 얻을 수 있도록 은혜 베풀어 주시옵소서. 절망할 수밖에 없었던 저희들을 소망으로 살게 하셨으니, 하나님의 백성답게 살도록 인도하시옵소서.
　예수님의 이름으로 기도드립니다. 아멘. ✝

2월 4주

　이 민족을 사랑하시는 하나님,
　다시 또 삼일절을 맞이했습니다. 일제의 억압 속에서 나라를 빼앗기고 살던 이 땅에 나라의 독립을 위해 몸을 내던지는 위인들이 있게 해주셨습니다. 우리 ○○의 성도들에게 주님 앞에서 이 나라를 사랑하는 마음을 갖게 해주시기 원합니다.
　이 밤에도 마음을 다하여 예배를 드립니다. 신령과 진정으로 드려지는 예배가 되게 하시옵소서. 강단에서 하나님의 말씀이 선포될 때, 마음의 문을 활짝 열고 듣게 하시옵소서. 주님의 말씀을 생명의 양식으로 받아 심령이 배부르게 하시옵소서. 그 말씀으로 새 생명을 얻은 기쁨 속에 살아가는 저희들이 되도록 인도해주시옵소서.

　하나님 아버지, 우리에게 고요한 사색과 기도의 절기를 주셨음에 사순절기를 보냅니다. 항상 주의 품안에서 참된 평화를 찾게 하시옵소서. 우리를 지켜주시며, 주님을 닮는 하루하루를 살게 해주시기 원합니다. 십자가의 주님을 바라보고, 죄를 이기는 승리의 생활을 하는 저희들이 되도록 이끌어 주시옵소서.
　아직도 우리 교회의 주변에는 어두운 그늘을 헤매며 고통 속에 울부짖고 있는 인생들이 있습니다. 주님께서 친히 이들에게 참 빛을 비춰 주셔서 진리와 생명의 길로 나아오도록 불러 주시옵소서.
　예수님의 이름으로 기도드립니다. 아멘.✝

3월 1주

사랑을 입은 이들과 함께 하시는 하나님,

지난 시간에도 하나님의 손이 함께 하셨음을 감사드립니다. 주님께서 저희를 불쌍히 여겨 기도에 응답하시고, 순간 순간마다 구원이 되셨으니 또한 감사합니다. 갈보리의 십자가에서 흘리신 보혈의 은혜로 나왔사오니, 영광을 주 하나님께 드리는 이 밤이 되기 원합니다.

신령과 진정으로 예배하는 한 시간이기 원합니다. 이 시간에, 저희를 크신 팔로 붙들어 성령의 하나 되게 하심에 따라 세상에서 사명을 다하는 공동체가 되게 하시옵소서. 이에, 지체들의 연약한 손을 잡아 일으켜 주시옵소서.

하나님 아버지, 하나님께서 저희들에게 선물로 주신 자녀들을 돌보아 주심에 감사드립니다. 주님의 은혜로 성장하여 유치원을 비롯해서 초등학교와 각급의 학교에 입학하게 되는 아이들이 있습니다. 모든 입학생들을 축복합니다.

예수님의 참된 터 위에 ○○ 교회를 세우셨으니, 세상에서 방황하던 심령들이 다 교회에 나와서 죄 사함을 받고 구원을 얻는 구원의 방주가 되게 하여 주시옵소서. 곧 경칩을 맞이하는데, 저희들 심령의 묵은 땅을 갈아내고 새롭게 하여 주시옵소서.

예수님의 이름으로 기도드립니다. 아멘. +

3월 2주

　미쁘신 하나님,
　여호와의 영광이 이 전에 머무르고 있음을 찬송합니다. 이 전에 모인 이들로 하여금 주님의 영광을 찬양하고 영화롭게 하시옵소서. 마땅히 드릴 영광을 찬미하는 백성이 되게 하시옵소서. 다시금 다짐 하오니, 죄에 대해 죽고, 의에 대해 살겠습니다. 굽어 살피셔서 이 다짐에 은총을 내려주시기 원합니다.
　미천한 자들을 돌보셔서 영원한 안식을 주시는 은혜를 소망하여 나왔습니다. 하나님의 존전에서 예배하기 위하여 모였으니 참 예배를 드리게 하시옵소서. 저희들의 찬송과 기도를 받으시고, 예배의 순서에서 하나님께 영광이 되기 원합니다.

　하나님 아버지, 봄철이 되어 이사하는 가정들을 축복합니다. 그들의 형편에 맞게 좋은 집을 허락하시고, 복된 신앙생활을 위해 예배당 주변으로 장막을 마련하도록 하시옵소서. ○○ 교회의 지체들이 하나가 되어 거룩한 교회를 이루어 나가게 하여 주시옵소서.
　저희들을 통하여 하나님의 나라의 동역자가 되게 하시며, 복음을 증거 하는 증인이 되게 하시옵소서. 믿는 자의 고백으로 하나님을 나타내는 간증자들이 되게 하시옵소서. 이 시간에, 저희들의 손으로, 발로, 머리로 가슴으로, 마음으로 주님께 영광을 드리게 하시옵소서.
　예수님의 이름으로 기도드립니다. 아멘.+

3월 3주

사순절의 하나님,

저희들의 마음을 정하였사오니 우리가 노래하며 마음을 다하여 찬양하리로다. 전심으로 주를 찬송하고, 영원토록 주님의 이름에 영광을 돌립니다. 영광 가운데 계신 주님의 이름을 높여드립니다. 사순절의 절기를 보내면서 보다 겸손히 지내도록 이끌어 주시며, 주님의 발자취를 따르는 삶이 되게 하시옵소서.

이 저녁에, 예배하러 모인 주의 백성들에게 은총의 시간이 되기 원합니다. 주님을 찬양하고 영화롭게 찬송을 드리도록 이끌어 주시옵소서. 목사님의 설교를 통해서 예수님의 십자가로 죄의 문제가 해결되었음을 확인하게 해주시고, 하늘나라의 백성으로 살아가려는 다짐을 새롭게 하게 다짐하도록 도와주시옵소서.

하나님 아버지, 봄이 되면서 우리로 인내하게 하신 하나님의 은혜가 새롭습니다. 이 봄에 약한 자에게는 힘이 되게 하시고, 좌절한 자에게는 희망을 주게 하시옵소서. 그리고 없는 자에게는 나누어주는 자 되게 하시기 원합니다.

이 밤에 예배드림으로써 우리 주님의 보혈에 완전히 정화되고, 그 피로 씻긴 새로움이 있게 하시옵소서. ○○의 성도들이 강단을 통해서 전해주시는 말씀을 붙들고 믿음으로 다시 일어나게 하시옵소서. 예수님의 이름으로 기도드립니다. 아멘.+

3월 4주

긍휼이 풍성하신 하나님,
 ○○의 지체들에게 세상의 유혹을 이기게 하셔서 이 밤의 시간에, 예배로 거룩하게 구별할 수 있는 결단과 믿음을 주심을 감사합니다. 하나님의 말씀에 순종하지 않고, 탐욕과 이기심으로 더럽혀졌음을 고백합니다. 가슴을 치며 통곡하는 저희와 애통하는 소리를 들으시고 용서해 주시옵소서.
 오늘도 단 위에 서신 목사님 위에 귀한 은혜로 축복하시고 진리의 말씀을 전하기에 부족함이 없도록 인도하여 주시옵소서. 그 말씀으로 인하여 승리하게 하시고 주님의 사랑을 증거하는 주님의 증인들이 되도록 인도해 주시옵소서.

 하나님 아버지, 구하기 전에 이미 있어야 할 것을 아시는 아버지 이심을 깨닫게 해주신 은혜에 감사드립니다. 하늘의 의를 먼저 구할 때 이 모든 것을 더하여 주시리라 하신 말씀을 기억합니다. 오늘 삼일 기도회의 모임 위에 복을 내려주시어 향기로운 제사되게 하시옵소서.
 주님의 나라를 상속받기 위해 경건한 자녀로 살게 하시고, 우리가 주의 백성으로 지내는 날들이기를 원합니다. 주님의 뜻을 따를 때 우리의 의지를 꺾고 겸손히 주님의 뜻과 계획에 순종하게 하시옵소서. 우리를 불쌍히 여기시는 주님을 바라봅니다.
 예수님의 이름으로 기도드립니다. 아멘.✝

3월 5주

홀로 찬양을 받으실 하나님,

온 성도들이 여호와 앞에 엎드려 예배하기를 원합니다. 분주해야만 하였던 일상의 삶을 쉬고, 종일을 예배하는 시간으로 보냈습니다. 참 안식의 하루를 마감 짓는 찬양 예배로 다시 모였습니다. 이 시간에 찬양과 경배를 주님께 드립니다.

저희들의 지난 모습은 혼자 이루어 보겠다는 교만함이었습니다. 자기 자신을 신으로 여기며, 건방지게 살아왔던 저희들이었습니다. 하나님을 외면한 채 성취해 보려고 교만한 머리를 내어 흔들었습니다. 여기, 주님 앞에 엎드립니다.

하나님 아버지, 단에 오르신 목사님께 귀한 은혜로 복을 더하시고 진리의 말씀을 전하기에 부족함이 없도록 인도해 주시옵소서. 오늘도 말씀 중에 우리가 감당해야 할 십자가를 발견하게 하시고, 주님 가신 길을 바로 따르는 신실한 교인들이 되게 하시옵소서.

아브라함의 하나님, 이삭의 하나님, 야곱의 하나님이 되시온즉 저희들 가정의 하나님도 되시므로 복과 은혜를 주시옵소서. 집안의 식구들이 인간관계의 부족으로 인한 불화를 없애주시고, 화평만이 충만한 믿음의 가정이 되게 하시옵소서. 그리스도의 참 빛이 ○○의 성도들의 가정에 스며들게 해주시옵소서.

예수님의 이름으로 기도드립니다. 아멘.+

4월 1주

　은혜를 베푸시는 하나님,
　저희들이 사는 시간들을 돌아볼 때마다 하나님 아버지께 감사를 드립니다. 무지한 저희들은 다 양 같아서 각기 제 길로 갔지만, 주님께서는 독생자까지 보내주시고, 대속의 은총을 베푸셨으니 감사의 찬양을 드립니다.
　이 시간에, 저희들은 주의 뜻대로 고백합니다. 저희들은 주의 뜻대로 살지 못하고 주님의 품을 떠나려고 애썼던 교만을 회개합니다. 그리고 세상과 불의와 타협하며 자신의 죄를 합리화하는 나약한 신앙을 가지고 살아온 것도 회개합니다.

　인애하신 하나님, 황혼의 시간에 짧게 드리는 예배지만, 하나님께 영광을 드리는 예배가 되기를 원합니다. 성도들이 같은 마음으로 영광을 드립니다. 이 시간에, 거짓 없는 진실 된 마음을 주셔서 영과 진정으로 예배하게 하시옵소서. 이 짧은 밤의 시간에 영원을 경험하는 예배를 받아주시기 원합니다.
　○○의 성도들이 주님의 거룩한 자녀로서의 본분을 다할 수 있도록 복을 내려 주시옵소서. 그리스도의 사랑과 향기를 드러내게 하시고, 주님을 증거하는 복음의 일꾼이 되게 하시옵소서. 주님을 위하여 봉사하는 것을 즐거워하는 헌신자들이 되게 하시옵소서.
　예수님의 이름으로 기도드립니다. 아멘.✝

4월 2주

만물의 주가 되시는 하나님,

영광과 은총의 주께서 우리의 마음에 함께 하사 우리 스스로 즐거워하면서, 그리스도 앞에 모두 풍성한 기쁨의 찬양을 드리도록 이끌어 주시옵소서. 이 시간에, 저희들에게 드리워져 있는 죽음의 사슬을 십자가의 능력으로 풀어주시옵소서.

저희의 죄를 묻지 않으시고 한결같은 사랑으로 감싸주시는 주님의 한없는 자비에 의지하여 이렇게 나아왔사오니 주님의 피 묻은 손으로 저희의 떨리는 심령을 어루만져 주시기를 빕니다.

하나님 아버지, 주님의 몸 된 교회를 축복합니다. 갈보리 십자가의 보혈로 ○○ 교회를 적셔주시기 원합니다. 주님의 보혈의 잔을 들고 사랑 안에서 성도들이 서로 연합하고 교제하는 교회가 되게 하시옵소서. 간절히 바라기는 우리 ○○ 교회가 성령님의 질서와 말씀이 흥왕하는 교회, 날마다 구원을 얻는 자가 더해 가는 교회되게 하시옵소서.

저희들의 상한 심령을 치유하시고, 삶을 강건케 하여 주시옵소서. 고통 중에 있는 성도들에게 용기를 주시옵소서. 연단 중에 있는 성도들에게 인내를 주시옵소서. 믿음 안에서 날마다 승리하게 하시고, 말씀을 붙들므로 인생의 앞길이 열리게 하시고, 구름기둥과 불기둥의 인도함을 체험하게 하여 주시옵소서.

예수님의 이름으로 기도드립니다. 아멘. ✝

4월 3주

　인애하신 하나님,
　크신 사랑으로 보잘 것 없는 죄인들에게 자비를 베푸셨습니다. 지은 죄를 참회하는 자들을 용서하여 주시고, 부활하신 예수님의 능력으로 새롭게 하시옵소서. 주님의 약속대로 회개하는 이들을 거듭나게 하시옵소서.
　우리는 죄를 짓고, 길 잃은 양처럼 주의 길에서 벗어나 우리 마음으로 헛된 뜻과 욕망을 따랐으니 용서해 주시옵소서. 주님의 거룩하신 율법을 어겼고, 마땅히 해야 할 일들을 하지 않아 영혼의 건강마저 잃은 것을 용서바랍니다.

　하나님 아버지, 이 밤의 예배로 저희 교회가 온전히 주님의 영광을 선포하기 원합니다. 저희들이 다시 사신 주님을 찬양할 때, 하나님의 영광을 드러내기 원합니다. 말씀을 대언하시는 목사님 위에 성령이 충만하게 하시고, 은혜가 풍성한 선포의 시간이 되게 하여 주시옵소서. 우리 속에 아버지의 주권이 날마다 승리하도록 인도해주시옵소서.
　이 시간에 예배할 때, 저희들은 불의의 사고로 몸을 다친 장애자들과 함께 하고 있습니다. 순간의 불행으로 신체의 일부가 손상을 당한 어려운 이들이 우리의 형제요, 자매입니다. 그들을 축복합니다. 저들의 약함을 강함으로 바꾸어 주시옵소서.
　예수님의 이름으로 기도드립니다. 아멘. ✝

4월 4주

　달빛보다도 사랑스러운 하나님,
　이 밤에 다시 모인 성도들이 하나님 앞에 영광을 돌려 드릴 수 있도록 인도하여 주시기를 간절히 기도드립니다. 찬양대의 찬양을 통해서도 홀로 영광을 받으옵소서.
　봄을 열어주신 하나님을 묵상합니다. 들에 있는 봄꽃들이 주님의 아름다우심을 찬양합니다. 저희들도 한 송이 꽃이 되어 하나님을 영화롭게 해드리는 예배를 드리고 싶습니다. 봄꽃의 화사함처럼 이 밤에, 예배를 드리게 하시옵소서. 오늘도 강단에 서서 저희에게 말씀을 전하시는 목사님께 큰 권능과 지혜로 함께하셔서 그 하시는 말씀으로 깨치며 저희에게 은혜와 기쁨과 소망을 가지게 하여 주시옵소서.

　신실하신 하나님, 하나님께서는 이 땅에 복음의 풍성한 열매를 맺게 하셨습니다. 저희 ○○의 성도들이 이 지역에 구원을 받아야 할 하나님의 백성들이 많음을 깨닫게 하시옵소서. 그리고 사회의 아픔에 동참하는 참으로 의로운 교회가 되게 하시옵소서.
　주님을 사랑하고 계명을 지키는 자를 위하여 언약을 지키시고 그에게 인자를 베푸시는 하나님을 알게 하시옵소서. 하나님의 마음에 합한 사람이 되도록 인도해 주시옵소서. 하나님의 음성을 듣는 신실한 주님의 백성이 되어 세상의 기쁨보다는 하나님의 기쁨이 되기를 원합니다.
　예수님의 이름으로 기도드립니다. 아멘.✛

5월 1주

가족을 주신 하나님,

사랑하는 우리의 어린 자녀들이 그리스도 예수 안에서 자라감에 감사드립니다. 우리는 부모로서, 그들에 대한 청지기일 뿐임을 고백합니다. 어린 자녀들 때문에 가정에 웃음과 기쁨이 넘치게 하시고, 우리의 뒷바라지로 그들이 잘 자람을 감사드립니다.

이 밤에도 예배할 때, 영과 진리로 드리게 하시옵소서. 오늘은 종일 어린이들을 생각하며 경건히 하루를 보냈습니다. 부모 된 이 모두들 한나와 같이 자신의 자녀들을 하나님께 드리게 해주시옵소서.

항상 말씀을 전하시는 목사님께 권능과 능력을 주시옵소서. 말씀이 저희 속에서 선하고 좋은 씨앗이 되게 하여 주시옵소서. 선한 열매들이 열리게 하여 주시옵소서. 그리고 성가대원들의 찬양에 주님의 전능하심이 드러나기 원합니다.

은혜로우신 하나님, 어린이를 품에 안으시고 축복하신 주 예수님을 묵상합니다. 주님께서 저희들에게 주신 어린이들이 ○○ 교회의 가족 중에서 중하고 귀한 자리를 차지하게 된 것을 진심으로 감사드립니다.

우리 교회에 속해 있는 어린 지체들을 축복하사 주님의 보호와 사랑 안에서 자라게 하시옵소서. 날마다 힘을 주시고 인도하여 주시옵소서. 어린이들이 생의 마지막 날까지 주님을 사랑하게 하시옵소서.

예수님의 이름으로 기도드립니다. 아멘.✝

5월 2주

　찬양 속에 임하시는 주님,
　이 시간의 예배로 진정 하나님을 만나게 해주시기 바랍니다. 생명의 주님이신 예수를 만나는 시간이 되게 하시옵소서. 사랑하는 부모를 축복합니다. 하나님을 대신하여 자녀들을 돌보시는 그들의 수고에 감사드립니다.
　오늘 이 시간에, 성도들에게 능력의 옷을 입혀 주시옵소서. 기도와 찬송의 옷을, 감사의 옷을 입게 하시옵소서. 사단의 궤계를 능히 멸하는 전신갑주를 주시옵소서. 없어지지 않고 저희를 괴롭히는 악의 뿌리는 뽑히고, 생명의 말씀으로 섬기는 은혜를 주시옵소서.

　하나님 아버지, 구하오니 주의 백성이 사는 가정 가정을 항상 돌보아 주시옵소서. 모든 고통의 근원과 허영의 욕망과 오만한 삶을 그들에게서 제거하여 주시고, 믿음과 미덕과, 지혜와 절제와, 인내와 경건으로 채워 주시옵소서. 부모의 애정이 자녀들을 향하고, 자녀들의 애정이 부모를 향하여 끊임없이 흐르게 하시옵소서. 그리하여 우리 가운데 사랑의 불로 언제나 친애로써 화목하게 하시옵소서.
　저희가 드리는 예배에 주의 영이 임재하여 주시고, 성령의 감동과 감화가 있게 하여 주시옵소서. 주님을 위해 죽도록 충성할 각오와 다짐이 있는 예배가 되기를 원합니다.
　예수님의 이름으로 기도드립니다. 아멘. +

5월 3주

　만물을 지으시고 주인이 되시는 하나님,
　오늘도 지으신 것들을 다스리시는 전능하심을 찬양합니다. 영광 가운데 계신 하나님의 이름을 높여드립니다. 구별된 이 시간에 모든 백성이 주의 전에 나아와 존귀하신 하나님을 경배하며 영광을 돌립니다.
　주님이시여, 하나님의 은혜를 사모하여 여기에 모인 이들을 기억하여 주시옵소서. 온 성도들이 하나님께서 받으시기에 합당한 예배를 드리기에 부족함이 없게 하여 주시옵소서.

　하나님 아버지, 지금, 간절히 간구하오니, 살리시는 주님의 영으로 새롭게 하시옵소서. 오직 하나님의 위로와 소망을 바라며 사는 저희들이 되게 하시옵소서. 힘들고 지쳐서 넘어지려고 할 때, 늘 옆에서 너는 내 아들이라는 주님의 사랑스런 음성을 들려주시옵소서.
　주님의 말씀의 거울로 저희를 비추시고, 영혼을 가르치사 저희들의 삶 전체가 하나님 아버지를 향한 삶이 되게 하시고, 주님을 저희의 희망과 위로로 삼도록 이끌어 주시옵소서. 강단에 세우신 종을 통해서 하나님의 말씀이 온전히 선포되게 하시며, 그 말씀에 순종과 부복으로 따르게 하시옵소서. 이 밤의 예배로 더욱 영광을 받으시고 이 자리는 은혜로 가득하게 하여 주시옵소서.
　예수님의 이름으로 기도드립니다. 아멘.✝

5월 4주

　자기 백성을 돌아보기는 하나님,
　주님의 사랑을 입은 자들이 다시 모였습니다. 오늘, 하루를 온전히 구별해서 영광을 돌리게 하시니 감사드립니다. 여기에 모인 주님의 백성들이 마음으로 몸을 굽혀, 얼굴을 땅에 대고 여호와께 경배하기를 원합니다.
　성도들이 한 마음이 되어 하늘 영광 보좌를 향해 영광을 드립니다. 이 밤의 예배를 통해서 병들고 허약해진 마음을 강하게 붙들어 주시옵소서. 주님, 저희들의 마음에 오시옵소서. 오늘도 강단을 통해서 베풀어주시는 귀한 말씀에 감사합니다. 말씀을 전하시는 목사님 위에도 함께 하사 주님의 크신 권능의 손으로 인도해 주시옵소서.

　하나님 아버지, 보혜사 성령님을 보내주셔서 감사합니다. 성령님의 충만함으로 주님의 뜻을 깨닫게 하시고, 성령님의 감화에 따라 진리의 빛을 비추는 성도의 삶이 되게 하심을 감사드립니다.
　주님의 형제와 자매들이 남의 잘못이나 허물이 있을 때마다 자신을 먼저 돌아보는 사랑으로 충만하기 원합니다. 진정으로 감싸주고, 피차 덕 세우기를 힘쓰는 사랑하는 저희들로 만들어 주시옵소서. 이 밤에도 성령님의 감동하심에 순종해서, 하나님의 나라를 넓혀가야 할 일꾼답게 착한 일을 많이 하도록 이끌어 주시옵소서.
　예수님의 이름으로 기도드립니다. 아멘. ✝

6월 1주

하나님 아버지,

이 밤에 하나님을 사모하는 모든 사람들의 마음에 빛이 되시며, 모든 영혼들의 생명이 되시는 하나님의 이름을 송축합니다. 날마다, 순간마다 저희를 사랑과 은혜와 보호 속에서 살게 하신 주님의 이름에 영광을 드립니다. 주님의 전으로 나아오게 하신 은혜에 감사합니다.

이제, 저희들과 죄를 제거해 주시고 자비로써 저희들 마음에 성령의 불을 붙이어 주시옵소서. 그리하여 돌 같은 마음에 새로운 마음을 허락 하셔서 기쁜 마음으로 당신을 따르며 즐거워 할 수 있는 귀한 믿음을 허락해 주시옵소서.

하나님 아버지, 이 민족과 나라를 불쌍히 여겨주시옵소서. 하나님의 공의가 강물처럼 흐르는 사회를 만들어주시기 원합니다, 저희 ○○ 교회가 민족에 대한 사명을 갖고 이 나라와 백성들을 섬기게 하시옵소서. 이 나라 백성들에게 복을 내려 주시고 저희들 가운데 속히 주님의 사랑과 평화가 넘치는 나라가 임할 수 있는 놀라운 복을 주시옵소서.

주님의 거룩하신 교회에서 예배하게 하시니 그 사랑과 은혜에 감사와 영광을 드립니다. ○○의 지체들이 주님의 백성다운 모습으로 살아가기에 부족함이 없도록 도와주시옵소서.

예수님의 이름으로 기도드립니다. 아멘.✚

6월 2주

　전능하시며 홀로 위대하신 하나님,
　주님의 권능으로 영광을 나타내심을 찬양합니다. 예배하러 모인 저희들에게서 영광을 받으옵소서. 하나님의 자녀가 된 저희들이 주님의 기이한 행적을 찬양하는 가운데 선포하는 예배의 한 시간이 되게 하시옵소서.
　오늘 이 시간에, 그 크신 아버지의 사랑하심에도 불구하고 부족한 심령으로 나아왔으니 저희를 긍휼히 여겨 주시옵소서. 탕자와 같은 심정으로 아버지를 찾은 분들도 계시니 영생의 복을 내려 주시옵소서. 이 거룩한 밤에, 찬송이 넘치도록 성령님의 충만하심을 빕니다.

　하나님 아버지, 각 사람이 행한 대로 심판하실 하나님을 두려워하게 하시옵소서. 그리하여 죄를 지었던 삶에서 돌이켜 회개하고 모든 죄에서 떠나는 용기를 주시옵소서. 저희들의 육신을 위하여 이기적인 욕망과 많은 죄악에서 살아 왔습니다. 저희들의 회개를 들어주시고 용서해 주시옵소서. 죄를 거절하며 살 수 있는 믿음의 용기를 주시옵소서.
　우리 주님의 생애와 가르침으로 우리에게 진실된 복의 길을 열어 주신 전능하신 하나님께 감사드립니다. 의무의 길은 십자가로 향하는 일이며 믿음의 보상은 가시 면류관일 수도 있다는 사실을 주님은 십자가의 고통과 죽음을 통하여 우리에게 보여 주셨습니다.
　예수님의 이름으로 기도드립니다. 아멘. ✛

6월 3주

사랑의 하나님,

감사로 예배를 드리며, 마음의 무릎을 꿇습니다. 세상에서 사는 동안에 모든 육체에게 먹을 것을 주신 하나님 감사합니다. 부족한 저희는 하나님을 잊고 산 적이 많지만, 하나님은 우리를 한 번도 잊지 않으신 인자하신 분이셨음을 믿고 감사드립니다.

저희들의 심령 속에는 주님 밖에는 누구에게도 말할 수 없는 문제가 있습니다. 이 일은 저희 자신과 아버지만이 알고 있는 일이기도 합니다. 제가 매혹되지도 말아야 하고, 제 마음 속에 들여놓지도 말아야 할 생각이지만 그 생각에서 떠날 수가 없습니다.

신실하신 하나님, 주님의 교회가 솔선하여 허물이 있는 곳을 치유하고, 모자란 곳을 채우며, 나누인 곳을 하나 되게 하는 데 최선을 다하게 하시고, 주님의 영광을 높이 드러낼 수 있는 교회가 되게 하시옵소서. 성도들의 마음과 마음에 새 생명을 주시옵소서. 이 지역 사회에서 구원의 방주로서의 역할을 다하도록 이끌어 주시옵소서.

저희들에게 기도의 문을 열어 주시옵소서. 주님 앞에 간구할 때 저희의 의를 의지하지 않고, 주님의 크신 긍휼을 의지할 수 있도록 복을 내려 주시옵소서. 저희들의 영혼과 육체를 성결하게 하시고, 주님께서 열납하시며 기뻐하시는 시간이 되게 하시옵소서.

예수님의 이름으로 기도드립니다. 아멘.＋

6월 4주

은혜 안에서 새롭게 해주시는 하나님,
"회개하고 돌이켜 너희 죄 없이 함을 받으라"하셨으니, 먼저 죄를 고백합니다. 저희들은 어리석어서 부지불식간에 죄를 짓고도 모릅니다. 거룩하게 지낸다고 하면서도 죄를 짓기도 합니다. 죄를 고백하오니, 저희들이 새롭게 되는 날이 주 앞으로부터 이르기 원합니다. 저희들의 죄가 주홍 같이 붉을지라도 눈처럼 희게 되는 용서의 기쁨을 주시옵소서.
이 시간에도, 말씀을 전하시는 목사님을 붙들어 주시고 주님이 주시는 자유와 평화의 메시지가 선포되어지는 시간이 되게 하시옵소서. 목사님께서 말씀을 증거하실 때, 사단의 권세 일절 틈 못 타게 하시옵소서.

하나님 아버지, 아브라함의 기도를 들으시고, 그 성읍을 멸하지 아니하셨음을 기억합니다. 여호와 앞에서 내가 간구한 이 말씀이 주야로 우리 하나님 여호와께 가까이 있게 하시기 원합니다. 기도와 찬송을 통해서 늘 하나님께 가까이 하는 지체들이 되게 하시옵소서.
주님이시여, ○○ 교회에 속한 성도들의 가정에 건강한 몸과 사랑의 마음과 봉사의 생활이 늘 풍성한 삶을 허락해 주시기 원합니다. 이 주간에 저희들에게 물질의 넉넉함을 주심과 동시에 신앙적으로 풍요롭게 해주시옵소서.
예수님의 이름으로 기도드립니다. 아멘.✝

6월 5주

여호와 하나님,

주님께 기도하며 자복할 수 있는 은혜를 원합니다. 하나님의 영광을 가릴 만한 죄들을 회개하게 하시며, 용서하심의 은혜로 새롭게 하시옵소서. 이제, 저희들이 지은 모든 죄를 고백하고 뉘우치오니 용서하여 주시옵소서.

오늘처럼 아름다운 밤에도 하나님은 영광을 받으시기 원합니다. 벌써 초여름의 시원한 바람이 불어와 주님을 느끼게 합니다. 저희들이 주님의 마음을 닮지 못하고 허영과 시기와 미움으로 살아왔사오니, 이 밤의 예배로 고쳐주시기 원합니다.

하나님 아버지, 저희들에게 성도의 귀한 직분을 허락하심을 감사드립니다. 저희가 성도의 귀한 직분을 잘 감당할 수 있도록 귀하신 은혜로 더하여 주시옵소서. 저희의 입술과 손길과 발길이 주님의 말씀을 전하는 귀한 복음의 증인들이 되게 하여 주시옵소서.

모든 인간의 부족으로 인한 불화를 없애주시고 화평과 기쁨이 충만한 믿음의 가정이 되도록 은혜 내려 주시옵소서. 그리스도의 참 빛이 성도들의 가정에 스며들게 하시어 사랑 안에서 하나로 녹아지게 하시옵소서. 어느덧 6월이 다가고 7월을 살게 되었습니다. 여름의 계절에 주님께 대한 사랑을 뜨겁게 하는 저희들이 되기를 원합니다.

예수님의 이름으로 기도드립니다. 아멘.+

7월 1주

자비로우신 하나님,

늘 차고 넘치도록 채워주신 은혜를 헤아리며 감사드립니다. 이 밤의 예배는 저희들에게 거두어들인 것을 생각하여 감사로 영광을 드리게 하시옵소서. 하나님은 인생의 길에서 필요한 것을 조금도 부족함이 없게 채워주시는 분이시니 모든 영광을 드립니다.

지난 주일에는 맥추감사절로 예배를 드리게 하였으나 부족한 것이 많았음을 고백합니다. 이 시간은 저희들의 부족을 아파하여 회개하는 예배가 되게 하시옵소서. 상한 심령으로 드리는 예배를 통해서 하나님의 은혜로 영육 간에 회복의 기쁨을 누리기를 원합니다.

하나님 아버지, 강단에서 말씀을 전하시는 목사님을 붙들어 주시고 주님이 주시는 자유와 평화의 메시지가 선포되어지는 시간이 되게 하여 주시옵소서. 귀한 목사님의 가정과 건강을 지켜 주시고, 주님의 사랑으로 늘 충만케 하여 주시옵소서.

축복이 되는 맥추감사절의 절기를 함께 하지 못한 지체들에게 은혜를 더해 주시옵소서. 그들이 질병으로 또는 병자를 간호하느라 교회에 못나온다면, 어린아이나 집안의 일로 교회에 나올 수 없다면, 또는 연로하여서, 너무나 슬퍼서 교회에 나오지 못하는 이들이 있다면 그들이 소망 가운데 잠잠히 하나님을 기다리게 하시옵소서.

예수님의 이름으로 기도드립니다. 아멘. ✝

7월 2주

 찬양을 드리게 하시는 하나님,
 ○○의 지체들이 주님의 성소에서 하나님을 찬양하며, 그의 권능의 궁창에서 그를 찬양합니다. 저희들이 찬양으로 하나님께 나올 때, 우리 교회가 성령으로 충만케 하시옵소서. 성도들이 교회에 모일 때마다 하나님을 찬양하는 소리로 가득하게 하시기를 원합니다.
 황혼의 시각에 다시 불러 주셨으니 ○○ 교회의 성도들이 한 마음이 되어 예배드리기 원합니다. 신령과 진정을 다해서 하늘 영광 보좌를 향해 예배하게 하시옵소서. 이 밤의 예배를 통해서 병들고 허약해진 마음을 강하게 붙들어 주시옵소서.

 하나님 아버지, 여름의 뜨거움처럼 저희들이 신앙훈련을 받고자 합니다. 영아부로부터 노년부에 이르기까지 전교회가 신앙수련을 하게 됩니다. 이 훈련으로 주님의 교회가 신앙의 공동체를 이루어 하나님의 영광을 선포하게 하시옵소서.
 금년 여름의 신앙수련을 통해서 온 교회가 영성으로 새로워지게 하시며 주님의 영광을 드러내게 하시옵소서. 주님의 사랑이 그들 안에 가득 차고 넘쳐 그 사랑으로 세상에서 성도의 직분을 잘 감당하도록 은혜와 복으로 더하여 주시옵소서.
 예수님의 이름으로 기도드립니다. 아멘.✝

7월 3주

긍휼히 여기시는 하나님,
이 밤에도 저희를 죄악이 관영한 곳에 머물지 않게 하심을 감사드립니다. 알면서도 죄를 짓는 연약함에 있으나 하나님께로 불러주신 사랑에 탄복하며 감사드립니다. 주님께서 저희의 연약함을 아시오니 한 주간의 삶을 용납하여 주시옵소서.
예배를 받으시기에 합당하신 하나님을 찾아왔습니다. 거룩한 성전에 예수님의 이름으로 모였음에 감사드리게 하시옵소서. 이 전에 들어온 모든 이들이 신령과 진정으로 예배드리게 하시옵소서. 찬양으로 주 하나님의 이름을 높이고, 우리를 다스리시는 하나님께 영광을 드리게 하시옵소서. 정성을 다 드려서 예배할 때, 마음이 즐겁기 원합니다.

기도를 들으시는 주님, 성도들의 가정마다 은혜의 강물이 흘러가게 하시옵소서. 성전에서 흘러나오는 생수의 역사가 가정마다 흘러서 한해의 지표를 삼게 하시기 원합니다. 그래서 더욱 더 믿은 안에서 굳건히 세워지는 권속들이 되게 하시옵소서.
이번 주간에도 교육기관의 신앙수련을 통해서 훈련을 받는 이들이 거듭나는 시간이 되기 원합니다. 그리하여 하나님 앞에서 성도의 삶이 권세 있게 하시고 세상을 향하여 담대함으로 승리하게 하여 주시옵소서. 저희들에게서 주님의 사랑이 넘치도록 해주시기를 빕니다.
예수님의 이름으로 기도드립니다. 아멘.+

7월 4주

　은총을 내려주시는 하나님,
　지난 한 주간 동안에도 때마다, 일마다 간섭하시며 좋은 것으로 만족케 하시니 감사합니다. 아버지 하나님의 도우심으로 지낸 한 주간이었습니다. 이 시간에 무엇보다도 거룩하고 복된 날을 구별하여 예배하는 은혜를 누리게 하심을 감사합니다.
　이 밤의 예배로 말미암아 온 성도들이 주님을 영화롭게 해드리기 원합니다. 성령님의 감화 아래에서 하나 된 친교를 누리게 해 주시옵소서. 설교를 위하여 단 위에 세우신 목사님께 말씀의 권능을 더하시어 말씀을 전하실 때 능력 있는 말씀 되게 하시옵소서.

　교회를 세우시는 하나님, 저희들이 물질의 복에만 만족하는 어리석은 자들이 되지 않게 하시고, 영의 축복을 사모하며 늘 기도에 힘쓰는 성도들이 되게 하시옵소서. 닫혔던 입술과 마음을 활짝 열어주시고 저희의 교회와 가정에서 기도드리는 간구의 소리가 늘 끊어지지 않게 하시옵기를 간절히 원합니다.
　또한, 저희들에게 이웃을 돌아 볼 수 있는 사랑의 눈을 허락하여 주시옵소서. 예수님을 영접하려 않는 불신자들에게 주님의 사랑을 전할 수 있도록 은혜를 더하여 주시옵소서. 저희들의 입술을 주장하사 복음을 증거하는 귀한 영혼들이 되게 하여 주시옵소서.
　예수님의 이름으로 기도드립니다. 아멘.+

8월 1주

우리를 지키시는 하나님,

그 인자하심으로 한주간의 삶을 다스리시고 예수 안에서 승리하게 하시오니 무한 감사드립니다. 험한 세상을 살아오면서 힘들 때마다 하나님의 도우심이 있었음에 감사드립니다. 날마다의 생활이 감사와 찬양으로 이어지게 하시옵소서.

성도들의 심령을 주장해 주셔서 하나님이 받으시기에 온전한 예배가 되게 해주시고, 하나님의 살아계심을 경험하는 살아있는 예배가 되게 하시옵소서. 찬양과 말씀으로 상한 심령들이 치유를 받게 하시옵소서. 성령님의 충만함을 통하여 능력을, 이 복된 빛을 이웃에게 전하기에 부족함이 없기를 간절히 간구합니다.

하나님 아버지, 하나님은 간구하매 응답하시고, 모든 두려움에서 건지십니다. 이에, 기도하오니, 하나님을 영화롭게 하며, 그를 영원토록 즐거워하게 하시며, 믿음 위에 굳게 서서 흔들리지 않게 하시옵소서. 어느덧 입추가 되었사오니 신앙생활에 열심을 내게 해주시기를 빕니다.

질병 때문에 고통 하는 성도들을 기억하시고, 나는 치료하는 여호와라고 말씀하신 대로 아버지의 능력으로 고침 받게 하여 주시옵소서. 몸은 교회를 나왔지만 남이 알 수 없는 심적 고통을 앓고 있는 상처 입은 성도들이 있습니다. 위로와 치유를 허락하여 주시옵소서.

예수님의 이름으로 기도드립니다. 아멘.+

8월 2주

전지전능하신 하나님,

저희들을 위해서 준비된 하늘의 은혜를 허락해 주시옵소서. 특별히 바라기는 예배를 통해서 주님의 몸 된 교회 안에서 한 공동체를 이루게 하시고, 하나님의 은혜 안에 거하게 해주시옵소서.

광복절을 맞이합니다. 나라를 세우시고, 지키시는 하나님께 감사드립니다. 이 민족 모두의 가슴을 사랑으로 채워주시기 바랍니다. 서로 사람다운 길에 설 수 있도록 위로하며 권면하도록 하시옵소서. 나아가 이 강산과 이 교회가 주님으로 인하여 사는 길을 찾도록 회개의 영을 부어 주시옵소서.

하나님 아버지, 믿음이 연약한 심령들에게는 강하고 담대한 믿음을 허락해 주시기 원합니다. 그리고 말씀에 갈급하고 굶주린 심령들에게는 말씀의 충만함이 있는 예배이기를 원합니다. 우리의 기쁨이 되시는 주님을 만나는 체험이 있게 하시옵소서.

우리 ○○의 지체들에게, 부에도 처할 줄 알고, 가난에도 처할 줄 아는 일체의 비결을 알게 하시옵소서. 가난을 한탄하지 말게 하여 주시옵소서. 우리의 노력으로 얻었다 할까 두렵사오니 부를 자랑치 않게 하여 주시옵소서. 하나님께서 재물 얻을 능을 저희에게 주셨음을 알도록 인도해 주시옵소서.

예수님의 이름으로 기도드립니다. 아멘.+

8월 3주

저희들을 보살펴 주시는 하나님,

하나님의 사랑을 받기에 합당치 못한 저희들의 삶이었기에 이 시간에 주님 앞에 다 내어 놓습니다. 하나님의 집은 기도하는 곳이건만 저희들은 온갖 욕망과 개인적인 꿈으로 오염시켰음을 용서해주시옵소서.

오늘 드리는 저희들의 예배가 주님께서 기뻐 받으시는 산 제사가 되게 하시옵소서. 말씀을 증거하실 목사님에게 영력을 더하셔서 하나님의 대언자로서 생명력 넘치는, 살아 있는 말씀으로 저희들을 감동케 하시옵소서. 그 말씀이 생명의 양식이기를 원합니다.

교회를 주관하시는 하나님, 우리 ○○ 교회를 위하여 교역자들을 세워주심에 감사합니다. 그들이 주님을 대리하여 저희들의 선한 목자가 되게 하셨습니다. 그분들을 위하여 간구할 때, 특별히 담임 목사님께 함께 하셔서 영육에 신령함과 강건함을 주시기 원합니다. 또한 많은 부교역자들에게 능력을 더해 주시옵소서.

오늘, 이 세대를 본받지 않게 하시옵소서. 하나님의 기뻐하시는 뜻을 구하게 하여 주시옵소서. 저희를 예수님의 십자가의 공로로 살려 주심에 감사드립니다. 오늘도 갈급한 심령으로 나왔사오니 주께서 저희들의 기도에 응답해 주시옵소서.

예수님의 이름으로 기도드립니다. 아멘.+

8월 4주

   소원을 이루시는 주 하나님,
   성전에서 만나주시는 하나님께 영광을 바칩니다. 여호와의 영광이 이 자리에 있는 것을 보고 엎드려 경배하게 하시옵소서. 주의 백성들과 함께 하시는 하나님의 선하심을 찬양합니다. 이 저녁에도 인자하심이 영원하심에 대하여 경배를 드립니다.
   저희들 자신과 주님의 십자가를 바라보니 눈물이 앞섭니다. 주님을 의지한다 하면서도 눈에 보이는 것들에 마음을 두고 살았던 시간들이었습니다. 바라보아야 할 하나님의 나라보다는 세상 속에서 욕심과 정욕을 따라 살았음을 고백합니다.

   하나님 아버지, 이 제단에 꿇어 엎드린 주의 사랑하는 성도들을 위하여 기도합니다. 눈물을 흘리며 기도하는 간구를 들으시고 좋은 것으로 응답해 주시옵소서. 성도들이 먼저 하나님 말씀대로 살아가는 믿음을 갖기 원합니다. 저희들을 온전히 이끄셔서 더 굳센 믿음 위에 서게 해주시옵기를 간절히 간구합니다.
   머리카락까지 세시는 주의 눈으로 저희를 붙들어 주시기 원합니다. 마음의 근심과 곤란에서 끌어내 주시옵소서. 너무 가난하여 주를 버릴까 하오니 궁핍에서 건져 주시옵소서. 환란을 만난 성도들을 건져 주시옵소서. 하늘나라를 바라보는 ○○의 성도들이 되게 하시옵소서.
   예수님의 이름으로 기도드립니다. 아멘.+

9월 1주

영광 가운데 영광으로 계신 하나님,

존귀하신 이름을 높여드립니다. 이 시간에 함께 모인 모든 이들이 전심으로 주를 찬송하고, 영원토록 주님의 이름에 영광을 돌립니다. 여호와는 모든 나라보다 높으시며, 주님의 영광은 하늘보다 높으십니다.

저희들의 악함을 회개합니다. 겉으로 드러나지는 않으나 마음에 품은 죄악을 용서해 주시기 원합니다. 예배를 드릴 때 뿐, 언제나 순종에 부족한 저희들이었습니다. 주님을 바란다 하면서도 주님께 대한 목마름이 없이 지내왔습니다. 예배하기 전에, 하나님 은혜와 사랑으로 죄를 씻음 받게 하시옵소서.

하나님 아버지, 우리 교회가 이 지역에서 하나님의 진리를 선포하게 하시옵소서. 성도들이 기도와 사랑으로 교회가 지역을 섬기게 하시옵소서. 이를 위해서 저희들이 물질을 드리는 일에도 열심을 내게 하시옵소서. 교회로서의 사명을 다하기에 부족함이 없도록 도와주시기 바랍니다.

저희들의 손이 깨끗하도록 복을 내려 주시옵소서. 여호와를 찾는 삶이 되게 하시고 하나님의 얼굴을 구하는 믿음이 되게 하여 주시옵소서. 주님의 사랑과 대속의 보혈을 의지해서 예배하오니, 이 시간에 영광을 받으시고 무한하신 긍휼의 은혜를 허락하시옵소서.

예수님의 이름으로 기도드립니다. 아멘.✛

9월 2주

거룩하신 하나님,

저희들의 죄를 용서해 주시기 원합니다. 아직도 구원받기 이전의 옛사람을 버리지 못하고 혈기를 부립니다. 세상의 것에 마음을 빼앗겨 천국 백성답게 살지를 못합니다. 이 시간에, 십자가에 장사 지냄으로써 새 형상으로 거듭나게 하시옵소서.

이 밤에, 성령의 연합이 일어나고 주의 사랑으로 서로 사랑함이 있게 하시옵소서. 예배할 때, 말씀을 들고 서신 목사님에게 강건케 하시옵소서. 영권을 주시고 권능과 지혜로 함께 하셔서, 그 말씀으로 저희를 깨치며 저희에게 기쁨과 은혜와 소망을 갖도록 인도해 주시옵소서.

하나님 아버지, 주님의 교회에서 일꾼으로 부름을 받은 이들을 깨워주시옵소서. 저희들에게 죽어가는 영혼들을 불쌍히 여기는 마음이 불일 듯 일어나게 하시기 원합니다. 교회의 각 기관에서 믿지 않는 이웃들을 주께로 인도하기에 부족함이 없게 하시옵소서.

주님께서 다시 오시는 그날까지 예수님의 이름만 의지하는 저희들이 되게 하시옵소서. 하나님 한 분 만을 희망과 위로로 삼아 말씀대로 살아가는 믿음을 허락하시고, 주님의 영광을 드러내는 살아있는 믿음을 갖도록 인도해 주시옵소서. 정성된 예배가 되게 하시고, 힘을 다하여 드리는 예배에 응답해 주시옵소서.

예수님의 이름으로 기도드립니다. 아멘.✛

9월 3주

나의 하나님, 나의 아버지여,

입술을 크게 벌려 주님을 찬양합니다. 한번도 실망시키신 적이 없으셨던 주님을 찬양합니다. 사랑하시는 자에게 신실하신 하나님은 찬양받으시기에 마땅합니다. 이 예배에 모인 이들이 거룩하신 주님을 마음껏 찬양하게 하시옵소서.

오직 하나님께만 영광이 되는 예배의 순서 순서로 이어지게 하시옵소서. 저희들을 위해서 준비된 하늘의 은혜를 허락해 주시옵소서. 우리가 어떤 모습으로 살아왔든지 주님의 몸이 된 교회 안에서 한 공동체를 이루게 하시고, 하나님의 은혜를 사모하며 예배하기를 원합니다.

하나님 아버지, 간절히 바라기는 살리시는 주님의 은혜로 치유와 문제의 해결, 위로가 나타나기를 소망합니다. 자라나는 자녀들에게는 기쁨을 허락해 주시옵소서. 그리하여 우리 모두 믿음의 역사를 이어가는 권속들이 되게 해주시기를 빕니다.

오늘, 이 자리에 참석한 모든 성도들을 일일이 기억하시고, 이 어렵고 힘든 때에 가정 가정을 지켜 주셔서 어려운 일을 당하지 않도록 도와주시고, 모든 일이 주 안에서 형통하게 하여 주시옵소서. 저희는 항상 기도하고 깨어 주님 오실 날을 예비하는 슬기로운 다섯 처녀와 같이 기름과 등을 예비하는 성도들이 되게 하여 주시옵소서.

예수님의 이름으로 기도드립니다. 아멘. +

9월 4주

영원한 왕이시며, 만주의 주이신 하나님,
이 시간에, 저희들이 굽혀 경배합니다. 저희의 생명을 지으신 여호와 앞에 무릎을 꿇는 예배를 드리려 합니다. 참 좋으신 하나님 아버지이신 그 이름에 알맞는 경배를 드립니다. 살아 계신 하나님을 찬양하며, 영원토록 감사하며 살 수 있도록 도와주시는 하나님께 감사를 드립니다.

이 시간에, 고백하니 십자가의 보혈로 정케 하여 주시기 바랍니다. 저희는 늘 연약하여 세상 유속에 쉽게 넘어가고 죄짓기 쉬우니 저희의 마음을 지켜 주시옵소서. 저희의 영혼에 성령의 은혜가 생수의 강같이 흘러넘쳐 죄를 이기고 사단을 이기는 승리의 삶이 되기를 원합니다.

하나님 아버지, 주일을 구별할 수 있는 은혜를 주시고, 이른 새벽 시간부터 주님께 집중할 수 있게 하심을 감사드립니다. 오늘, 참으로 예배를 드림으로 신령한 은혜를 누리는 복된 시간이 되기를 원합니다.

우리 ○○의 지체들이 주님의 증인이 될 수 있도록 저희에게 말씀의 갑옷을 입게 하시옵소서. 성령의 검을 높이 들게 하여 주시옵소서. 주님께서 땅 끝까지 이르러 주님의 증인이 되라 하신 명령을 지켜 행할 수 있도록 저희를 축복하여 주시옵소서. 영화로운 밤에 주님께서 받으셔야 하는 영광을 받으시고, 저희들에게는 기쁨을 누리게 하시옵소서.

예수님의 이름으로 기도드립니다. 아멘. +

9월 5주

우리를 도우시는 여호와여,

육신의 삶에 쫓겨 하나님의 은혜를 잊고 지냈음을 회개합니다. 입으로는 예수님이 나의 주인이라 하면서도, 행실로는 제가 스스로 주인 노릇을 했사오니 용서해 주시옵소서. '죄인을 불러 회개시키러 왔노라' 라고 하신 예수님을 찬양합니다.

성령님으로 저희들을 이끄셔서, 신령과 진정으로 예배드리게 하시옵소서. 말씀을 선포하실 때, 말씀이 성령의 검이 되어서 저희의 심령과 골수를 찔러 쪼개고 변화되는 생명의 만남을 경험하게 해 주시옵소서. 예배드리는 이 자리의 모든 이들에게 은총을 내려주시옵소서.

경배를 받으시는 하나님, 맡은 이들이 구할 것은 충성이라 하셨으니, 성령의 권능으로 충성하는 종들이 되게 하시옵소서. 하나님의 자녀들로 이루어진 주님의 몸 된 교회가, 세상에서 방황하며 인생의 무거운 짐을 지고 있는 이들에게 사랑을 베풀게 하시옵소서.

이 시간에, 국군장병들을 생각합니다. 우리를 위해 목숨을 걸고 나라를 지키는 이들을 하나님께서 친히 보호해 주시기를 빕니다. 그들로 하여금 생사를 무릅쓰고 나라를 위해 희생하는 열매를 맺게 하시옵소서. 사랑하는 아들과 딸을 군대에 보낸 부모들을 축복합니다. 하나님의 위로하심을 그들에게 내려 주시옵소서.

예수님의 이름으로 기도드립니다. 아멘. +

10월 1주

 교회를 지켜주시는 하나님,
 세상을 다스리시며 교회를 보호하시는 하나님께 영광을 드립니다. 주님의 이름으로 모인 저희들로부터 찬양을 받으시고, 영광을 취하시기 원합니다. 여호와는 위대하시니 우리 하나님의 성에서 극진히 찬양 받으시리로다.
 이 밤의 예배가 형식이나 습관대로 드리는 것이 아니기를 바랍니다. 주님의 은혜가 없으면 살 수 없는 저희들, 부끄러운 모습으로 살았습니다. 긍휼을 베풀어 주시옵소서. 주님의 영광을 가리는 말을 해왔고, 감정에 따라 행동을 했던 삶을 용서해 주시옵소서.

 하나님 아버지, 감사와 찬양이 넘치는 예배가 되도록 주님께서 친히 주장하여 주시옵소서. 설교를 준비하신 목사님께 힘을 더하셔서 권세가 있는 말씀을 선포할 수 있게 하시고, 그 말씀이 힘이 되어 주저앉았던 저희들이 다시 일어나는 체험을 주시옵소서.
 저녁에는 울음이 기숙할지라도 아침에는 기쁨이 오게 하실 줄 믿습니다. 현제의 고통에 좌절하지 않게 하시고, 지금의 어려움에 낙심하지 않게 하시옵소서. 하나님의 섭리는 인생을 가장 사랑하시는 가운데 정하셨음을 아오니 주의 뜻으로 만족하게 하여 주시옵소서. 오늘도 하나님의 섭리 속에 드리는 경배와 찬양과 영광을 흠향하여 주시옵소서.
 예수님의 이름으로 기도드립니다. 아멘. +

10월 2주

찬양을 받으시는 하나님,

저희들, 주위로부터 받는 박수갈채와 칭찬을 위해서는 온갖 재능을 발휘하면서도, 교회의 조그만 일 하나에는 무관심한 저희들이었습니다. 하나님 아버지, 저희들이야말로 집을 나간 둘째 아들이 아닌가요? 악을 따르는 삶을 살아 왔음을 용서하여 주시고, 하나님의 자녀로 거듭나기 위해 눈물의 회개를 합니다.

저희들에게 주님을 알 수 있는 믿음을 주셔서 감사합니다. 이 믿음으로 드리는 저희의 신앙고백을 받아 주시옵소서. 저희가 한 마음으로 예배하게 하시니 영광과 찬양을 주님께 드립니다. 교회의 모든 성도들에게 믿음에 이르며, 믿음의 능력으로 살도록 인도해주시옵소서.

영광을 받으시는 하나님, 오늘 저희들이 기도회로 모였으니 주님이 기뻐받으시는 향기로운 기도를 드릴 수 있도록 인도하시옵소서. 하늘의 하나님의 뜻이 이 땅에서 이루어질 것을 기다리는 기도를 드리게 하시옵소서. 이 시대를 향한 주님의 음성을 담아내기 위해서 말씀을 전하시는 목사님도 성령으로 충만하게 하시옵소서.

이 저녁에, 주님의 이름으로 모인 이 교회 공동체를 축복합니다. 성도들에게 주님의 역사를 나타내 주시옵소서. 믿음의 열심을 내게 하시고, 절망과 낙심을 이기도록 해주시옵소서.

예수님의 이름으로 기도드립니다. 아멘.✛

10월 3주

여호와 닛시의 하나님,
주님의 피가 죄를 씻어주심을 믿고 담대히 나왔습니다. 우리는 죄로 인하여 주님께 얼굴을 들지 못하고, 주님의 자비를 잊었습니다. 우리의 모든 허물을 씻어 주시고 교만한 생각과 헛된 욕망에서 구해 주시옵소서. 특별히, 종교개혁을 기념하면서, 저희들의 어그러진 신앙을 바로 잡아주시기를 원합니다.
오늘은 종일 개혁에 대하여 묵상하면서 하루를 보냈습니다. 사탄은 교회를 허물어뜨리려고 이단과 사설이 난무하게 하였으나 그때마다 하나님께서는 진리의 깃발을 들게 하셔서 교회를 지켜주셨습니다. 이 밤의 예배에서도 혹시 잘못된 모습이 있다면 발견하게 하시옵소서.

해 그림자를 십도 뒤로 물러가게 하신 하나님, 이에, 간구하오니 저희들에게 한 영혼이 천하보다 귀함에 대한 소원을 갖게 하시옵소서. 그래서 복음이 널리 전파되어야 함을 깨달아 알기를 원합니다. 이 지역에 하나님의 백성이 많이 있음을 깨달아 복음을 전하게 하시옵소서.
이제는 착한 행실로 의로움으로 모든 면에서 하나님의 의를 드러내며 주님 앞에서 그리스도의 품성을 갖게 하여 주시옵소서. 저희가 행한 불의를 회개하고 죄악에 물들기 쉬운 마음을 제어하는 용기와 담대함을 허락하여 주시옵소서.
예수님의 이름으로 기도드립니다. 아멘.+

10월 4주

온 우주에 충만하신 하나님,
하나님의 충만하심으로 그 영광이 나타나고 있습니다. 저희들을 죄로부터 구원하시고, 영원히 왕이신 하나님을 찬양합니다. 저희들의 지난 삶을 에덴동산을 돌보셨듯이 지켜주신 손길에 감사를 드립니다.
여전히 부족하지만, 이 시간의 예배를 통해서 하나님의 영광을 선포합니다. 예배하는 가운데, 저희들의 걸음이 악에서 떠나 선을 행하기 원합니다. 우리의 모든 경영과 계획이 주님의 선하신 뜻 안에서 이루어져 영광스런 열매를 맺게 하시옵소서.

하나님 아버지, 교회를 위해서 일꾼을 세워 주셨습니다. 주님의 일꾼으로 부름을 받은 제직들에게 능력 주셔서 맡겨진 일들을 수행할 때 부족함 없게 하시옵소서. 목사님의 뜻을 받들어 순종하는 가운데 주님의 영광으로 소문나는 교회가 되게 하시옵소서.
○○의 지체들이 주님의 뜻을 따를 때 우리의 의지를 꺾고 겸손히 주님의 뜻과 계획에 순종하게 하시옵소서. 우리를 불쌍히 여기시는 주님을 바라봅니다. 육신이 연약한 자에게 육신의 건강함을 얻게 하시옵소서. 믿음의 확신이 없는 자에게 믿음의 확신을 주시옵소서. 이 밤에, 죄로 얼룩진 입술을 성령님의 불로 지져 주시옵소서.
예수님의 이름으로 기도드립니다. 아멘. +

11월 1주

　은혜를 베푸신 하나님,
　영원히 멸망을 받아 마땅했던 저희들을 구원의 반열에 서게 하시고 보호해 주셨음에 감사드립니다. 불신자들과 어울려야 했으며, 하나님을 대적하는 세력과 같이 있었으나 믿음으로 살게 하셨음을 감사드립니다.
　주님의 은혜 안에서 살아온 지난 사흘이었습니다. 이제, 밤 시간에 주님 앞으로 나왔습니다. 많은 이들 중에서 저희를 구별하시고 지켜주셔서 선택받은 백성으로 예배하게 하셨습니다. 저희의 마음에 하나님의 법을 두게 하셨는데, 이 시간의 예배로 영광을 드립니다.

　하나님 아버지, 주님의 교회와 성도들을 사랑하사 이 시대를 분별하여 주님의 영광을 나타내는 복음의 증거자가 되게 하여 주시옵소서. 저희의 모습은 약하지만 주님의 능력으로 저희를 통하여 역사하심을 믿습니다. 기도와 말씀 안에서 믿음이 성장하도록 복을 더하여 주시옵소서. 영적인 열매가 더욱 알차게 맺힐 수 있도록 인도해 주시옵소서.
　여호와 앞에서 존귀한 ○○의 지체들이 말씀과 성령으로 재충만 받게 하시옵소서. 그 능력으로 사단의 세력을 멸하면 하나님의 의를 세우는데 동역자가 되게 하시옵소서. 교회를 중심으로 쓰임을 받는 그릇이 되게 하시옵소서.
　예수님의 이름으로 기도드립니다. 아멘.＋

11월 2주

　나의 왕, 나의 하나님,
　저희는 주님을 사랑한다고 하면서도 언제나 미련하고 부족하였으며, 주님을 모른다고 세 번이나 부인한 베드로처럼 언제나 자책 가득한 심령으로 주님 앞에 나아옵니다. 성령님으로 충만하게 채워주시옵소서.
　사랑하는 ○○의 지체들에게 진리의 빛과 은총의 향기로 가득 채워주시옵소서. 삶의 용기와 지혜를 다시 얻게 하여 주시옵소서. 주님이 우리 마음에 오시면 저 밝은 하늘이 열리고 생명의 빛이 저 넓은 대지를 비춰는 것처럼, 죄와 슬픔과 고뇌는 사라지고 활기찬 생명의 능력이 우리의 심령 속에서 용솟음쳐 오르니 감사합니다.

　하나님 아버지, 저희 교회의 모든 기관이 잘 연합하여 한 마음이 되기를 원합니다. 모양과 생각은 다르지만 남을 나보다 낫게 여기고 모든 일을 주께 하듯 하며, 서로 돌아보아 사랑과 선행을 실천하는 저희가 되게 하시옵소서. 간구하오니, 이 교회에 복을 내려 주시기 원합니다.
　저희들에게 이 시대를 분별할 수 있는 지혜가 있기를 원합니다. 그리고 어려운 이웃들에게 주님의 사랑을 전할 수 있도록 축복으로 더하여 주시고, 주님의 사랑이 늘 풍성할 수 있도록 하시옵소서. 우리 하나님께서 부족한 종의 간구를 들어주심을 믿습니다,
　예수님의 이름으로 기도드립니다. 아멘.+

11월 3주

지극히 광대하신 하나님,

부디 주님의 깨끗하게 하시는 능력으로 악을 이겨내고 옳은 일을 하게 해주시옵소서. "내가 세상 끝날 때까지 너희와 항상 함께 있으리라" 말씀하심처럼, 이 시간에 우리의 마음을 뜨겁게 만들어 주시기를 빕니다.

이 저녁에 드리는 예배가 영과 진리로 드릴 수 있게 되기를 원합니다. 하나님의 자비하신 구원의 은혜를 저희들에게 흡족하게 내려 주시옵소서. 삼일 밤의 예배를 주님께서 기뻐 받아주시고, 이 찬양을 통하여 저희들의 마음을 밝게 해주시기 원합니다.

하나님 아버지, 이 시간에도 주님의 은총과 도움을 바라는 생명들이 오늘 우리의 현실 속에 수없이 있나이다. 나라의 일을 맡은 위정자들, 휴전선을 지키는 국군장병들, 대학가의 젊은 지성들, 어두운 세상에서 방황하는 생명들, 그들도 다 우리의 형제이니 사랑과 능력으로 보살펴 주시기 원합니다.

저희들에게 더욱 강력한 영성을 갖게 하심으로써 이 사회가 지탱되는 푯대가 되게 하여 주시옵소서. 주님을 믿는 모든 그리스도인들이 이 사회의 빛과 소금의 역할을 감당하기에 부족함이 없는 귀한 영혼들이 되게 하여 주시옵소서.

예수님의 이름으로 기도드립니다. 아멘.✝

11월 4주

　모든 좋은 것을 주신 하나님,
　주님께로부터 받은 것들을 헤아릴 때, 감사하지 않을 수 없어 이렇게 모였습니다. 참으로 위대하신 손길로 저희들을 만족하게 하신 하나님의 인자하심을 찬양합니다. 이 시간에, 저희들이 하나님 앞에 감사의 제단을 마련하고 정성과 뜻을 모읍니다.
　주님의 은혜에 감사하지 못하는 게으름을 용서해 주시옵소서. 감사를 새기는 자세가 되기 못함을 고백합니다. 마음으로는 하나님을 사랑하고 감사하는 마음이 넘치기를 원하지만 그렇지 못함을 용서하시옵소서.

　하나님 아버지, 오늘, 예배에서 소망이 없는 이 시대에 선지자적 소명을 가지고 말씀을 외치는 목사님을 기억하여 주시옵소서. 오늘도 새롭게 하시는 성령의 역사를 전하시기 위하여 단 위에 서셨으니 한 말씀, 한 말씀 외치고 증거 하실 때마다 이 자리에 모인 저희 모두가 성령의 강한 역사를 체험케 하여 주시옵소서.
　저희들이 눈물 골짜기로 통행할 때에, "그 곳으로 많은 샘의 곳이 되게 하며 이른 비로 은택을 입히신" 하나님을 찬양하는 예배가 되게 하시고, 주님의 손길을 느끼게 하여 주시옵소서. 지금도 선포되는 주님의 말씀이 저희를 비추는 거울이 되어 우리의 흐트러진 모습을 발견하게 하시고 신앙으로 바로 서게 하시옵소서.
　예수님의 이름으로 기도드립니다. 아멘. +

12월 1주

　메시야를 보내주신 하나님,
　한 해의 삶을 정리하는 분주한 시기에 대강절을 맞이하였습니다. 오늘부터 대강절이 시작되는데, 이 밤의 예배로 아기 예수의 오신 것을 찬양하면서 성탄절을 기다리기 원합니다. 하나님께서 일찍이 저희의 선조들에게 약속하셨던 그대로 메시야를 보내 주셨던 사실을 기억하게 하시옵소서.
　지난 주중에도 저희들을 세상에 두셨다가 이 시간에, 다시금 주님 전에 모여 영광과 찬송을 하나님께 돌리며, 그 무한한 은혜와 사랑을 다시 사모할 수 있게 하심을 감사드립니다. 이제, 비옵기는 빈 무덤 같은 우리의 심령 속에 주님 오시옵소서.

　영화로우신 하나님, 오늘, 저희들이 이 자리에 모인 것은 주님의 약속이 이루어졌기 때문입니다. 오래 전 옛날 믿음의 조상들은 처음 성탄절을 기다렸지만, 저희들은 다시 오시마 약속하시며, 하늘로 가셨던 예수님의 재림을 기다리기 원합니다. 이미 오신 예수님의 생일을 축하하면서 하나님의 영광만을 나타내며 살기 원합니다.
　성령님의 인도하심에 따라 주님의 계획하신 뜻을 실현할 수 있는 삶으로 이끌어 주시옵소서. 초림의 예수님을 즐거워하는 대강절을 보내면서 재림의 예수님을 기다리는 저희들이 되도록 이끌어 주시옵소서.
　예수님의 이름으로 기도드립니다. 아멘.+

12월 2주

구원을 베푸시는 하나님,

매서운 추위의 겨울 동안에 저희들의 몸과 마음을 강건하게 하시니 감사드립니다. 주님 앞에 믿음을 더욱 굳게 하며, 흔들리지 않는 삶을 살기 원합니다. 시간이 주어지는 대로 더욱 하늘나라의 일에 힘쓰는 저희들이 되게 하시옵소서.

주님의 백성들에게 주어진 사명에 헌신할 수 있는 능력을 주시옵소서. 그리하여 아까와 하지 않으시는 자비를 베푸셔서, 저희들의 부족함을 나무라지 마시기 원합니다. 이 시간에, 말씀을 전하시는 목사님께 성령의 능력으로 함께 하셔서 선포되는 말씀을 듣는 저희의 심령이 뜨거워져서 주님을 사랑하지 않고는 견딜 수 없게 하시옵소서.

하나님 아버지, 이제, 저희들은 어느 곳에 있든지, 마음과 성품 그리고 힘을 다하여 주님께만 이끌려지게 하시옵소서. 고요하고 은밀한 가운데, 어두운 눈을 열어 주님을 맞이하도록 인도해 주시옵소서.

교회를 위해서 기도합니다. 교회 내의 기관마다 주님께서 붙들어 주시기 원합니다. 세우신 종들마다 사랑하여 주셔서, 주님의 몸 된 교회를 위하여 죽도록 충성하게 하시옵소서. 몸을 드려 헌신하도록 이끌어 주시옵소서. 성탄의 기쁨을 축하하려는 저희들의 심령 속에 주님을 사랑하는 기쁨이 충만하게 하시옵소서.

예수님의 이름으로 기도드립니다. 아멘. +

12월 3주

성소에서 찬양을 받으시는 하나님,
한 주간의 삶을 주님의 이름으로 살았습니다. 죽음의 권세를 이기시고, 다시 살아나신 승리의 은혜로 살아가도록 이끌어 주시옵소서. 성탄의 주님으로 성결케 되고, 세상을 이기며 살기 원합니다. 대강절을 보내면서 성탄의 기쁨과는 동떨어진 생활을 해온 지난 시간들을 용서해 주시옵소서.
저희들의 찬양을 기쁘게 받아 주시며, 예배드리는 모두가 같은 마음으로 찬양하게 해주시옵소서. 저희의 삶에 늘 향기로운 찬양의 제사가 있게 하여 주시옵소서. 온 만물이 함께 찬양을 드리며, 호흡이 있는 자마다 크게 기쁨으로 찬양하는 시간되게 하시옵소서.

하나님 아버지, 설교를 하시는 목사님께 영력을 더해 주시기 원합니다. 말씀이 선포될 때, 하나님의 온전하시고 기뻐하시는 뜻이 전달되며, 그 말씀에 회개하고 결단하는 역사가 일어나게 하시옵소서.
이 시간에, 겸손과 온유로서 주님 가까이로 이끌어 주시며, 우리의 죄를 낱낱이 고백하게 하사 주의 은총 안에 의탁하게 하시고, 주 안에서 비로소 우리의 피난처와 능력을 발견하게 하시옵소서. 성탄절에 오신 주님의 능력을 힘입어 지내왔기에 이 시간에 감사로 예배하오니 찬양의 시간이 되기 원합니다.
예수님의 이름으로 기도드립니다. 아멘. +

12월 4주

　영화로우신 하나님,
　아기 예수님의 나심으로 여호와의 영광을 보게 하셨습니다. 이 밤에도 아기 예수님의 탄생을 축하하며, 이 일을 이루신 하나님께 찬양으로 영광을 드립니다.
　오랫동안 선지자들의 입술을 빌려서 약속하신 그대로 주님이 세상에 오신 것을 즐거워합니다. 이로써 하나님은 약속을 이루시는 분이심을 더욱 확인시켜 주셨습니다. 세상을 말씀으로 지으셨듯이, 그 말씀의 약속이 성취되었사오니, 이 예배에서는 성탄의 축하와 약속을 이루시는 하나님께의 영광이 선포되기를 원합니다.

　하나님 아버지, 주님의 성탄을 기뻐하는 이 시간에 ○○ 교회에 속한 성도들을 복 주시기 원합니다. 주님께 예배드리는 시간에 즐거움과 믿음과 소망을 얻도록 하시옵소서. 예배의 어느 것도 헛되게 사라지는 것이 없도록 하여 주시옵소서. 동방의 박사를 따라 마음의 예물을 드리게 하시옵소서.
　하나님의 아들이 죄인의 몸을 입고, 낮고 천한 자리에 오셨음을 묵상하게 하시옵소서. 인류를 죄악과 저주로부터 구원하시려고 하나님과 동등됨을 스스로 버리신 예수님의 사랑에 감격하게 하시옵소서. 유대인의 왕으로 오신 주님을 진심으로 기뻐하기 원합니다.
　예수님의 이름으로 기도드립니다. 아멘. +

12월 5주

긍휼이 풍성하신 하나님,

지나온 한 해 동안에 하나님은 참으로 좋으신 아버지가 되어 주셨습니다. 저희들에게 베풀어 주신 그 모든 은혜를 생각할 때, 때를 따라 돕는 은혜로 도우시며, 저희들의 삶이 물댄 동산과 같이 모자람이 조금도 없었음에 감사드립니다.

감사로 예배를 드리면서, 저희들의 죄를 고백합니다. 저희들을 불쌍히 여겨 주시옵소서. 한 해의 시간을 정리하며, 새로운 삶을 결단하는 예배의 자리에서 저희의 죄 때문에 주님께서 십자가의 고난당하셨던 아픔을 함께 느끼기 원합니다.

하나님 아버지, 예수 안에서 한 자녀가 된 성도들이 서로를 향해서 사랑으로 섬기기에 부족했던 것을 고백합니다. 슬픈 자들에게는 확신의 말을 줄 수 있게 하시며, 유혹에 흔들리는 사람들에게 의지의 말을 할 수 있게 하시고, 지은 죄로 괴로워하는 사람들에게는 용서의 말을 베풀 수 있게 하시옵소서.

새해의 삶을 다짐할 때, 저희들은 하나님을 경외하는데 부족함이 없게 하시고, 모든 것들로 전도에 열심을 내고 주님 안에서 은혜로운 성도의 교제를 나눌 수 있도록 도와주시옵소서. 우리 모두 주 안에서 한 몸 되어 새해의 시간을 선물로 받게 하시옵소서.

예수님의 이름으로 기도드립니다. 아멘.✝

4
교회절기-
국가기념일예배기도문

1. 사순절

_기도를 위한 말씀 묵상: 대상 16:35

사순절의 하나님,
　주님의 십자가를 통해서 소망을 주시는 손길을 바라봅니다. 사순절에 하나님을 영화롭게 해드리기 위하여 임마누엘을 소망하도록 성령님의 인도하심을 기다리게 하시옵소서. 십자가를 지셨던 주님의 삶을 따르게 하시옵소서.
　저희들을 구속하심은 죄에서 떠나라 하심임을 믿습니다. 저희들을 자녀로 삼아주심은 하나님께 영광을 드리는 삶을 살라하심임을 믿습니다. 그럼에도 자신의 유익을 구하는 습성을 버리지 못해 주님의 친구로 살지 못한 죄를 회개합니다. 주님께서 말씀하신 삶을 묵상하지 못하고, 자신의 생각과 일에 분주했음을 회개하게 하시옵소서.

　이 거룩한 아침에, 하늘의 영광을 버리고 이 땅에 오신 예수님을 바라봅니다. 저희를 구원해 주시려고 십자가를 지시기 위해서 고난의 길을 걸으셔야 했던 주님을 바라봅니다. 십자가에서 흘리신 피로 저희들은 죽음에서 생명을 누리게 되었고, 오늘 예배하게 되었습니다.
　십자가를 통해서 주님을 알고, 믿게 되었으니 십자가의 신앙으로 영광을 드리게 하시고, 주님께서 지셨던 십자가가 저희들의 삶이 되게 하시옵소서. 십자가에서 흘리셨던 주님의 보혈이 저희들의 혈관에 흐르게 하시옵소서. 주님의 십자가가 저희들에게 생명이 되기를 빕니다.

여기에 모인 ○○의 권속들이 서로 돌아보고 기쁨으로 섬기면서 하나님 중심, 말씀 중심, 교회 중심적 생활을 힘쓰게 하시옵소서. 주님의 사랑 안에서 교제와 봉사를 하면서 신앙생활에 힘쓰기 원합니다. 그리하여 각각 다른 사람들의 일을 돌아보아 하나님께 영광을 드리게 하시옵소서.

하나님 아버지, 여호와의 영광이 예배당에 선포되도록 성가대를 세워주셨습니다. ○○ 성가대원들이 하나님을 예배하는 저희들을 대신하여 찬양하는 역할을 귀하게 감당하게 하시옵소서. 저들의 수고를 통해서 더욱 영화롭게 예배를 드리게 하셨음에 감사드립니다.

이 시간에도, 몸이 늙어서 병들어 집이나 병원에서 홀로 있는 이들이 있으니 도와주시옵소서. 회복하게 하시는 여호와의 만져주심으로 구원해 주시옵소서. 병든 이들에게는 싸매어주시는 은혜로 아픈 부위를 낫게 하시고, 쇠약해진 노인들에게는 남은 생애를 주 안에서 보내도록 해주시옵소서.

이 시간에, 예배를 위해서 성실히 맡은 직분의 자리에서 봉사하는 지체들을 기억해 주시옵소서. 오늘, 사순절의 예배를 위해서 부름을 받은 모든 종들에게 감사와 기쁨으로 주어진 일을 섬기게 하시옵소서.

예수님의 이름으로 기도드립니다. 아멘.+

2. 종려주일

_기도를 위한 말씀 묵상: 슥 9:9

찬송을 받으실 하나님,
  구원에 이르게 해 주시는 하나님, 종려주일 아침에 영화로우신 그 이름을 영원히 찬송하기 위하여 머리를 숙였습니다. 이 시간에, ○○의 지체들에게도 호산나를 부르며 예수님을 찬송하는 은혜를 누리게 하시옵소서. 이 거룩한 예배당에 주님의 이름을 호산나로 찬송하는 소리가 가득하기를 빕니다.
  주님의 보혈로 말미암아 죄를 씻음을 받았음에도 그 보혈의 은혜를 잊고 살았음을 회개합니다. 하나님께 저희들의 소망이 있음을 말하면서도, 삶의 자리에서는 눈에 보여 지는 것들에 마음을 두고 지냈습니다. 지금 마음을 돌이켜 주님께 자복하여오니 사유해 주시옵소서.

  오늘, 저희들에게도 주의 이름으로 오신 예수님을 찬송하게 하시옵소서. 주님께서 예루살렘에 들어오실 때, 앞에서 가고 뒤에서 따르는 자들이 소리를 지르며 찬송하였습니다. 그들은 흰옷을 입고 손에 종려나무 가지를 흔들었습니다. 종려나무 가지를 길에 깔아 영접하였습니다.
  시간이 흘렀고, 장소는 바뀌었어도 저희들에게 마음의 흰옷을 입고 예배하도록 하시옵소서. 그리고 종려나무 가지를 흔들게 하시옵소서. 예수님께서 구원의 주로 오셨으니 기쁨으로 맞아들이게 하시옵소서. 주님의 고난을 당하셨음이 우리를 위함이시기에 환영하는 마음을 갖게 해 주시옵소서.

하나님 아버지, 단에 세워주신 목사님께서 주님의 고난을 당하심과 십자가를 지심에 대한 말씀을 전하실 때, 주님의 음성으로 듣게 하시옵소서. 주님께서 ○○의 지체들에게로 오셔서 말씀을 하시는 그 부드러운 음성으로 듣게 해 주시기를 빕니다.

○○ 성가대의 찬송으로 하나님의 영광이 예배당 안에 가득하게 하시고, 저희들은 그 은혜로 하나님께 더욱 가까이 나아가도록 하시옵소서. 오늘도 하나님께서 받으실 만한 예배가 되기 위해서 예배위원들로 하여금 봉사하도록 하셨으니 감사드립니다.

저희들에게 종려주일을 지키도록 하셨으니, 이 절기가 하나님께 영광이 되기를 빕니다. ○○의 지체들이 교회에 모여 예배하는 시간에 하나님을 만나게 하시옵소서. 우리들의 예배를 받으시고, 개인적으로 찾아와 음성을 들려주시는 하나님을 만나게 하시옵소서.

짧은 시간, 한 시간의 시간으로 드려지는 예배에서 하나님께 영광을 드릴 때, 마귀의 훼방을 멸하여 주시옵소서. 저희들이 심령으로 깨어서 하나님께만 피조물이 드리는 영광을 바치게 하시옵소서. 하늘의 하나님을 영화롭게 해드리는 순서로 예배가 진행되게 하시옵소서.

예수님의 이름으로 기도드립니다. 아멘.+

3. 고난주간

_기도를 위한 말씀 묵상: 마 27:46

소망을 주시는 하나님,
　구속의 은혜를 입은 성도들이 여호와를 찬송하게 하심에 감사드립니다. 이 시간에, 살과 피를 주신 예수님의 사랑을 묵상하는 저희들에게 은혜가 베풀어지기를 소망합니다. 하늘의 문이 열리고 도우시는 주님의 손이 나타나는 것을 보게 하시옵소서.
　저희들에게도 자신이 마셔야 하는 고난의 잔이 있는데, 이 잔을 고의로 피한 죄를 고백합니다. 마음이 교만하여 여호와 앞에서 악을 행하였으니 용서해 주시옵소서. 순간적인 자신의 유익을 구하느라 주님께서 가신 길을 따를 것을 부인했던 죄를 회개합니다.
　골고다의 십자가를 바라보기보다 고난은 주님께서 당하시고, 좋은 것만 얻기를 생각했던 죄를 회개합니다. 하나님의 뜻을 거절함으로써 저희들이 주님께 죄를 지었습니다. 십자가에서 이루어진 은혜의 길로 행치 아니하였고, 하나님의 말씀에도 순종치 않았으니 용서해 주시옵소서.

　하나님 아버지, 신령과 진정으로 시작된 예배에 오직 하나님께만 영광이 되는 순서로 진행되게 하시옵소서. 여호와의 은혜로 고난주간을 보내면서 자신이 십자가를 감당하려는 결단하게 하시옵소서. 이 교회를 위하여 주의 종을 보내셨으니, 이 시간에 진리와 은혜의 말씀을 듣게 하시옵소서. 그에게 성령님의 충만하심과 지식을 더하셔서 천국의 말씀을 선포하도록 인도해 주시옵소서. 주님의 귀한 교회를 위해서 세우신 담임 목사님께 신령한 은혜를 더하시며, 그의 말씀을 순종함으로 받게 하시옵소서.

○○ 성가대원들이 하나님을 찬양할 때, 이 예배당이 천상의 자리가 되기를 원합니다. 그 찬양으로 저희들에게는 예배하려는 마음이 더욱 간절해지게 해주시옵소서. 이 한 시간의 예배를 위하여 여러 모양으로 수종을 드는 종들을 세우셨음에 감사드립니다. 저희들은 마음을 다하여 순서를 따르게 하시고, 임마누엘의 은혜를 소망하게 하시옵소서.

긍휼을 베푸시는 하나님, 주님께서 고난을 당하셨던 그 때를 묵상하면서 뜨거운 감사로 예배하기를 소망합니다. 사실, 주님의 절규는 저희들의 것이었음을 고백합니다. 죄로 인하여 저희들이 여호와께로부터 외면을 당해야 했고, 버림을 받아야 했습니다. 주님의 백성들을 거룩하게 하시고, 고난주간의 예배를 드리게 하심에 감사드립니다.

이 예배의 순서가 원만히 진행되도록 봉사하는 지체들이 있어서 감사드립니다. 성실히 맡은 직분을 섬길 때, 몸을 드려 예배하는 은혜를 경험하게 하시옵소서. 저들의 헌신으로 더욱 영화롭게 예배를 드리니 감사드립니다.

예수님의 이름으로 기도드립니다. 아멘.+

4. 부활절

_기도를 위한 말씀 묵상: 고전 15:20

자기 백성을 찾으시는 하나님,
 영화로우신 우리 주님의 이름을 영원히 찬송하기 위하여 머리를 숙였습니다. 예수님이 무덤을 깨드리게 하신 하나님의 이름에 합당한 영광을 드리기 원합니다. 이 시간에 모인 거룩한 백성들이 높으신 이름을 영화롭게 해드리게 하시고, 신령과 진정으로 예배하게 하시옵소서.
 예수님의 부활로 죄를 이기게 되었음을 확신해야겠건만, 부활이 없는 자들처럼 살아온 것을 회개합니다. 하늘을 사모해야 하면서도 눈에 보이는 것, 마음을 즐겁게 하는 것에 매달려 주님이 없는 삶을 살았음을 자복합니다. 주님의 부활에 영광을 드리지 못하였음을 용서해 주시옵소서. 저희를 대하여 오래 참으시는 하나님이 사랑에 감사드립니다.

 하나님 아버지, 이 시간에, 다시 사신 주님을 믿음으로 천국을 소망하게 하심에 감사드립니다. 저희들이 부활의 주님을 믿고 있으니, 하늘을 바라보며 살게 하시옵소서. 이제, ○○의 지체들은 부활의 주님께서 하늘에 계시니 하늘을 바라보는 은혜를 내려 주시옵소서.
 주님께서 부활하신 영광이 온누리에 충만한 주일을 주셔서 감사드립니다. 우리 예수님의 부활은 지옥의 세력을 깨뜨린 놀라운 사건이었습니다. 주님께서 우리 대신 지옥에 가서 우리 대신 저주를 당하시므로 지옥의 저주를 도말하셨습니다.

 이 땅에 있는 것에 욕심을 내거나 땅에 있는 것들로 마음에 요동이 일지 않게 하시옵소서. 오직 하늘에서 주님이 상 주실 것을 바라보며 살게 하시옵소서.

 하늘의 하나님, ○○ 교회의 성도들이 한 마음으로 머리를 숙인 지금이 하나님께 영광이 되기를 소망합니다. 부활절의 주님을 묵상하는 저희들에게 말씀을 대언하실 목사님께서 단에 서셨으니 진리의 말씀을 선포하게 하시옵소서.

 이 예배를 아름답게 하는 ○○ 성가대의 귀한 지체들의 찬양을 받아주시옵소서. 이들의 찬양을 통해서 하나님께는 영광이 드려지고, 혹시 찬송의 힘을 잃은 회중들은 힘을 얻기를 원합니다. 예배하는 동안에 예배당의 안팎에서 봉사하는 종들이 있음에 감사드립니다. 지체들의 섬김으로 예배를 아름답게 하시니 종들이 은총을 입게 하시옵소서.

 ○○의 귀한 지체들에게 부활절의 신앙을 갖고 일할 수 있게 해주셨음을 감사드립니다. 생업을 주셨으니, 일하는 중에 부하게도 하시옵소서. 저들을 사랑하셔서 자기 분깃의 일을 하며 성취의 만족을 누리게 하시니 감사드립니다. 사랑하는 지체들에게 일터를 통한 번성의 삶을 경험하게 하시옵소서.

 예수님의 이름으로 기도드립니다. 아멘.+

5. 성령강림절

_기도를 위한 말씀 묵상: 요 14:17

성령으로 인도하시는 하나님,

　성령강림절을 맞이하여 주님의 크고 위대하심에 영광을 드립니다. 성령님께의 충만하게 하심으로 저희들을 하나님의 품으로 이끄시고, 풍성한 은혜를 누리게 하셨음에 영광을 드립니다. 성령님의 오심으로 말미암은 영광은 하나님의 것이오니, 이 시간에 영광을 받으시옵소서.

　여호와 앞에서 참회하는 심령으로 고백하오니 저희의 죄를 용서해 주시옵소서. 회개하는 음성을 들으시고, 용서해 주시옵소서. 성령님께 순종함으로써 영광을 드리지 못한 죄를 용서해 주시고, 저희들을 돌아보아 주시옵소서. 성령님께 순종하여 영광을 드리게 하시옵소서.

　주님의 지체들에게 성령님의 알게 하심과 깨닫게 하심으로 진리 안에서 소망을 품게 하시니 감사드립니다. 삶이 어렵다고 여겨질 때, 지치고 힘들어 괴로워할 때, 성령님께서 붙들어 주심을 묵상합니다. 보혜사 성령님께서 위로해주시고, 도와주심에 감사드립니다.

　하나님 아버지, 사랑하는 지체들이 성령님을 즐거워하면서 예배하는 한 시간으로 인도해 주시옵소서. ○○의 전이 하나님의 영광으로 가득하기를 빕니다. 복된 예배로 실망과 근심으로 좌절에 빠진 사람들은 용기를 갖게 하시옵소서. 그리고 육신적으로 연약한 사람들에게 치유의 은혜를 입게 하시옵소서.

  하나님의 종으로 구별되신 목사님을 저희들에게 주심에 감사드립니다. 종의 입술을 통해서 전해지는 말씀을 사모하게 하시옵소서. 예배의 순서에 따라 ○○ 성가대원들이 찬양을 드릴 때, 영광을 받아주시옵소서. 예배의 진행을 돕고, 성도들의 편의를 위하여 봉사하는 지체들도 축복합니다.

  하나님 아버지, 성령님의 충만하신 임재를 통해서 ○○의 지체들이 신앙의 열매를 맺게 하심에 감사드립니다. 성령님께서 세상에 오셨음을 찬송하며 예배할 때, 열매를 맺는 소원에 불타게 해주시옵소서. 저희들에게 열매를 맺음을 사모하게 하시고, 성령님의 능력으로 착한 행실에 힘을 쓰도록 해주시옵소서.

  먼저, 하나님을 향한 열매를 맺어, 사랑과 희락과 화평의 생활에 힘을 쓰게 하시옵소서. 하나님의 사랑이 저희 마음에 부어져 저희들의 성품이 바꾸어지기 원합니다. 이어서, 성령님으로 인한 열매를 저희들의 삶에서 맺게 해주시옵소서.

  저희들의 인격이 성화되어 가는 오래 참음과 자비와 양선의 생활을 사모하게 하시옵소서. 저희들의 인격 속에 충성 곧 신실함이 심어지고, 온유함이 싹트고, 절제의 은혜가 나타남을 보게 해주시옵소서.

  예수님의 이름으로 기도드립니다. 아멘.+

6. 삼위일체주일

_기도를 위한 말씀 묵상: 고후 13:12-13

자기 백성을 구원하시는 하나님,

그 영광의 팔로 저희들의 오른손을 붙잡아 주셨으며, 그 이름을 영영케 하시려고 아침마다 기적을 베풀어주신 하나님을 즐거워합니다. 주 하나님의 이름을 찬송하면서 진정으로 예배하는 저희들이 되게 하시옵소서.

하늘에 소망을 두지 않고, 하나님이 없는 이들과 똑같이 행동해왔던 지난 시간을 회개합니다. 주님의 영광을 나타내어야 하는 성도의 행실을 거절하고 여호와의 이름이 조롱거리가 되게 하였음을 자복합니다. 죄를 자복하는 저희들이 사유하심의 은혜를 받게 하시옵소서.

삼위 하나님의 역사를 즐거워하게 하시옵소서. 성부 하나님은 인간과 세상의 구원을 뜻하고 계획하셨고, 성자 예수님은 당신의 몸과 생명으로 인간 구원을 성취하셨으며, 보혜사 성령님은 인간 속에서 그 구원을 적용하시고 완성해 나가십니다. 그러므로 하나님의 구원하심에 감격하여 예배하도록 인도해 주시옵소서.

영화로우신 하나님, 죄인 되었던 저희들이 믿음으로 의로움을 얻어 하나님의 영광에 참여하게 되었습니다. 성령님의 확증으로 저희들의 마음에 부어진 하나님의 사랑이 천국을 소망하게 합니다. 하나님 나라, 하나님의 영광에 참여할 소망을 품게 하셨으니, 성삼위 하나님의 은혜로 온 세상에 그 영광을 선포하는 예배를 드리게 하시옵소서.

　삼위일체주일에 주님의 백성들을 위해서 말씀을 준비해 주셨음에 감사드립니다. 말씀을 전하실 목사님께 영력을 더하여 주셔서 성삼위 하나님의 은혜로 인도해 주시는 복된 시간이기를 원합니다. 그 말씀의 은혜와 능력으로 저희들을 새롭게 하여 주시옵소서.

　○○ 성가대원들이 마음과 몸을 드려 찬양할 때, 하나님의 은혜를 체험하는 복된 자리로 인도해 주시옵소서. 아름다운 찬양이 있는 예배로 하나님께 영광을 돌리게 되며 찬송의 능력을 체험하게 하시옵소서.

　하나님 아버지, 이 예배가 신령과 진정으로 드려지기 위해서 봉사하는 종들이 있으니, 그들이 더욱 충성스럽게 감당하게 하시옵소서. 성령님의 질서와 말씀이 예배하는 중에 흥왕해지는 교회가 되도록 복을 주시옵소서. 오늘도 많은 이들 가운데 예배를 위한 봉사자들이 순종함으로 섬기고 있으니 복된 봉사가 되게 하시옵소서.

　하나님의 삼위가 저희들의 온전함을 위하여 일하심을 기대합니다. 영원에 이르기까지 여호와 앞에서 든든히 서게 하시옵소서. 하나님의 거룩하심과 같이 거짓이 없고, 순결함으로 예배하도록 저희들의 심령을 다스려 주시옵소서.

　예수님의 이름으로 기도드립니다. 아멘.+

7. 맥추감사절

_기도를 위한 말씀 묵상: 잠 3:9-10

첫 열매를 거두게 하신 하나님,

첫 소출의 즐거움을 주시는 손길을 바라봅니다. 여호와의 자비로우심으로 수확의 기쁨을 주셨음에 저희들의 풍요가 하나님께만 영광이 되게 하시옵소서. 주님의 도우심을 바라고 살아온 지체들에게 소원의 이룸을 보게 하셨으니 더욱 여호와를 바람이 있게 하시옵소서.

여호와의 은혜로 시작한 한 해의 삶이 어느덧 여섯 달이 지나고 저희들의 손에는 첫 수확물이 들려졌음에 감사드립니다. 땅은 기름지고, 골짜기마다 비가 내려 농부가 소산물의 즐거움을 누리듯이, 저희들에게도 거두게 하심에 따라 감사하는 무릎을 꿇었습니다. 맥추감사절의 풍성함을 이웃들과도 나누게 하시옵소서.

맥추감사절의 하나님, 자기 백성을 돌아보시는 자비로우심이 크셨음에 영광을 드리고 저희들은 무한 감사로 즐거워합니다. 거두어들인 것들로 인하여 감사할 때, 여호와의 은혜에 합당한 영광을 드리며 경배하는 한 시간이 되게 하시옵소서. 하나님 앞에서 복된 지체들이 풍성한 감사를 드리고 즐거워하게 하시옵소서. 저희들이 억지로나 인색함으로 드리지 않음에서 더욱 감사드립니다.

맥추감사절에 ○○ 교회로 하여금 우리를 사랑하시는 주님을 전하는 공동체가 되게 하시옵소서. 수고의 땀을 흘린 대로 첫 열매를 거두게 하셨음을 세상 속에 드러내며 하나님의 뜻을 이루어 드리게 하시옵소서. 자신의 몸을 내어주셨던 주님의 교회가 되기를 소망합니다.

오늘, 주님께는 감사하고 저희들에게는 서로가 즐거움으로 기쁘게 하시옵소서. 이 즐거움을 교회를 위하여 불철주야 애를 쓰시는 목회자들과 함께 하기를 소망합니다. 아울러 삶이 힘들고 무거운 이들과도 나누도록 인도해 주시옵소서.

하나님의 종으로 구별되신 목사님을 세워주심에 감사드립니다. 강단에서 생명과 진리로 이끄실 목사님께 성령님과 지혜에 충만케 하셔서 하나님의 말씀으로 흥왕함을 보게 하시옵소서. 종을 통해서 전해지는 말씀에 순종하게 하시옵소서.

○○ 성가대원들이 성령님께 감동되어서 드리는 찬양으로 온 교회에 영광이 넘치기를 원합니다. 이 찬양이 실망과 근심으로 좌절에 빠진 사람들에게 용기를 갖게 하시고, 육신적으로 연약한 사람들에게 치유의 은혜를 내려 주시옵소서. 이 시간에도 예배의 진행을 돕고, 성도들의 편의를 위하여 봉사하는 지체들의 헌신을 받으시고, 사탄의 세력이 얼씬거리지 못하게 하시옵소서.

예수님의 이름으로 기도드립니다. 아멘.+

8. 추수감사절

_기도를 위한 말씀 묵상: 대상 29:14

여호와 우리 주여,

주님의 백성 된 ○○의 지체들이 성전을 찾았습니다. 추수의 기쁨을 감사하는 예배의 즐거움을 주셨으니, 그 이름을 찬송하는 권속들과 즐거워하는 교회가 되게 하시옵소서. 하나님께로 나온 권속들마다 여호와의 이름에 영광을 드리고, 그 이름을 기뻐하게 하시옵소서.

저희들이 죄를 지었음을 고백합니다. 하나님의 영광을 위함보다 저희들의 즐거움과 만족에 마음을 두고 지내왔습니다. 영생을 가지지 못한 이들처럼 세상에서 남보다 더 재물을 취하고, 손해를 보지 않으려는 마음에 쫓겨 살았음을 회개합니다.

여호와의 손이 주님의 백성들을 창성하게 하셨음에 감사하여 머리를 숙입니다. 저희들이 여호와로 인한 즐거움에 찬송을 부를 때, 하늘에 가득하기를 소망합니다. 하나님의 도우심이 즐거움을 더하게 하셨으므로 추수하는 즐거움에 찬양으로 목이 터지게 하시옵소서.

만물의 하나님, 하나님의 은혜는 밭고랑마다 비로 적셔지게 하셨고, 움을 트인 싹들마다 크게 자라 알곡들이 맺히게 하셨습니다. 적당한 햇빛과 바람은 나무의 가지마다 열매를 맺게 해주셨습니다. 이로써 사람들이 추수의 즐거움을 누리게 되었으니 감사드립니다. 여호와의 손이 저희를 흥겹게 하셨으니 이 모든 것들은 다 주님의 것입니다.

지금, 지나온 시간들을 돌아볼 때, 일마다 때마다 함께 해주신 여호와의 손길이 즐겁습니다. 쉬울 때는 찬송을 하며 지내게 하시고, 어려운 고비에서는 하나님이 직접 함께 하셨습니다. 개인적으로도 그렇고, 교회적으로도 어려운 고비의 때가 있었는데 그 어려운 시간을 이기도록 하신 하나님께 감사드립니다.

하나님 아버지, 하나님은 자기 눈동자 같이 보호해 주셨으니 영광을 받으시옵소서. 저희들이 예배하는 이 시간을 주님의 손에 드립니다. 담임 목사님을 붙드셔서 ○○ 교회의 권속에게 하나님의 말씀을 전하게 하시옵소서. 오늘의 말씀이 저희들의 심령을 새롭게 하여 추수하는 즐거움을 누리는 삶을 사는 결단이 되게 하시옵소서.

○○ 성가대원들이 예배하는 회중을 대표해서 하나님의 영광을 찬양하게 하시옵소서. 귀한 지체들이 몸을 드려 준비한 찬양이 이 자리를 하나님의 영광으로 가득하게 하시옵소서. 거룩한 예배로 오직 하나님께 영광이 되기를 소원합니다.

저희들은 심은 것은 지극히 적었으나 30배, 혹은 60배, 혹은 100배로 결실하게 하셨으니 하나님의 사랑에 감사드리게 하시옵소서.

예수님의 이름으로 기도드립니다. 아멘.+

9. 대강절

_기도를 위한 말씀 묵상: 사 9:6

대강절기를 주신 하나님,

성탄절을 기다리는 저희들에게 여호와를 소망하게 하시옵소서. 죽음과 멸망의 어두움에 있던 인류에게 소망의 빛을 비추어주신 하나님을 바라보게 하시옵소서. 이 거룩한 아침에, 생명의 양식으로 오신 아기 예수님을 기뻐하게 하시옵소서.

하나님께서는 긍휼과 사유하심이 있으니 저희의 죄를 회개합니다. 거리마다 성탄절을 기다리는 축제의 분위기는 있으나 진정 저희들의 마음에 왕으로 예수님을 모시지 못한 죄를 고백합니다. 성탄절의 기쁨이 우리의 것이 되지 않게 하시옵소서. 주께 패역한 어리석음을 용서해 주시옵소서.

하나님 아버지, 저희들이 예배할 때, 하늘에서 천사들의 화답이 있기를 소망합니다. 이 시간에 메시야를 기다리던 그날의 은혜를 누리게 하시옵소서. 하나님의 아들이 구세주로 오셨던 날을 기리며 예배합니다. 주 하나님의 나라가 빛으로 임하는 복된 날이 더욱 경건해지기 원합니다.

하나님의 약속은 변함이 없으심에 찬송을 하며 영광을 드리게 하시옵소서. 그 옛날, 베들레헴에 한 아기가 우리에게 났음을 즐거워하여 예배하는 저희들에게 은혜와 진리로 충만하시옵소서. 저희들에게 베들레헴에서 나신 예수님을 기뻐하게 하시옵소서. 아기 예수님께서 떡집의 동네에서 주님이 생명의 양식이심을 보여주는 증거였습니다. 영생에 이르는 생명이 떡을 주시는 예수님을 찬양을 올려드리게 해주시옵소서.

   예배하도록 부르신 하나님, 하나님의 영이 영광으로 임재하사 이 예배를 영화롭게 하시고, 하나님만이 만물의 주 되심을 선포하기 원합니다. 저희들을 부르셔서 대강절에 영광을 드리게 하심을 즐거워합니다. 목사님을 대언자로 세우셔서 말씀을 전하게 하심을 감사드립니다. 그 말씀으로 예수님을 찬양하게 하시옵소서.
   대강절에 주님의 백성들을 위해서 말씀을 준비해 주셨음에 감사드립니다. 말씀을 증거하실 목사님께 영력을 더하여 주셔서 아기 예수님을 기뻐하며 경배하는 복된 시간이기를 원합니다.
   오늘도 주님을 영화롭게 해드리는 ○○ 성가대를 세우셨으니, 예수님을 구주로 믿는 무리들이 한 마음으로 하나님을 찬양하며 예배하도록 하시옵소서. 예배하러 나오기를 기다리면서 준비한 예물을 감사함으로 드리게 하시옵소서. 이 예배가 신령과 진정으로 드려지기 위해서 봉사하는 종들이 있으니, 그들이 더욱 충성스럽게 감당하게 하시옵소서.
   예수님의 이름으로 기도드립니다. 아멘.+

10. 성탄절

_기도를 위한 말씀 묵상: 눅 2:10-11

영화로우신 그 이름의 하나님,

영원히 찬송하기 위하여 머리를 숙였습니다. 저희들을 죄에서 구해주셨으니 그 은혜의 이름을 찬송합니다. 영생을 주시고, 하늘나라에 대한 즐거움을 주셨으니 주님의 이름에 영광을 드립니다. 이 거룩한 날에 하나님의 뜻이 이루어지기를 소망합니다.

주님께서 나신 날, 눌 자리가 없으셨던 것처럼, 이 시간에 저희들의 마음에 예수님을 모셔 들이지 못함을 용서하시옵소서. 성탄의 영광을 찬양하는 계절에도 세상에서 소유하고, 먹고 마시는 일들로 바빠야만 했던 교만함을 고백하니, 용서하여 주시옵소서.

저희 인생들을 자기들이 죄로부터 구원해 주시려고 놀라운 일을 행하셨음에 감사드립니다. 저희들이 구주를 기다렸으니 주님께서 저희를 죄에서 구원해 주심을 믿습니다.

하늘의 하나님, 아기 예수님의 나심을 기뻐하며 마음으로 엎드려 경배합니다. 하나님의 아들이 죄인들의 구원을 위하여 찾아오신 날은 참으로 기쁜 날입니다. 아기 예수님의 나심은 큰 기쁨의 좋은 소식이 되었습니다. 이 좋은 날에 성도들이 찬양과 경배를 드립니다.

하나님의 아들이 저희들에게 오심으로써 구원의 길이 열렸음에 즐거워합니다. 하늘에서 이루어졌던 하나님의 뜻이 이 땅에서 이루어졌으니 저희들이 드리는 영광을 받으시옵소서. 주님의 탄생으로 영생에 이르는 소망을 갖게 되었고, 천국 백성이 되었습니다. 예수님의 세상에 오셨음을 반가워하면서 예배하는 이 교회에 은혜의 물결이 강물처럼 흐르게 하시옵소서.

　주님의 오심으로 땅에서는 기뻐하심을 입은 사람들 중에 평화라고 하셨습니다. 평화의 왕으로 오신 예수님을 두 팔을 벌려 맞아들이게 하시옵소서. 주님의 은혜로 하나님과의 평화를 회복하고 사람들과의 평화를 회복하게 되었으니 감사드립니다.

　영광을 받으셔야 하실 하나님, 이 교회를 위하여 주의 종을 보내셨으니, 이 시간에 진리와 은혜의 말씀을 듣게 하시옵소서. 그에게 성령님의 충만하심과 지식을 더하셔서 천국의 말씀을 선포하게 하시옵소서.

　○○ 성가대원들이 하나님을 찬양할 때, 이 예배당이 천상의 자리가 되기를 원합니다. 그 찬양으로 저희들에게는 예배하려는 마음이 더욱 간절해지게 하시옵소서. 이 한 시간의 예배가 거룩하게 드려지도록 여러 모양으로 수종을 드는 종들을 세우셨음에 감사드립니다.

　저희들은 마음을 다하여 순서, 순서에 임하게 하시고, 임마누엘의 은혜를 소망하게 하시옵소서.

　예수님의 이름으로 기도드립니다. 아멘.+

11. 삼일절

_기도를 위한 말씀 묵상: 시 3:3-5

이 나라와 이 백성과 함께 하시는 하나님,

삼일절을 맞이하면서 베풀어 주신 은혜를 즐거워합니다. 저희로 하여금 나라의 여건과 사회적인 환경이 어떠하든지 언제나 주님만 바라볼 수 있는 굳건한 믿음을 주셨음에 감사드립니다. 믿음의 반석에서 바로 설 때 나라는 평안하고 항상 충만한 기쁨이 넘칠 줄 믿습니다.

이 나라를 사랑하시는 하나님 앞에 회개합니다. 대한독립만세를 외치다가 쓰러지신 선조들의 정신을 잊고 지내온 것을 회개합니다. 하나님의 사랑이 그들의 가슴에 조국에의 헌신으로 나타났으나 저희들은 이 나라를 사랑하지 못하였습니다. 용서하여 주시옵소서.

하나님 앞에서 복된 날에 이 민족을 불쌍히 여기셔서 독립에의 의지를 불태우게 하신 하나님의 도우심을 기억하게 하시옵소서. 하나님께서 불꽃같은 눈으로 보호하시는 이 나라를 저희들이 사랑하게 하시옵소서. 느헤미야와 같이 조국의 상황에 예민하게 하시고, 가슴으로 안게 하시옵소서.

우리 민족을 지켜주시는 하나님, 나라가 어려움에 빠졌을 때, 자신의 목숨을 버리고 독립운동에 나섰던 조상들에 대한 긍지를 느끼게 하시옵소서. 그들이 나라를 위하여 희생하기까지 헌신하도록 하신 은혜를 저희들에게도 주시옵소서. 하나님을 사랑하는 삶으로서 나라를 위해서, 민족을 위해서 자신을 내어주게 하시옵소서.

 신령과 진정으로 시작된 삼일절의 예배에 성령님의 역사하심을 소망합니다. 주의 백성들에게 복을 내려 주심을 바라게 하시려고 목사님을 단에 세우셨음에 감사드립니다. 그의 입술을 성령님께서 주관하셔서 이 백성들이 개인적으로, 민족적으로 소망을 주시는 말씀을 듣게 하시옵소서.

 하나님 아버지, 주님의 백성들을 거룩하게 하시고, 삼일절에 예배하도록 하심에 감사드립니다. 저희들이 국민이 된 의무로서 나라를 사랑하고, 이 만족에게 하나님의 긍휼이 나타나기를 기도하게 하시옵소서.

 우리 ○○ 교회를 위하여 주의 종을 보내시고, 진리의 말씀을 듣게 하시려고 목사님을 단에 세우셨음에 감사드립니다. 그의 입술을 성령님께서 주관하셔서 이 백성들이 개인적으로, 민족적으로 소망을 주시는 말씀을 듣게 하시옵소서.

 ○○ 성가대원들이 하나님을 찬양할 때, 이 예배당이 천상의 자리가 되기를 원합니다. 그 찬양으로 저희들에게는 예배하려는 마음이 더욱 간절해지게 하시옵소서. 이 한 시간의 예배가 거룩하게 드려지도록 여러 모양으로 수종을 드는 종들을 세우셨음에 감사드립니다.

 예수님의 이름으로 기도드립니다. 아멘.✛

12. 현충일

_기도를 위한 말씀 묵상: 시 106:4-5

은혜가 풍성하신 하나님,

여호와의 이름을 높여드립니다. 우리 민족을 붙드시고, 이 지구상에서 아름다운 국가로 빼어나게 하신 여호와의 손길을 찬양합니다. 현충일의 아름다움으로 말미암아 하나님의 이름은 기려지기 원합니다. 이 시간에 하나님의 백성들이 송축하게 하시옵소서. 모든 영광을 드립니다.

현충일 아침에, 우리 민족을 위해 저 자신이 바르게 살지 못함을 회개합니다. 환란 중에도 소망을 주시는 하나님의 손길이 이 민족에게 있음을 기도하지 못했습니다. 이 민족이 하나님의 보호 속에 살도록 간구하게 하시고, 민족 복음화를 위해 부르짖게 하시옵소서.

순국선열들과 전몰장병들의 나라를 사랑하는 실천을 배우게 하시옵소서. 그들이 나라를 위하여 애쓰는 것을 거룩하게 여겼듯이 저희들에게도 내 나라와 내 겨레를 사랑하고 좋게 여기게 하시옵소서. 이 나라의 강토를 지키는 마음을 갖게 하시옵소서. 환경을 보전하고 기초가 질서를 지켜서 물이 좋고 산이 좋은 금수강산을 가꾸게 하시옵소서.

하나님 아버지, 국민들은 국가가 처해 있는 모든 형편과 사정을 이해하고 있다면 우리가 할 일을 지체로서 주어진 환경에서 성실하게 살아가며 하나님의 도우심이 있기를 항상 기도하게 하시옵소서.

하늘나라에만 관심을 갖지 말고 내가 몸담고 살고 있는 이 땅 이 민족에도 관심을 갖는 성도들이 되게 하시옵소서.

이 땅의 국민들이 주님께서 주신 나라에서 지체된 자로서의 역할을 성실하게 감당하기를 소망합니다. 이 나라를 구성하는 모든 이들에게 자신의 역할을 통해 섬기게 하시옵소서. 그리하여 자신의 의무를 성실하게 감당하게 하시옵소서.

영광의 하나님, 신령과 진정으로 시작된 예배에 성령님의 역사하심이 나타나기를 소망합니다. ○○ 교회의 성도들이 한 마음으로 머리를 숙인 이 시간이 하나님께 영광이 되기를 소망합니다. 현충일의 주님을 묵상하는 저희들에게 말씀을 대언하실 목사님께서 단에 오르셨으니 생명과 진리의 말씀을 선포하게 하시옵소서.

이 예배를 아름답게 하는 ○○ 성가대의 귀한 지체들의 찬양을 받아주시옵소서. 이들의 찬양을 통해서 하나님께는 영광이 드려지고, 혹시 찬송의 힘을 잃은 회중들은 힘을 얻기를 원합니다. 지금, 저희들이 예배하는 동안에 예배당의 안팎에서 봉사하는 종들이 있음에 감사드립니다.

이 시간에, ○○의 지체들의 섬김으로 예배를 아름답게 하시니 종들이 은총을 입게 하시옵소서.

예수님의 이름으로 기도드립니다. 아멘.+

13. 6 · 25 사변일

_기도를 위한 말씀 묵상: 나 1:15

  나라를 주신 하나님,
  우리 민족을 전쟁의 재화에서 건져내어 주셨음에 감사하는 마음으로 엎드렸습니다. 이 나라를 폐허와 가난에서 구하시고 복된 나라가 되도록 구원해 주신 은총과 사랑을 감사합니다. 예배를 드리는 이 자리에서, 민족의 죄를 용서해 주시고 평안하게 하셨음에 감사드립니다.
  6. 25 사변에 대하여 저희 선조들은 아무 대책이나 준비가 없었습니다. 공산군의 남침으로 발발한 전쟁에 많은 이들이 피를 흘리며 숨져갔습니다. 6.25 사변에 참전한 용사들의 피흘림을 대대손손 기억하게 하시옵소서. 이름 없이 이역만리에서 자유의 수호를 위해 파송된 16만의 UN연합군을 보내주셔서 이 민족을 구하게 하셨음에 감사드립니다.

  하나님 아버지, 대한의 모든 백성이 하나님을 섬기며 평화와 안정을 누리며 살아갈 수 있도록 도와주시옵소서. 이 백성이 하나님을 두려워하고 순종하도록 불쌍히 여겨 주시옵소서. 믿는 자들이 나라와 민족을 위하여 기도할 때에, 하나님 앞에서 정한 마음을 변치 않게 하시고, 눈물로 금식하며 통회하게 하시고, 이 나라의 죄악에 대해 책임을 가지고 자신을 희생할 수 있는 마음을 주시옵소서.
  저희들이 전쟁을 잊어가면서 다시금 하나님을 배역하는 일들이 횡행하고 있음을 안타까워합니다. 우상을 따르는 이들이 돌아서게 하시고 무지와 불신앙 때문에 부도덕과 비윤리에 빠진 이들이 돌아서게 하시옵소서. 혼돈과 죄악 속에 있는 백성을 구원하셔서 믿음으로 세우는 역사가 있게 하시옵소서.

예배를 받으시는 하나님, 이 시간에, 하나님의 영이 영광으로 임재하사 이 예배를 영화롭게 하시고, 하나님만이 만물의 주 되심을 선포하기 원합니다. 6. 25 사변일에 하나님께서 받으실만한 영광을 드리며 전쟁의 아픔을 갖고 있는 이 백성을 위로해 주시기를 원하는 저희들에게 하늘의 위로를 경험하게 하시옵소서.

오늘, 평화의 복음이 선포되는 강단을 허락하셔서 진리와 생명의 말씀을 듣게 하시옵소서. 이 시간에도 목사님을 강단에 오르게 하셨으니 그가 전하시는 말씀을 사모하게 하시옵소서.

○○ 성가대원들이 찬양을 드릴 때, 영광을 받아주시옵소서. 복된 예배로 실망과 근심으로 좌절에 빠진 사람들은 용기를 갖게 하시고 육신적으로 연약한 사람들에게 치유의 은혜를 입게 하시옵소서.

이 시간에, 예배의 진행을 돕고, 성도들의 편의를 위하여 봉사하는 지체들을 축복합니다. 하나님께 영광을 드리는 중에 나라를 사랑하는 마음을 뜨겁게 하시옵소서.

예수님의 이름으로 기도드립니다. 아멘.+

14. 광복절

_기도를 위한 말씀 묵상: 시 126:2-3

나라를 세우시는 하나님,

하나님을 떠난 인류의 역사는 정복과 억압의 역사이지만 하나님의 역사는 해방과 구원의 역사임을 믿습니다. 인류의 역사에서는 애굽과 앗수르가 이스라엘을 정복하고 억압했지만 하나님의 역사에서는 하나님께서 이스라엘을 애굽과 앗수르에서 해방시키고 구원을 이루어주셨습니다.

우리 민족을 향한 하나님의 역사가 우리를 일본에서 해방시키고 구원하셨음에 감사드립니다. 여호와께서 이 민족을 사랑하셔서 구원을 베풀어 주셨건만 저희들은 그 은혜에 감사하는 것을 잊고 지냈습니다. 이제까지도 나라의 평안이 주께로부터 온 것을 잊고 유유낙낙하는 죄를 저질렀습니다. 이 나라를 사랑하시는 하나님 앞에서 기도하지 않은 패역을 용서해 주시옵소서.

이 나라를 위하여 도고가 부족한 저희들의 죄를 고백합니다. 우리 민족이 우상을 숭배하는 일이 죄가 되고 있음을 깨달아 하나님께로 돌아오게 하시옵소서.

생명을 살리시기 위해서 오신 예수님을 구주로 영접하게 하시기를 빕니다. 오늘의 예배로 ○○의 지체들이 하나님 앞에서 평안을 누리게 하시옵소서. 진리와 은혜의 풍성함으로 인하여 십자가를 찬양하도록 이끌어 주시옵소서.

하나님 아버지, ○○ 교회의 성도들이 광복절에 한 마음으로 머리를 숙였으니 하나님께 영광이 되기를 소망합니다. 주님의 자녀들이 예배하는 이 시간을 주님의 손에 드립니다. 이 시간에 진행되는 순서에 따라 성도들이 광복절의 영광을 예배하게 하시옵소서.

오늘도 말씀을 전해주시는 목사님을 위하여 간구합니다. 귀한 종에게 사자의 권위와 감화하는 말씀의 능력을 나타내 주시옵소서. 그의 입술을 성령님께서 주관하셔서 저희들이 하나님께로 돌아가는 말씀을 듣게 하시옵소서. 하늘의 말씀으로 저희들의 심령이 새롭게 됨을 보게 하시옵소서.

○○ 성가대의 아름다운 찬양이 있는 예배로 하나님께 영광을 돌리게 되며 찬송의 능력을 체험하게 하시옵소서. 하나님의 은혜로 살아오고 있음에 그에 대한 응답으로 예물을 준비해 왔으니 믿음으로 드리게 하시옵소서.

또한, 누구보다도 이른 시간에 나와서 예배를 돕는 지체들이 있습니다. 하나님께 영광과 성도들이 예배 편의를 위해서 봉사하는 지체들을 거룩하게 하시옵소서. 저들의 봉사를 하나님은 받으시고 복을 내려 주시옵소서.

예수님의 이름으로 기도드립니다. 아멘.+

15. 신년주일

_기도를 위한 말씀 묵상: 벧전 1:7

새해를 시작하신 하나님,
 지난해의 삶에 은혜로 함께 해주셨던 주님의 이름을 찬송합니다. 새해 첫날을 맞이해서 하나님의 이름은 높임을 받으시고 복스러운 시간의 삶으로 들어가게 하시옵소서. 여호와 우리 하나님의 이름을 찬송하며 살아가기 원합니다.
 여호와의 은총은 저희들에게 새로운 시간을 주셨으나 저희들 자신은 죄악 가운데 지내던 모습으로 예배하러 나왔습니다. 거의 습관이 되어 주일의 시간을 구별하고, 이 전에 모였음을 회개합니다. 형식적이며, 종교적인 습관만 남은 저희들의 죄를 회개합니다. 여호와의 자비하심으로 용서하시옵소서.
 하나님의 영광에 합당한 경배를 드리고자 예배하러 머리를 숙였습니다. 이 시간에 하나님의 인도하시는 음성을 듣고 순종하게 하시옵소서. 이스라엘 백성이 요단강을 건널 때 언약궤를 좇으라 그리하면 요단물이 마르리라 하셨음이 저희들의 것이 되게 하시옵소서.

 영광의 하나님, 언약궤를 통해서 하나님께서 이스라엘 백성과 함께 하셨음을 믿습니다. 그들은 요단을 건너기 전에 스스로 성결하게 하였습니다. 저희들도 새해의 삶을 시작하기 전에 성경의 은혜를 입게 하시옵소서. 스스로 하나님이 기뻐하시는 성결의 삶을 살아서 요단을 건너 가나안의 복된 삶을 살아가는 은혜를 주시옵소서.

하늘의 은총이 가득한 아침을 맞게 하심에 감사드립니다. 새해에는 새로운 믿음을 갖고 하나님의 은혜를 바라보게 하시옵소서. 믿음이 주는 비전을 꿈꾸게 하시옵소서. 하늘나라의 기업에 대한 소망을 품어 저희들의 삶이 더욱 생명력 있고 복되게 만들어 주시옵소서.

하나님 아버지, 우리 ○○의 성도들 각자가 개인적으로, 또한 교회적으로 믿음으로 말미암는 하늘의 능력을 경험하기 원합니다. 하늘의 백성들에게 은혜를 주시려고 목사님을 단에 세우셨음에 감사드립니다. 목사님께서 생명과 진리의 말씀을 선포하게 하시옵소서.

강단에서부터 흘러나온 생명의 말씀이 금년 한 해를 살아가는 생수가 되게 하시옵소서. 그의 입술을 성령님께서 주관하셔서 이 백성들이 말씀을 듣게 하시옵소서.

○○ 성가대원들이 신령과 진정의 예배와 수준 있는 음악으로 어우러진 최상의 찬양을 드리기를 소망합니다. 오늘도 자원하는 심정을 가지고, 몸을 산 제사로 드리는 심정으로 봉사하는 일꾼들이 있습니다. 맡은 자리에서 예배의 진행을 돕는 손길들에게 은혜를 더하여 주시옵소서.

하나님께서 복의 시간을 주셨으니 거룩하게 준비하게 하시옵소서.

예수님의 이름으로 기도드립니다. 아멘.+

16. 어린이주일

_기도를 위한 말씀 묵상: 마 18:3

어린이들을 복 주시는 하나님,
　어린이들을 선물로 주신 여호와의 이름을 높여드립니다. 어린이들을 보면서 하늘나라에 들어갈 것을 소망하게 하시고, 그들을 통하여 주님을 영접하게 하심에 감사드립니다. 저희들에게 어린 아이들의 심령을 갖고 살아가게 하신 주님의 이름을 찬송합니다.
　어린이와 같이 꾸밈이 없는 단순함과 정직함을 잃고 있음에 회개합니다. 저희들은 꾀를 쓰기에 익숙해졌고, 오만함의 죄를 지었음을 자복합니다. 살아가는 시간이 많아질수록 하나님보다는 인간적인 욕망에 더욱 끌려가고 있음을 용서하시옵소서.
　자신들의 꿈을 그리면서 자라가는 아이들을 볼 때, 즐겁습니다. 그들이 하나님을 사랑하는 소망으로 가슴을 채우게 하시옵소서. 날마다 천국을 바라보면서 하나님의 사람으로 성장하도록 인도해 주시옵소서.

　은혜로우신 하나님, 어린아이들과 같이 되지 아니하면 천국에 들어갈 수도 없다고 하셨습니다. 어린아이의 순수한 믿음을 갖게 해 주시옵소서. 어린아이의 순수한 소원을 갖게 해 주시옵소서. 어린아이의 순수한 사랑을 갖게 해 주시옵소서. 주님께서는 불순하게 된 우리들을 다시 어린아이의 순수함으로 돌려주심을 믿습니다. 그들의 순수함으로 하나님의 나라를 바라보게 하시옵소서.

이 시간에, 바라기는 그들이 사랑을 받으면서 자라게 하시옵소서. 부모로부터, 형제들에게서, 친구들부터 아낌이 없는 사랑을 받게 하시옵소서. 사랑의 풍요로움을 경험하여 정서적으로 온전한 성장이 있기 원합니다. 주님께서 우리를 사랑하시듯이 남을 사랑하며 살기를 소망합니다. 그 사랑을 통하여 하나님이 사랑의 풍성함을 깨닫고 하나님을 더 가까이 하는 삶을 사모하게 하시옵소서.

하나님 아버지, 어린이주일의 예배를 드리는 회중에게 은혜를 내려 주시옵소서. 이 교회를 위하여 주의 종을 보내셨으니, 진리와 생명의 말씀을 듣게 하시옵소서. 담임 목사님을 붙드셔서 ○○ 교회의 권속들에게 하나님의 말씀을 전하게 하시옵소서.

오늘의 말씀이 저희들의 심령을 새롭게 하여 하나님의 사랑으로 자라는 어린이들을 보기 원하는 결단이 되게 하시옵소서. 저희들에게 어린아이들의 심령을 갖고 살아가게 하신 주님의 이름을 찬송합니다.

○○ 성가대원들이 아름다운 찬양으로 영광을 드릴 때, 온 성도들에게는 예배하려는 마음이 더욱 간절해지게 하시옵소서. 오늘의 예배를 위해서 여러 모양으로 수종을 드는 종들을 세우셨음에 감사드립니다. 하나님의 영광을 나타내려는 모든 이들에게 벅찬 감격의 시간이 되게 하시옵소서.

예수님의 이름으로 기도드립니다. 아멘.+

17. 어버이주일

_기도를 위한 말씀 묵상: 딤전 5:4

복을 주시는 하나님,

오늘도 부모님에 의해서 베풀어 주신 은혜를 즐거워합니다. 하나님께서 노년의 부모님을 보호해 주셨으며, 그들에게 약속하신 은혜와 복을 자손들이 받아 누리게 하셨음에 감사드립니다. 저희들이 어버이를 더 공경하고 잘 모심으로써 거룩한 후손이 되게 하시옵소서.

부모에게 효도하기보다는 노년이 부모를 섬기는 것이 때때로 귀찮게 여겨지기도 했던 죄악을 고백합니다. 부모를 섬기고 돌보아드리는 것이 짜증나기도 했던 패륜의 죄악을 고백합니다. 부모에게 효도를 다함으로써 하늘의 아버지이신 하나님께로 이르게 하시옵소서.

어버이주일에 하늘 어버이이신 여호와께 감사하고, 육신의 부모가 계셨음에 찬미의 제사를 드리게 하시옵소서. 하나님은 좋으신 아버지시라 우리를 지켜주시되, 육신의 부모에 의해서 이만큼 살게 하셨습니다. 예배할 때, 부모에게 공경하기를 다짐하게 하시옵소서.

하나님 아버지, 이 땅에서 사는 동안에 육체의 아버지와 어머니가 있게 하신 하나님을 찬양하지 못하고 지냈음에 회개합니다. 부모를 공경하는 섬김을 통하여 하나님의 영광을 드러내지 못했음을 용서하시옵소서. 부모에게 효도하라는 말씀을 들을 때마다 눈물을 흘려야 하는 저희들을 용서하시옵소서. 오늘부터 새로운 마음으로 부모를 공경하고 순종하도록 은혜를 주시옵소서.

　이에, 저희 ○○ 교회에는 부모가 자녀에게 효도를 물려주는 아름다운 공동체가 되게 하시옵소서. 주님의 이름으로 모든 가정들을 축복합니다. 하나님께서 사랑하셔서 가정을 선물로 주셨으니 가정마다 하나님의 나라를 이루고, 불신 가정에서는 예수님을 구주로 영접하는 복된 역사가 이루어지기를 소망합니다. 가정에서 참 안식을 누리고 식구들이 화목하게 지내도록 해 주시옵소서.

　나의 주 나의 하나님, 성령님의 인도하심에 따라 이미 시작된 예배를 기뻐합니다. 이 시간에 진행되는 순서에 따라 성도들이 어버이주일의 영광을 예배하게 하시옵소서. 오늘도 단 위에 서신 목사님을 위하여 간구합니다. 귀한 종에게 사자의 권위와 감화하는 말씀의 능력을 나타내 주시옵소서.

　○○ 성가대의 아름다운 찬양이 있는 예배로 하나님께 영광을 돌리게 되며 찬송의 능력을 체험하게 하시옵소서. 하나님의 은혜로 살아오고 있음에 그에 대한 응답으로 예물을 준비해 왔으니 믿음으로 드리게 하시옵소서. 누구보다도 이른 시간에 나와서 예배를 돕는 지체들이 있습니다. 저들의 봉사를 하나님은 받으시고 복을 내려 주시옵소서.

　예수님의 이름으로 기도드립니다. 아멘.+

18. 교육진흥주일

_기도를 위한 말씀 묵상: 신 31:12

의의 길로 이끌어 주시는 하나님,
 저희들에게 날마다 진리의 말씀을 베풀어 주신 은혜를 즐거워합니다. 오늘은 교육진흥주일에 교회의 교육에 대해 묵상하는 시간을 주셨음에 감사드립니다. 교회의 가르치는 사역으로 많은 주의 일꾼들이 길러지게 하시니 영광을 받으시옵소서.
 저희들의 부족으로 ○○ 교회가 교육하는 사명을 제대로 감당하지 못했음에 회개합니다. 실제적으로는 사람을 키우는 일이 제일 먼저 해야 함에도 교육에 불성실했음을 용서하시옵소서.
 이 시간에 교육진흥주일을 지키면서 간구합니다. 자기 백성을 하늘에 속한 사람으로 세우시려고 선지자들의 입을 통해서 가르치셨던 하나님이 열심을 저희들에게 주시옵소서. 가르치는 일로 교회 밖에 있는 이들에게도 주님을 따르게 하시옵소서.

 가르치시는 하나님, 이 교회 안에서 자라는 이들이 그리스도를 닮는 온전함의 분량에까지 성장하기 원합니다. 교회를 세우시고, 예수님께서 행하신 모든 이들을 가르치도록 위임을 받았으니 성실하게 감당하게 하시옵소서.
 이 땅에 계시는 동안에 가르쳐 지키게 하셨던 예수님을 본받는 저희들이기를 원합니다. 공생애 기간 동안에 가르치기에 힘을 쏟으셨던 주님을 기억합니다. 천국의 복음을 전파하시며 가르치셨던 그 열심을 저희들이 따르게 하시옵소서.

　가르치는 일을 생각할 때, 교사들을 위하여 간구합니다. 사람을 복음의 증인으로 세우는 귀한 사역에 쓰임을 받는 교사들을 먼저 세워주시옵소서. 그들이 가르치기에 조금도 부족함이 없는 그리스도의 인격을 갖추게 하시옵소서.

　하나님 아버지, 이 예배로 더욱 교육하는 교회가 되게 하시옵소서. 교육진흥주일을 지키는 이 자리에 성령님의 역사하심이 나타나기를 소망합니다. 주님을 만났던 거룩한 아침의 제자들처럼 교육에 대하여 말씀하시는 주님을 만나게 하시옵소서.

　하나님의 종으로 구별되신 목사님을 강단에 세워주심에 감사드립니다. 종을 통해서 전해지는 말씀에 순종하게 하시옵소서. 그에게 성령님의 충만하심과 지식을 더하셔서 천국의 말씀을 선포하게 하시옵소서.

　○○ 성가대원들이 성령님께 감동되어서 드리는 찬양으로 온 교회에 영광이 넘치기를 원합니다. 이 찬양이 실망과 근심으로 좌절에 빠진 사람들에게 용기를 갖게 하시고, 육신적으로 연약한 사람들에게 치유의 은혜를 입도록 인도해 주시옵소서.

　예수님의 이름으로 기도드립니다. 아멘.✝

19. 성서주일

_기도를 위한 말씀 묵상: 시 119:99-100

성경을 선물로 주신 하나님,

성서주일을 맞이하여 말씀을 통해서 생명의 빛에 들어가게 하신 하나님께 찬양으로 영광을 드리게 하시옵소서. 우리의 말로 된 성경의 번역과 반포를 통해서 한국 사회의 개화와 한국 교회의 부흥이 있도록 하신 하나님을 찬미합니다.

성서주일을 지키면서 은혜의 맛을 알게 하시옵소서. 하나님의 권능으로 이 땅에 성경을 반포하게 하셨음을 감사드립니다. 우리나라에 복음이 전해지면서 영국과 미국 등, 여러 나라의 도움으로 대한성서공회가 세워지게 하셨습니다.

성도들에게 성경을 보다 저렴한 가격으로 보급하고 불신자들을 위해서 도지와 단편과 같은 전도용 성서를 많이 공급하게 하셨습니다. 이 귀한 일이 하나님의 엄청난 은총에 대한 조그마한 보답이며 우리의 사명이라고 생각합니다. 저희들이 더욱 이 일에 헌신하게 하시옵소서.

생명의 말씀을 주시는 주여, 지나온 시간들을 돌이켜볼진대, 대한상서공회의 성경보급은 한국 교회의 성장에 큰 몫을 담당하여 왔습니다. 이 기관을 통하여 전세계 성경의 15%를 공급하는, 세계에서 가장 성경을 많이 제작하는 나라로 하나님께서 세우셨습니다.

성경의 말씀으로 구원을 얻은 저희들이 불신자들에게 성경을 나누어주는 열정을 품게 하시옵소서. 자유롭게 성경을 구입할 수 없는 이들에게 생명의 말씀을 무료로 나누어 주는 일에 헌신하게 하시옵소서. 군부대와 교도소 등에 기증해서 생명의 말씀을 나누도록 인도하시옵소서.

하나님 아버지, ○○ 교회가 성경을 보다 많이, 보다 여러 사람들에게 보급하는데 쓰임받기를 결단하는 예배를 드릴 때, 은혜를 내려 주시옵소서. 성서를 사랑하고, 성서를 보급하는 일에 대한 결단으로 응답하게 하시옵소서.

오늘도 담임 목사님을 붙드셔서 ○○ 교회의 권속들에게 성서주일을 지키는 말씀을 전하게 하시옵소서. 오늘의 말씀이 저희들의 심령을 새롭게 하고, 그 말씀에 순종해서 성서에 대한 후원사역에 참여하여 헌신하겠다는 결단이 되게 하시옵소서.

○○ 성가대의 아름다운 찬양이 있는 예배로 하나님께 영광을 돌리게 되며 찬송의 능력을 체험하게 하시옵소서. 저희들이 경건을 다해 예배하는 동안에 몸을 다 드려서 섬기는 이들이 있음에 즐거워하며 그들을 들을 축복합니다.

저희들은 거룩한 예배로 오직 하나님께 영광이 되고, 이 전에는 마귀가 틈을 타지 않게 하시옵소서.

예수님의 이름으로 기도드립니다. 아멘.+

15. 송년주일

_기도를 위한 말씀 묵상: 시 73:28

지혜 있는 자 같이 이끌어 주시는 하나님,
　하나님의 임마누엘로 여기까지 이르게 하셨음에 감사드립니다. 한 해의 마지막 순간까지 함께 해주셨음에 큰 영광을 드립니다. 저희들을 향하신 하나님의 손길은 선하셨으며, 한 번도 실망시키지 않으셨습니다. 저희들의 삶이 물댄 동산과 같이 모자람이 조금도 없게 하셨으니 감사드립니다.
　오늘, 송년 주일의 예배는 주님께서 주신 그 모든 것들을 헤아려 보는 시간이기 원합니다. 이제, 새 해를 맞이하면서, 저희들도 새롭게 되어 새 해에는 새로운 모습의 삶을 다짐하게 하시옵소서.
　감사로 예배를 드리지만, 저희들의 죄를 고백합니다. 저희들을 불쌍히 여겨 주시옵소서. 이 자리에서 주님께서 십자가의 고난당하셨던 아픔을 함께 느끼기 원합니다. 사실, 지금까지도 얼마나 수없이 주님을 십자가에 못 박는 일을 해왔던 저희들이었습니까? 용서하시옵소서.

　여호와 우리 주여, 이 시간에 여호와의 인자하심을 즐거워하고 저희들에게 베풀어주신 기이한 일들로 말미암아 영광을 나타내게 하시옵소서. 언제나 하나님께서는 사모하는 영혼을 만족하게 해주셨습니다. 주린 영혼을 위해서는 좋은 것으로 채워주셨습니다. 그 은혜에 진실로 감사하여 마지막의 예배를 드리는 심정으로 경배하게 하시옵소서. 송년주일에 새로운 결단을 함으로써 새해를 맞이하기 원합니다. 복된 날에 성도들이 성회로 모였으니 성령님의 충만하심으로 예배하는 권속들이기를 소망합니다.

하나님 아버지, ○○ 교회의 성도들이 한 마음으로 머리를 숙인 이 시간이 하나님께 영광이 되기를 소망합니다. 주님을 영화롭게 해 드리는 예배로 진행되도록 권능을 나타내 주시옵소서. 송년주일에 예언의 말씀을 지키려는 결단의 예배로 영광을 드리게 하시옵소서.

주의 백성들에게 은혜를 주시려고 목사님을 단에 세우셨음에 감사드립니다. 한 해의 마지막 주일에, 주님을 묵상하는 저희들에게 생명과 진리의 말씀을 선포하시도록 말씀의 지혜를 주시옵소서. 그의 입술을 성령님께서 주관하셔서 이 백성들이 말씀을 듣게 하시옵소서.

○○ 성가대원들이 신령과 진정으로 찬양하게 하시옵소서. 그들이 여호와 앞에 최상의 찬양을 드리기를 소망합니다. 오늘도 자원하는 심정을 가지고, 몸을 산 제사로 드리는 심정으로 봉사하는 일꾼들이 있습니다. 맡은 자리에서 예배의 진행을 돕는 손길들에게 은혜를 더하여 주시옵소서. 이 시간이 거룩하게 진행되고 마귀는 일체 틈을 타지 않게 하시옵소서.

예수님의 이름으로 기도드립니다. 아멘.✝

5
교회행사 –
기관헌신예배기도문

1. 제직회

_기도를 위한 말씀 묵상: 엡 6:1-3

제직회로 모이게 하신 하나님,
하나님의 교회를 위해서 제직이 된 저희들에게 주님을 영화롭게 해드리는 소원을 품게 하시옵소서. 이 모임의 시간에 성도들을 섬기고, 교회를 위해서 충성하겠다는 결단의 은혜를 내려 주시옵소서.

주님의 ㅇㅇ 교회를 위해서 충성을 다하지 못하였음을 뉘우칩니다. 저희들의 생활에 골몰하다가 제직이 된 직분에 소홀했음을 회개합니다. 하나님은 미쁘셔서 저희들이 죄를 고백할 때, 용서하심을 믿고 감사드립니다. 갈보리의 십자가에서 흘리신 피로 저희들의 죄를 깨끗하게 씻어 주시옵소서.

하나님 아버지, 순서에 따라, 목사님께서 말씀으로 격려하실 때, 진리와 은혜의 말씀을 듣게 하시옵소서. 그에게 성령님의 충만하심과 지식을 더하셔서 제직들에게 꼭 필요한 말씀을 선포하게 하시옵소서. 그 말씀으로 우리 제직들이 든든히 서기를 원합니다.

이 한 시간의 제직회가 거룩하게 진행되도록 여러 모양으로 수종을 드는 종들을 세우셨음에 감사드립니다. 저희들은 마음을 다하여 순종하게 하시고, 임마누엘의 은혜를 소망하게 하시옵소서.

예수님의 이름으로 기도드립니다. 아멘. +

2. 사경회(부흥회)

_기도를 위한 말씀 묵상: 고전 16:17-18

복을 주시는 하나님,

진리의 잔치를 베풀어 주신 은혜를 즐거워합니다. 메마른 저희들의 심령을 위해 하나님께서 사경회를 계획하셨으니 감사할 따름입니다. 저희들이 시간, 시간에 감사드릴 때마다 진리로 시원하게 해주시옵소서. 말씀으로 말미암은 진리의 은혜가 충만하기를 소망합니다.

저희들이 하나님 앞에서 의인이라 칭함을 받았지만 의롭게 살지 못했던 죄를 고백합니다. 불신자들과 어울리는 것을 가볍게 여겼고, 때로는 오만하기도 하였습니다. 이스라엘의 잘못을 용서해 주셨던 은혜로 용서해 주시옵소서.

하나님 아버지, 저희들은 가르침을 받기를 사모하면서 예배에 임하게 하시옵소서. 저희들을 깨우시려고 강사 목사님을 보내주셨으니, 은혜를 더하여서 생명의 말씀으로 저희를 새롭게 해주시옵소서.

여호와의 영광이 예배당에 선포되도록 성가대를 세워주셨습니다. ○○ 성가대원들이 하나님을 예배하는 저희들을 대신하여 찬양하는 역할을 귀하게 감당하게 하시옵소서. 그들의 찬양이 저희들의 응답이 되어 하나님께 영광이 되기를 빕니다.

예수님의 이름으로 기도드립니다. 아멘.+

3. 어린이 성경학교

_기도를 위한 말씀 묵상: 시 14:38

은혜가 풍성하신 하나님,

여호와의 이름을 높여드립니다. 저희 교회에서 자라는 어린이들을 위하여 ○○ 성경학교를 열게 하신 주님의 이름을 찬송합니다. 이 귀한 사역에 목사님을 비롯해서 교사들과 여러 모양을 섬길 일꾼들을 준비시키셨으니 참 즐겁습니다. 하늘의 지혜로 충만하게 하시옵소서.

금번 성경학교를 통해서 저희 아이들이 하나님을 가까이 하게 하시옵소서. 우선적으로 하나님을 사랑하여 지혜에 풍성하게 하시옵소서. 어린이들이 하나님만을 사모하고 하나님의 뜻을 알고자 할 때, 세상이 감당하지 못하는 지혜를 주실 것으로 믿습니다.

하나님 아버지, 보혈의 피로 구속함을 입은 하나님의 자녀들에게 성경학교의 은혜를 내려 주시옵소서. 목사님께서 진리의 말씀으로 저희들을 인도하실 때, 어린이들 모두가 하나님의 사랑을 입은 바를 확신하게 하시옵소서.

이 시간에, ○○ 성가대의 찬송으로 하나님의 영광이 예배당 안에 가득하게 하시고, 저희들은 그 은혜로 하나님께 더욱 가까이 나아가도록 하시옵소서.

예수님의 이름으로 기도드립니다. 아멘.✝

4 청소년 수련회

_기도를 위한 말씀 묵상: 고후 6:2

다음 시대를 준비하시는 하나님,
 저희 교회의 학생들을 주님의 사람으로 키워주시려고 베풀어 주신 은혜를 즐거워합니다. ○○ 수련회의 프로그램으로 경건에 이르는 훈련을 하게 하시고, 하늘의 의로운 규례를 배우게 하시니 감사드립니다. 시작하는 순간부터 마칠 때까지 감사가 넘치는 은혜를 주시옵소서.
 저희 고등부 학생들에게 경건에 이르는데 연습할 수 있게 하기에 부족하였음을 고백합니다. 교사들이 경건에 이르는 삶을 사는데 소홀하여 이들에게 거룩함에의 동기를 제공해 주지 못하였으니 용서해 주시옵소서. 하늘의 문을 여시고 성령님의 임재를 경험하게 하시옵소서.

 단에 세워주신 강사 목사님께 신령한 은혜를 더하여 주시옵소서. 그의 말씀을 순종함으로 받게 하시옵소서. 오늘도 ○○ 성가대를 세워주셨습니다. ○○ 성가대원들이 하나님을 예배하는 저희들을 대신하여 찬양할 때, 여기에 여호와의 영광이 넘치게 하시옵소서.
 이 예배의 순서가 원만히 진행되도록 봉사하는 지체들이 있어서 감사드립니다. 예배가 진행되는 동안 ○○○ 부의 지체들이 여호와의 선하신 은혜를 맛보는 기회가 되기를 바라게 하시옵소서.
 예수님의 이름으로 기도드립니다. 아멘.✝

5. 전도주일

_기도를 위한 말씀 묵상: 빌 2:16

인애하신 하나님,

　복음을 전하게 하시는 여호와의 이름을 높여드립니다. 하나님의 강권하시는 하나님의 사랑을 증거하는 데 열심을 내게 하시옵소서. 주님의 사랑이 저희들에게 구원의 복음을 전하게 하시니 그 이름을 송축합니다. 불신자들을 볼 때마다 불쌍히 여기는 마음을 갖기 원합니다.

　전도주일을 맞이해서 생명을 구원하는 일에 수동적이던 모습을 뉘우칩니다. 잃은 자식을 도로 찾으시려는 하나님의 심령을 사모하지 않고, 개인적인 복락에만 관심을 기울였음을 회개합니다. 저희 교회가 주님의 손이 되어, 생명을 구해내는데 헌신하도록 하시옵소서.

　온 성도들이 전도주일을 감사하여 예배할 때, 여호와의 이름을 참으로 높이 찬미하게 하시옵소서. 나아가 하나님을 온전히 사랑하고 전도하기를 쉬지 않겠다는 다짐을 하면서 예배하기를 원합니다.

　지금, 저희들이 예배하는 동안에 예배당의 안팎에서 봉사하는 종들이 있음에 감사드립니다. 귀한 지체들의 섬김으로 예배를 아름답게 하시니 종들이 은총을 입게 하시옵소서. 이 예배를 아름답게 하는 ○○ 성가대의 귀한 지체들의 찬양을 받아주시옵소서.

　예수님의 이름으로 기도드립니다. 아멘. +

6. 세계선교주일

_기도를 위한 말씀 묵상: 막 16:15-16

복음을 들고 나가게 하시는 하나님,

저 죽어가는 자들을 구원하시려고 오늘도 세계 곳곳에 선교사들을 보내신 하나님께 감사드립니다. 여호와의 사랑이 세계선교주일을 지키는 저희들의 가슴에 넘치도록 하시며, 선교를 위하여 힘을 쏟게 하시옵소서. 생명을 살리는 하늘의 일에 동참하게 하셨음을 감사드립니다.

그동안, 선교사들을 잊고 지내왔던 죄를 회개합니다. 특히, 그들의 가정을 염려하면서 기도하지 않았음을 용서하시옵소서. 또한 그들의 자녀들을 위하여 도고하지 못하였음도 회개합니다.

하나님 아버지, 땅 끝까지 복음을 전하는 비전을 품기를 원하는 저희들에게 성령님의 충만하심을 경험하게 하시옵소서. 하나님의 종으로 구별되신 목사님을 저희들에게 주심에 감사드립니다. 종의 입술을 통해서 전해지는 말씀을 사모하게 하시옵소서.

○○ 성가대원들이 찬양을 드릴 때, 영광을 받아주시옵소서. 오늘도 좌절에 빠진 사람들은 용기를 갖게 하시옵소서. 육신적으로 연약한 사람들에게 치유의 은혜를 입게 하시옵소서. 오늘의 예배로 하나님은 영광을 받으시고, 저희들에게는 선교에의 비전을 넘치게 하시옵소서.

예수님의 이름으로 기도드립니다. 아멘.+

7. 사회봉사주일

_기도를 위한 말씀 묵상: 빌 2:4

우리를 불쌍히 여기시는 하나님,
　가난한 이들과 함께 하시는 여호와의 이름을 높여드립니다. 곤란 중에 있는 이들에게 소망을 품게 하시고, 여호와의 도우심을 기다리게 하셨음에 주님의 이름을 찬송합니다. 저희들로 하여금 어렵게 지내는 지체들에게 마음을 두게 하시는 하나님의 은혜에 감사드립니다.

　믿는 자와 믿지 않는 자를 무론하고 하나님의 사랑으로 섬겨야 하는 이웃들을 돌아보지 않은 죄를 고백합니다. 가끔의 어려운 이들을 섬긴다는 것은 수동적이었습니다. 위선적인 사랑을 용서하시옵소서. 하나님의 사랑을 보여주신 주님의 마음을 배우게 하시옵소서.

　목사님을 대언자로 세우셔서 하늘 양식의 말씀을 진설하게 하심을 감사드립니다. ○○ 성가대원들이 마음과 몸을 드려 찬양할 때, 하나님의 은혜를 체험하는 복된 자리로 인도해 주시옵소서. 주님의 피 묻은 손에 의해서 가난한 이들을 향해 마음이 열어지게 하시옵소서.

　성령님의 질서와 말씀이 예배하는 중에 흥왕해지는 교회가 되도록 복을 주시옵소서. 오늘도 많은 이들 가운데 예배를 위한 봉사자들이 순종함으로 섬기고 있으니 복된 봉사가 되게 하시옵소서.

　예수님의 이름으로 기도드립니다. 아멘.+

8. 교회기관 총회

_기도를 위한 말씀 묵상: 골 1:14

우리를 지켜 주시는 하나님,

○○○회를 금년 한 해 동안에 지켜주셨음을 감사드립니다. 여호와의 도우심으로 금년에는 선한 일을 많이 했음에 감사드립니다. 지금은 일 년 동안을 지내온 것에 대한 정리를 하고, 새로운 임원을 선출하려 합니다. 새해의 사역을 위하여 새로운 일꾼을 세우게 하시옵소서.

지나온 한 해를 돌아볼 때, 맡은 자들이 구할 것은 충성이었음에도 충성하지 못한 모습을 회개합니다. 임원의 직분을 맡은 이들과 평회원으로 섬겼던 이들 모두가 회개하는 심정으로 있습니다.

하나님 아버지, 말씀을 전하실 목사님께 영력을 더하여 주셔서 주님이 원하시는 일꾼이 되기를 다짐하게 하시옵소서. 목사님께서 진리의 말씀으로 저희들을 인도하실 때, ○○○ 회의 회원들이 주님의 남은 고난을 묵상하도록 인도해 주심을 빕니다.

오늘도 주님을 영화롭게 해드리는 특송의 순서를 준비하셨으니 예수님을 구주로 믿는 무리들이 한 마음으로 하나님을 찬양하며 예배하도록 하시옵소서. 예배하러 나오기를 기다리면서 준비한 예물을 감사함으로 드리게 하시옵소서.

예수님의 이름으로 기도드립니다. 아멘.+

9. 교육기관 졸업식

_기도를 위한 말씀 묵상:딤후 3:16-17

자비로우신 하나님,

저희 교회에서 십자가의 정병들을 길러내게 하신 여호와의 이름에 찬송을 드립니다. 교회에 교육의 사명을 허락하시고, 젊은이들을 성령님께 충만한 사람들도 키우게 하신 주님을 송축합니다. 이제, 이들을 쓰셔서 만들어 가실 하나님의 나라를 바라봅니다.

저희들이 여호와 앞에서 다음 세대를 내다보는 지혜가 부족했음을 회개합니다. 하나님께서 이 아이들을 자라게 하시는데, 저희들은 이들을 축복하는 것이나 가르치는 것에 게을렀습니다. 구하오니, 이들을 통해서 이루어지는 하나님의 나라를 바라보지 못한 죄를 용서하시옵소서.

하나님 아버지, 생명과 전해주실 목사님께 성령님과 지혜에 충만케 하셔서 하나님의 말씀으로 흥왕함을 보게 하시옵소서. 이 교회를 위하여 주의 종을 보내셨으니, 진리의 말씀을 듣게 하시옵소서. 그에게 성령님의 충만하심과 지식을 더하셔서 천국의 말씀을 선포하게 하시옵소서.

이 교회를 위하여 ○○ 성가대원들을 준비시키셨음에 감사드립니다. 하나님 앞에서 찬송을 맡은 이들이 벅찬 감격으로 찬양을 부르게 하시고, 저희들은 예배하려는 마음이 더욱 간절해지게 하시옵소서.

예수님의 이름으로 기도드립니다. 아멘.+

10. 제직회 헌신 예배

_기도를 위한 말씀 묵상: 히 6:11

성령을 보내 주신 하나님,

　교회의 사역을 위해 제직회를 만들어 주시니 감사드립니다. 목사님께서 오직 교회를 위하여 기도하시고, 말씀을 전하시는 일만 하시도록 ○○ 교회에 여러 일꾼들을 뽑아 주셨으니 하늘나라의 일을 담당하도록 제직회를 세워 주신 줄로 믿고, 서로 협력하게 하시옵소서.

　저희 교회의 제직회원들이 기쁨으로 교회를 섬기기 원합니다. 저희들은 늘 그분들이 하나님께 충성을 다하는 일꾼들이 되도록 기도하게 하시옵소서. 오늘도 성령님께서, 그들의 마음을 다스리시고, 어떤 명예를 위한 제직이 되지 않도록 도와주시옵소서.

　하나님 아버지, 저희 교회의 권사님들과 집사님들이 성령님께 충만하기 원합니다. 성령님이 섬기게 하심을 따라 교회와 성도들을 위하여 봉사하게 하시옵소서.

　사랑하는 지체들의 심령을 성령님께서 주관하사, 그 성령의 이끄시는 대로 생각하게 하시고, 성령님이 인도하시는 입술로 말을 하게 하시옵소서. 마음을 드려 간절히 기도드리니 믿음과 성령님이 충만한 제직회가 되어서, 교회를 부흥시키게 하시옵소서.

　예수님의 이름으로 기도드립니다. 아멘. +

11. 남전도회 헌신 예배

_기도를 위한 말씀 묵상: 엡 4:4

교회에 일을 맡기시는 하나님,
하늘나라의 모형으로 교회를 허락하신 하나님을 찬양합니다. 예수님의 피 흘리신 터 위에, 이 교회를 세우셔서 오늘도 구원받을 사람들을 불러 주시니 감사드립니다. 교회의 복음사역을 위해 일꾼들을 세우셔서 남전도회로 섬기게 하시니 감사드립니다.

생명의 열매를 맺혀드리는 것을 귀하게 여기지 않았던 죄를 고백합니다. 주님께서는 죄악으로 말미암아 죽어가는 이들을 구원해 내시려는데, 그 사랑을 잊고 지냈던 저희들입니다. 부득불이라도 복음을 전해야했건만 그렇게 하지 못한 죄를 회개합니다.

하나님 아버지, 사람들은 겉으로 드러난 것을 보지만, 주님께서는 그 사람의 중심을 보신다는 것을 기억합니다. 원하기는, 저희 교회의 모든 집사님들이 하나님의 마음에 드는 일꾼들이 되게 해 주시옵소서. 하나님의 마음에 합당한 종들로 준비시켜 주시옵소서.

남전도회가 하나님의 영광을 위해서 모인 모임이 되게 하시고, 이 모임이 하나님을 영화롭게 해 드릴 수 있도록 이끌어 주심을 믿습니다. 이들이 소금과 빛이 된 사명을 섬기도록 도와주시기 원합니다.

예수님의 이름으로 기도드립니다. 아멘. +

12. 여전도회 헌신 예배

_기도를 위한 말씀 묵상: 롬 12:8

일꾼을 세우시는 하나님,

저희 교회를 사랑하셔서, 여전도회를 만들어 주심을 감사드립니다. 여전도회원들의 기도로 교회가 부흥되고, 저희 동네 사람들로부터 칭찬받는 교회가 되게 하신 은혜에 찬양을 드립니다. 오늘도 여전도회 회원들이 주님의 자녀가 된 기쁨 속에서 봉사할 일을 찾게 해 주시기 원합니다.

주님께서 길러 주시는 교회의 가족들을 위하여 섬기는 직분을 사랑으로 감당하시는 분들이 되도록 이끌어 주시옵소서. 이들이 모여서 일을 하실 때, 사랑이 넘쳐나는 사귐을 나누도록 인도해 주시옵소서. 혹시 어떤 사람이라도 마음이 편협되지 않도록 인도해 주시옵소서.

여전도회 회원들은 하나님을 공경했던 루디아를 닮기 원합니다. "주께서 그 마음을 열어 바울의 말을 청종하게 하신지라"는 말씀처럼, 여전도회 회원들이 목사님을 돕는 종들이 되게 하시옵소서.

하나님의 나라를 위하여 믿음으로 봉사하는 지체들이 되게 하시옵소서. 그들의 소망의 수고로 말미암아, 사랑이 가득한 ○○ 교회가 되게 해 주시기를 간구합니다.

예수님의 이름으로 기도드립니다. 아멘.+

13. 구역(셀) 리더 헌신 예배

_기도를 위한 말씀 묵상: 시 16:6

열매를 맺게 하시는 여호와여,

주님의 ○○ 교회를 위하여 구역회가 조직되게 하심을 감사드립니다. 성도들을 섬기도록 구역장님들을 세우셨으니 헌신하는 이들이 되기 원합니다. 그분들이 하나님의 영광과 교회의 부흥을 위하여 기도드리는 일꾼들이 되게 하시옵소서.

구역장들에게 하늘의 힘을 내려 주시옵소서. 그들이 사람의 지혜나 꾀로 맡은 직분을 섬기지 않고, 오직 하나님의 은혜로 충성하게 하시옵소서. 하나님의 마음에 드는 일꾼들이 되게 하시옵소서.

하나님 아버지, 구역장들이 모여서 교회의 일을 의논하실 때, 성령님께서 도와주시옵소서. 한 분, 한 분의 구역장들이 사랑과 은혜가 풍성하신 하나님을 알게 하시고, 주님의 놀라우신 섭리에 순종함으로 귀한 직분을 섬기게 하시옵소서.

오늘도 구역장들이 주님의 자녀가 된 기쁨 속에서 봉사할 일을 찾게 해 주시기 원합니다. 기쁨을 주셨음을 감사합니다. 주님께서 길러 주시는 교회의 가족들을 위하여 섬기는 직분을 사랑으로 감당하시는 분들이 되도록 이끌어 주시옵소서.

예수님의 이름으로 기도드립니다. 아멘.+

14. 성가대 헌신 예배

_기도를 위한 말씀 묵상: 시 147:1

찬양을 좋아하시는 하나님

오늘도 하나님의 교회에서 예배드리는 성도들의 찬양을 인도하게 하셨음을 감사드립니다. 성도들 가운데 특별히 음악적인 재능과 봉사에의 섬김을 허락하셔서 구별하여 불러 주신 은혜에 찬양을 드립니다.

성가대원들이 찬양이라는 직분 앞에 겸손해지기를 원합니다. 성가대원들은 누구나 자신의 음악적인 재능을 과시하려는 이들이 단 한 사람도 없게 하시옵소서. 그들은 오직, 예배하러 교회에 모인 성도들과 함께 주님의 영광을 찬양하게 하시옵소서. 여호와를 찬양하는 아름다움으로 맡은 직분을 섬기게 하시옵소서.

하나님 아버지, 그들은 찬양을 드리는 순간이 하나님께 자신을 드리는 기회라는 사실을 품고, 성가대의 자리에 앉게 하시옵소서. 그리하여 주님의 은혜에 감사하는 가슴으로, 주님을 사랑하기 때문에 찬미의 노래를 드리게 하시옵소서.

귀한 사역자들이 예배의 영광을 위하여 쓰임을 받게 되었음에 겸손함으로 나아가게 하시옵소서. 또한 음악을 창조하는 능력을 주신 선물에 감사하여 온 몸으로 찬양하게 하시옵소서.

예수님의 이름으로 기도드립니다. 아멘.+

15. 청년회 헌신 예배

_기도를 위한 말씀 묵상: 시 110:3

바른 길로 걷게 하시는 여호와여,

　청년들이 주님의 이름으로 모이게 하시니 감사드립니다. 그들이 인생의 황금시기에 하나님을 섬기고, 새벽이슬 같은 아름다운 신앙을 고백하게 하심을 즐거워합니다. 청년들의 섬김으로 교회는 더욱 힘이 세어지고, 주님께 영광을 드리게 하시옵소서.

　일찍이, 청년들이 주님을 따르게 하셨으니, 그들이 자신의 일생을 헌신하도록 이끌어 주시옵소서. 그들이 주일학교 교사를 비롯하여, 성가대원 등으로 하나님의 일을 함으로써 교회가 더욱 부흥되게 하시기 원합니다.

　하나님 아버지, 청년들을 다스려 주시옵소서. 그들은 왕성한 젊음 때문에 혈기를 이기지 못할 때도 있습니다. 더욱이 통제하기 힘든 육체의 욕망으로 말미암아 고민하는 경우도 많을 것입니다. 청년들이 주님 앞에서 괴로워 할 때마다 하나님께서 힘이 되어 주시기 원합니다.

　그들 한 사람, 한 사람이 진리로 허리 띠를 두르고, 의의 흉배를 붙인 승리의 생활을 하게 하시고, 믿음의 방패를 가짐으로 모든 악한 것들과 대적하여 이기게 하시옵소서.

　예수님의 이름으로 기도드립니다. 아멘.+

16. 대학부 헌신예배

_기도를 위한 말씀 묵상: 고전 3:16-17

여호와 우리 주여,

저희 교회의 대학부를 지켜 주시니 감사드립니다. 대학부의 젊은 이들이 자신들의 몸을 불의의 병기로 죄에 들이지 않고, 의의 병기로 들이니 참으로 감사드립니다. 그들이 젊었을 때 주님을 위하여 땀을 흘리는 십자가 군병들이 되기 원합니다.

대학부 지체들의 아름다운 신앙이 전통이 되어 교회를 더욱 든든히 세워가게 하시옵소서. 하나님께는 영광을 드리고 교회에는 유익한 기관이 되도록 성령께서 이끌어 주시옵소서.

대학부의 회원들에게 믿음과 지혜를 더욱 주시기 원합니다. 그래서 그들이 하나님께 영광된 일이라면 간구하니 하나님의 나라와 저희 교회에 꼭 필요한 기관이 되게 하는 능력과 용기를 주시옵소서. 배우고 연구하는 학생신분의 그들에게 건강과 함께 지혜와 총명을 허락하시옵소서.

사랑하는 젊은이들이 교회 밖에서는 사회에 모범이 되도록 이끌어 주시옵소서. 그들이 자신들의 소망을 펼침으로써 기뻐할 수 있게 하시옵소서.

예수님의 이름으로 기도드립니다. 아멘.+

17. 청소년(중·고등)부 헌신예배

_기도를 위한 말씀 묵상: 갈 6:6

인격을 구비하게 하시는 여호와여,
청소년들을 믿음 안에서 자라게 하심을 감사드립니다. ○○ 교회의 학생들이 그리스도의 장성한 분량에까지 자라가도록 하심에 찬양을 드립니다. 귀한 지체들이 어려서부터 주님을 믿으니, 고귀하고 성스러운 믿음으로 주님을 향한 사랑을 소중히 간직하게 하시옵소서.

내적으로는 사춘기를 겪으면서 한 사람의 인격체로 다듬어져 가는 청소년들에게 은혜를 더하여 주시옵소서. 외적으로는 육체의 변화를 통해서 성인의 모습으로 자신을 준비시켜 가는 그들이 평안을 누리게 하시옵소서.

하나님 아버지, 교육을 받는 세대로서 공부를 하는 중에 있으니, 저들이 결코 허탄한 데 마음을 두지 않게 하시옵소서. 우리 ○○ 교회의 중, 고등부에 좋으신 선생님들을 세워 주셨으니 감사드립니다. 선생님들께서 늘 기도하시는 교육기관이 되도록 이끌어 주시기 바랍니다.

청소년들을 깨우치셔서, 중, 고등부에서 이루어야 하는 목적을 달성하게 하시옵소서. 중, 고등부는 가르치고 배우는 기관이 되어, 내일의 일꾼들이 길러지게 하시옵소서.

예수님의 이름으로 기도드립니다. 아멘.+

6
심방예배 기도문

1. 새신자의 가정

_기도를 위한 말씀 묵상: 벧전 5:9

생명의 길을 보여주신 하나님,
하나님께서 ○○○ 성도님을 지켜주셨음에 감사드립니다. 하나님께서 이 가정에 주인이 되어 주시고, 가족들 모두가 천국을 바라보면서 지내게 해주신 은혜에 감사드립니다.

주님의 이름을 높이며, 자녀로서 아버지가 누리셔야 하는 영광을 바치기를 원합니다. 마음으로 무릎을 꿇게 하시고, 하늘의 영광을 취하시옵소서. 하늘에 소망을 두고 사시는 저희들에게 복을 내려 주시옵소서. 여호와께서 나타나실 때, 사람 셋을 영접하여 대접했던 아브라함의 은혜가 오늘, 성도님의 것이 되기를 소망합니다.

하나님 아버지, 사랑하는 ○○○ 성도님에게 하나님의 말씀으로 새롭게 되는 소원을 품도록 성령님의 은혜를 구합니다. 사탄이 옛사람의 생활을 유혹해도 믿음으로 거절하도록 은총을 내려 주시옵소서. 하늘에 속한 사람으로 살아갈 수 있도록 담대하게 세워 주시옵소서.

사탄이 여러 가지의 일로 이 가정을 괴롭히지만 성도님께서 오직 인내로 이기시도록 위로해 주시옵소서. 능력과 권능의 주님께서 죄를 이기게 하시옵소서.

예수님의 이름으로 기도드립니다. 아멘.+

2. 일반 성도의 가정 - 젊은이

_기도를 위한 말씀 묵상: 시 62:5

하늘에 계신 여호와여,

오직 ○○○ 성도님께서는 주의 풍성한 사랑을 힘입어 성공적인 생애의 삶을 살게 하셨음에 마음의 무릎을 꿇습니다. 오늘, 하나님의 보내심으로 이 가정에 왔으니, 성령님의 심방하심을 빕니다.

간절히 바라니, ○○○ 성도님께서 주님의 은혜 안에서 의로움과 거룩함과 구속함이 되신 예수님을 즐거워하며 지내시도록 도와주시옵소서. 날이면 날마다 하나님을 쫓아 지시에까지 새롭게 해주시기를 빕니다.

영광을 빛내시는 하나님, 그 이름 앞에 무릎을 꿇어 자복하면서 영광을 드립니다. 하나님께서 정하신 방법에 따라 예배를 드리오니 받아 주시옵소서. 이 가정의 식구들에게는 은혜로 충만하게 하시옵소서.

○○○ 성도님께서 담임 목사님을 보필해서 ○○ 교회가 이 지역에서 거룩한 사명을 감당하게 하시옵소서. 저가 선한 일꾼이 되어 자원하여 자기를 드릴 때, 교회가 부흥되게 하시옵소서.

성도님을 좋은 나무로 삼아주신 여호와 앞에서 성령의 열매를 많이 맺는 일꾼이 되게 하시옵소서. 주님이 쓰시기 원하시는 귀한 그릇이 되게 하시옵소서.

예수님의 이름으로 기도드립니다. 아멘. +

3. 일반 성도의 가정 - 장년

_기도를 위한 말씀 묵상: 요이 1:3

평생 은총의 하나님,

이스라엘 하나님 여호와께서 평강을 ○○○ 성도님의 가족들에게 주시고 이 가정에 영원히 거하심을 반가워하며, 찬양을 드립니다. 주님의 이름으로 심방한 저희들에게도 이 평강이 넘치기를 소망합니다.

지금까지도 온 가족이 하나님을 경외하게 하심에 감사드립니다. 특별히, 공부하는 중에 있는 자녀들이 우수한 성적을 거두게 하시고, 교회의 출석과 믿음을 지키는 생활에도 부지런하게 하시니 감사드립니다.

하나님 아버지, 성도님의 가정에서 불리어지는 찬송이 하늘에 닿기를 소망합니다. 사랑하는 ○○○ 성도님과 이 가정의 권속들이 들어야만 하는 생명의 말씀이 선포되기를 간절히 원합니다. 그 말씀이 축복이 되고, 위로가 되게 하시옵소서.

오늘도 마음을 다하여 하나님을 의뢰하시는 ○○○ 성도님을 인도해 주실 줄로 믿습니다. 성도님에게 하나님의 교회에서 기도와 수고의 땀을 흘려 주님의 영광을 드러내는 비전을 보게 하시옵소서. 이 모든 은혜가 ○○○ 성도님께서 예수님의 계명을 믿고 지키는 헌신의 열매임을 믿습니다.

예수님의 이름으로 기도드립니다. 아멘.+

4. 은퇴 제직의 가정

_기도를 위한 말씀 묵상: 시 90:12

소망으로 이끌어 주시는 여호와여,

심는 자에게 씨와 먹을 양식을 주시는 여호와께서 ○○○ 장로님에게 심을 것을 주사 이 복된 가정이 풍성하게 하셨음에 감사드립니다. 하나님의 은혜로 이 가정의 식구들이 의의 열매를 더하게 하시옵소서.

한 평생의 삶을 교회를 위해서 살아오신 ○○○ 장로님을 생각할 때, 눈물이 앞섭니다. 주님 앞에서 귀한 종이 기도로 교회를 지키시고, 물질로 교회를 섬기는 중에, ○○ 교회는 아름다워지기고, 지녀들은 하나님께서 친히 양육해 주셨음에 감사드립니다.

하나님 아버지, 목사님의 대언하시는 말씀 속에서 장로님과 이 가정에 주시는 은혜의 메시지가 되기 원하고, 저희들에게는 영혼을 살리는 양식이며, 치료하는 약이 되기를 소망합니다. 주님의 자비로우심에 감사하면서 예배하는 저희들이 되게 하시옵소서.

장로님의 심장이 여호와를 향한 열정으로 뜨겁게 타오르게 하시옵소서. 성령님의 인도하심에 민감하셔서, 그가 손을 대는 일마다에 하나님의 함께 하심이 나타나기 원합니다. 하늘이 문이 열리고, 홀연히 불어오는 성령님의 역사에 그의 심령이 뜨거워지게 하시옵소서.

예수님의 이름으로 기도드립니다. 아멘.+

5. 권찰 · 구역장의 가정

_기도를 위한 말씀 묵상: 고전 13:3

자기 백성에게 힘을 주시는 여호와여,

하늘의 은혜가 ○○○ 권찰님의 가정에 넘치고, 하나님께서 자기 백성에게 평강의 복을 누리게 하셨음이 즐겁습니다. 오직 하나님을 사랑하는 권찰님에게 예비하신 은총이 임하는 심방이 되게 하시옵소서.

하나님의 사랑을 입은 ○○○ 권찰님의 기도로 말미암아 믿음의 반석으로 세워지게 하시옵소서. 저희들은 하나님만을 의지할 수밖에 없음을 고백합니다. 나의 주, 나의 하나님께 삶의 모든 것을 맡기려 하오니 받아주시옵소서.

하나님 아버지, 하나님께 노래를 불러드리려고 한 자리에 앉았사오니, 구원의 반석을 향하여 즐거이 찬양하는 저희들이 되기 원합니다. 목사님께서 말씀을 강도하실 때, 미쁘게 듣는 귀를 갖게 하시옵소서.

주님의 이름을 의지하시는 권찰님께서 그리스도 안에서 충만해지시기 원합니다. 그 이름으로 선한 일에 힘쓰도록 하시고, 생명의 열매를 많이 맺는 종이 되게 하시옵소서. 하나님의 뜻이 사랑하는 종을 통해서 이루어지게 하시옵소서. 우리 권찰님에게 은혜를 주셔서 앞으로 더욱 유익한 일꾼이 되시도록 하시옵소서.

예수님의 이름으로 기도드립니다. 아멘. +

6. 집사(서리)의 가정

_기도를 위한 말씀 묵상: 딤전 3:8

구원의 주 여호와여,

겸손한 자의 소원을 들어주시는 하나님의 사랑이 ○○○ 집사님에게 있음에 감사드립니다. 주님을 향한 남다른 사랑과 충성으로 지내시는 집사님의 소망이 이루어지는 것을 볼 때, 여호와께 찬송을 드립니다.

귀한 가정을 거룩하게 여기시고, 자녀들도 하나님 앞에서 자라게 하셨으니 감사드립니다. 이제까지와 같이 ○○○ 집사님 부부는 앞으로 더욱 하나님을 경외하여 가정 천국이 이루게 하시옵소서.

향기로운 예배의 하나님, 하나님은 크신 팔로 우리를 두르셨습니다. 지금, 목사님께서 준비하신 말씀이 ○○○ 집사님의 가정에 축복이 되게 하시옵소서. 그 말씀으로 세상을 떨쳐내고, 하나님의 자녀로서 담대히 살 때, 하나님의 것이 모두 저의 것이 됨을 확인하는 감격을 맛보게 하시옵소서. 또한, 저희들 모두에게 격려와 위로가 되기 원합니다.

집사님께서 성령님의 감동하심에 따라 더러운 이를 탐하지 않으려는 마음을 주시니 감사드립니다. 저가 세상의 즐거움보다 하나님을 아는 영광을 더욱 귀하게 여기도록 하시옵소서. 이 땅에서의 주신 사명을 감당하기 위하여 재물도 풍족하게 쓰도록 하시옵소서.

예수님의 이름으로 기도드립니다. 아멘.✝

7. 권사의 가정

_기도를 위한 말씀 묵상: 고후 1:11

번성하게 하시는 여호와여,

오늘도 이 가정에 복을 주셔서 ○○○ 권사님과 식구들에게 번성의 은혜를 누리게 하시는 복을 주시는 하나님을 높여드립니다. 권사님께서 지내실 때, 토지의 소산과 곡식을 풍성하게 하시니 즐거워합니다.

이 시간에 소망하기는, ○○○ 권사님의 가정에 땅의 기름진 것으로 풍성함이 나타나기를 원합니다. 재물의 권세를 주셔서 하나님의 영광을 위해서 쓰는 가정이 되게 하시옵소서. 범사에 주 예수 그리스도에게까지 자라가게 하심에 감사드립니다.

하나님 아버지, 권사님께서 하나님의 말씀의 진리를 가까이 하시고, 쓰러뜨리려는 온갖 악의 세력을 물리치며 지내시는 것을 볼 때, 감사드립니다. 하나님의 위로와 권능으로 두려움과 낙심을 물리치시고, 그리스도의 평강을 누리게 하시옵소서. 주님의 평강이 권사님의 마음과 생각을 지켜 주시기 원합니다.

권사님께서 자신을 하나님께 전적으로 맡겨 저의 손길에 선한 열매들이 많이 쌓이게 하시옵소서. 교회의 살림꾼으로서 맡겨진 사명에 거룩한 수종을 들게 하시옵소서.

예수님의 이름으로 기도드립니다. 아멘.+

8. 집사(안수)의 가정

_기도를 위한 말씀 묵상: 고후 1:11

선택의 복을 주시는 여호와여,

○○○ 집사님을 사랑하시고, 택함을 받은 이 가족을 지켜 주셔서 모든 환난을 면하게 하셨음에 찬양을 드립니다. 주님의 십자가에서 이루어진 사랑으로 귀한 지체들이 영생의 은혜를 누리게 하시옵소서.

여호와의 은혜가 귀한 믿음의 가정에 나타나기를 소망합니다. 여호와를 경외하는 것을 제일로 하시는 ○○○ 집사님의 가정에 예비하는 복을 허락하심을 믿습니다. 은혜로 세워지는 집안이 되게 하시옵소서.

이 가정을 위해 하나님께서 준비해주신 말씀을 목사님께서 말씀을 전하실 때, 성령님의 역사를 허락하시옵소서.

하나님 아버지, 우리에게 능력이 되시는 주님 안에서 모든 것을 할 수 있게 해주셨음을 믿습니다. 바울 사도를 따라서 부하거나 가난하던지, 주님이 우선이기에 모든 것에 감사할 수 있게 하셨습니다. ○○○ 집사님이 여호와를 기뻐하심으로 힘을 얻게 하시옵소서.

지금, ○○○ 집사님께서 마음을 바쳐 예배할 때, 거룩함을 온전히 이루어가는 삶을 다짐하게 하시옵소서. 하나님을 두려워하는 종이 되어, 자신을 깨끗하게 하려는 은혜를 주시옵소서.

예수님의 이름으로 기도드립니다. 아멘.+

9. 장로의 가정

_기도를 위한 말씀 묵상: 고후 1:11

은혜를 보게 하시는 하나님,

하나님 아버지 앞에서 ○○○ 장로님이 정결하고 더러움이 없는 경건으로 자신을 지켜 성도들의 본이 되게 하셨음에 감사드립니다. 또한 저를 미쁜 말씀의 가르침에 순종하게 하시는 은혜에 영광을 드립니다.

예배를 인도하시는 목사님을 큰 능력으로 붙드셔서 진리와 은혜로 인도하시도록 도와주시옵소서. 진리의 말씀으로 은혜를 누리게 하시고, 여호와 앞에서 잠잠하여 주님의 이름을 높이게 하시옵소서. 우리가 예배할 때, 기쁨으로 이 집이 가득하기 원합니다.

하나님 아버지, 이스라엘 백성들이 광야에서 40년을 지나는 동안에 옷이 낡지 않았고, 신이 해어지지 않았던 은혜가 ○○○ 장로님의 것이 되기 원합니다. 결핍함이 없도록 하였던 은혜를 주시옵소서. 귀한 종이 교회를 섬기는 중에, 하나님께서 재정을 공급해 주셔서 저가 나누어 주려할 때마다, 베풀려 할 때마다 그 손에 넉넉하게 하시옵소서.

장로님께서 신랑으로 오실 주님을 기다리며, 성령의 열매를 맺게 하시옵소서. 교회 안에서 재림 신앙의 모델이 되시고, 성도들에게 주님을 맞이하는 신앙생활을 하도록 격려하는 종이 되기 원합니다.

예수님의 이름으로 기도드립니다. 아멘. +

10. 부교역자의 가정

_기도를 위한 말씀 묵상: 행 20:24

선한 일꾼을 택하시는 여호와여,
　○○○ 전도님이 시냇가에 심은 나무가 철을 따라 열매를 맺는 은혜의 삶을 살게 하시는 여호와께 경배를 드립니다. 그에게 하나님을 사랑하는 자에게는 그 잎사귀가 마르지 않음의 은혜를 내려 주시옵소서.
　전도사님께서 저희 교회에서 사역하시는 동안에, 위로부터 내려지는 힘으로 강건해져서 범사에 형통함을 보게 하시옵소서. 종을 돌보시는 여호와의 은혜로 직분을 감당하게 하시옵소서.

　하나님 아버지, 설교를 준비하신 목사님을 주님의 손으로 붙잡아 주셔서, 오늘 저희들에게 하나님의 말씀이 온전히 선포되게 하시옵소서. 성령님의 권면과 위로의 역사가 나타나기 원합니다.
　주님께서 불꽃같은 눈동자로 전도사님의 가정에 복을 주셨음에 감사드립니다. 이 가정의 식구들이 주님의 사랑 안에서 하나가 되게 대화를 주셨음에 감사드립니다. 저가 교회를 섬기면서 성도들을 지도할 때, 언제나 가르침의 본이 되게 하시옵소서.
　전도사님과 이 가정에 속한 권속들이 제사장의 집안이 되어, 하나님 앞에서와 목양하는 성도들 앞에서 본이 되게 하시옵소서.
　예수님의 이름으로 기도드립니다. 아멘. +

11. 새 가정의 축복

_기도를 위한 말씀 묵상: 고전 3:10

은혜로우신 하나님,

○○○ 형제와 ○○○ 자매에게 임마누엘의 가정을 주심에 감사드립니다. 이 자리가 주님과 함께 하는 처소가 되기 원합니다. 좋은 집에서 신혼의 삶을 시작하는 이들이 영원한 소망이 되는 천국의 집도 바라보기를 빕니다.

지금, 주님의 자녀들이 한 마음으로 주님을 기리고 찬송을 드리게 하시옵소서. 신랑과 신부를 위해 마련된 집을 즐거워하며 예배할 때, 성령님의 충만하심이 나타나게 하시옵소서. 신랑과 신부에게는 이 집으로 말미암은 하나님의 약속을 받기를 원합니다.

하나님 아버지, 천국의 아름다움이 비길 데 없는 보금자리를 주셔서 감사드립니다. 두 사람이 서로 사랑하면서 즐겁게 살아가는 집이 되기를 소망합니다. 이 집을 사용하여 부모를 기쁘시게 해드리는 일들이 많아지게 하시기를 원합니다.

○○○ 형제와 ○○○ 자매에게 약속하신 복을 받아 승리의 삶을 살아가는 집이 되기를 원합니다. 이곳이 복의 근원이 되어서 하나님을 만나는 장소요, 세상을 살아가는 지혜를 얻는 장소요, 물질의 풍부함을 누리는 장소가 되게 하시옵소서.

예수님의 이름으로 기도드립니다. 아멘.+

12. 주일 성수에 게으른 자

_기도를 위한 말씀 묵상: 엡 2:22

하늘의 문을 여시는 주여,
　○○님을 의롭다 하셨으니, 주 하나님을 영화롭게 해드리려는 소원이 저의 마음에 차오르기 원합니다. 구원의 은혜에 감사할 때, 그 마음이 은혜로서 굳어지고, 세상의 것들에는 마음을 두지 않게 하시옵소서.
　성도님에게 성령님의 충만하심이 있기를 소망합니다. 저가 생각과 마음으로 하나님을 사랑하는 그대로 여호와 하나님과 동행하게 하시고, 생명의 길에서 풍성한 삶을 살게 하시옵소서.
　저희들의 기도와 찬송이 하늘의 하나님께 합당한 영광이 되게 하시기 원합니다. 이 시간에 찬양과 경배를 주님께 드립니다. 성령님의 뜨거운 역사로 지치고 힘들었던 심령들마다 새로움이 있게 하시옵소서.

　하나님 아버지, 여호와 하나님께서 사랑하시는 자기 자녀에게 베풀기 원하시는 물질의 복을 기다립니다. ○○님이 물질의 넉넉함으로 하나님 앞에서 재정으로 영광을 드리는 종이 되게 하시옵소서. 그 재정의 부요함으로 주님을 영화롭게 해드리게 하시옵소서.
　주님의 백성을 삼아주신 거룩한 가정에 순종의 은혜로 풍성하게 하시옵소서. 이 가정이 시온의 처소가 되게 하시옵소서.
　예수님의 이름으로 기도드립니다. 아멘.+

13. 가정이 평안하지 않는 자

_기도를 위한 말씀 묵상: 벧전 4:7-8

성령님으로 충만케 하시는 하나님,

성령님의 감동하심에 따라 이 가정의 지체들이 하나님께 감격하게 하시고, 주님께서 바라시는 삶에 마음의 초점을 두게 하시옵소서. 십자가의 보혈로 영생의 은혜를 입은 ○○님의 가정에 구원의 은총을 내려 주시옵소서.

한 성령님을 받아 한 가족이 된 성도들이 같은 마음으로 영광을 드립니다. 목사님의 설교를 통해서 예수님의 십자가로 죄의 문제가 해결되었음을 확인하게 해주시고, 하늘나라의 백성으로 살아가려는 다짐을 새롭게 하도록 도우시옵소서.

하나님 아버지, 이 가정을 여호와께서 계시는 처소로 삼으셨으니, 시온의 영광을 나타내는 가정이 되게 하시옵소서. 부모와 자녀들의 가슴에 성령님의 은총이 감격으로 다가오게 하시옵소서. 착한 일을 함으로써 열매를 맺기 바라시는 주님의 뜻을 이루게 하시옵소서.

○○님의 재정에 궁핍함을 모르는 삶을 허락해 주시옵소서. 여호와를 기뻐하면 마음의 소원을 이루어주신다는 말씀의 약속이 이 가정에 응답되기 원합니다. 재물을 통해서 하나님의 나라를 이루게 하시옵소서.

예수님의 이름으로 기도드립니다. 아멘.+

14. 교회생활에 회의를 보이는 자

_기도를 위한 말씀 묵상: 롬 12:10-11

교회의 영광에 계신 하나님,
주님께서 자기의 몸을 드려 교회의 모퉁이 돌이 되셨음을 믿습니다. 주님께서 교회를 사랑하시고, 위하시는 마음을 저희들이 깨달아 교회를 위하여 섬기고, 봉사하게 하시옵소서. 교회를 내 몸처럼 사랑하여 헌신하도록 인도해 주시옵소서.

오늘, 사랑하는 ○○○님께서 하나님 앞에서 여호와의 말씀으로 새롭게 변화를 받기를 소망합니다. 저가 열심을 품고 주를 섬김으로써 영혼이 잘 되고 범사가 잘 되며, 강건하게 되는 복이 저의 것이 되게 하시옵소서.

하나님 아버지, 상한 심령으로 드리는 예배를 통해서 하나님의 은혜로 영육간에 회복의 기쁨을 누리기를 원합니다. 부족한 저희들은 하나님을 잊고 산 적이 많지만, 하나님은 우리를 한 번도 잊지 않으신 인자하신 분이셨음을 믿고 감사드립니다.

○○님의 가정에 재물이 핍절하지 않도록 여호와의 채우심이 나타나게 하시옵소서. 부요와 재물이 이 가정에 있어, 어려운 이들에게 나누어주고, 베푸는 손길을 통해서 주님의 일을 이루어드리게 하시옵소서.

예수님의 이름으로 기도드립니다. 아멘.+

15 유혹에 넘어가 스스로 낙심된 자

_기도를 위한 말씀 묵상: 창 13:10

보좌에서 영화로우신 하나님,

만세 전부터 택함을 받은 이 가정으로 말미암아 영광을 드립니다. ○○님이 인생이라는 바다를 자신이 항해하는 것처럼 여기고 혼자서 몸부림쳤던 외로움을 받아 주시옵소서. 이 집안의 식구들에게는 여호와를 자신의 힘으로 삼는 은총을 내려 주시옵소서. 하나님의 말씀과 성령님께 충만함으로 풍성한 삶을 살아가는 은총을 누리게 하시옵소서.

이 가정을 거룩한 예배의 자리가 되게 하신 주 예수님의 이름을 즐거워하면서 예배합니다. 믿음이 연약한 심령들에게는 강하고 담대한 믿음을 허락해 주시기 원합니다.

구원을 베푸시는 주여, 말씀을 증거하실 목사님에게 영력을 더하셔서 하나님의 대언자로서 생명력 넘치는, 살아 있는 말씀으로 저희들을 감동케 하시옵소서.

여호와 앞에서 성도로서 온전하시기를 바라는 ○○님에게 마음을 다스릴 수 있는 은혜를 주시옵소서. 저가 욕심에 민감하여 자신을 미혹하려는 것을 알아차리게 하시옵소서. 저를 구원에 이르게 하신 십자가 아래에 욕심을 내려놓는 은혜를 경험하게 하시옵소서.

예수님의 이름으로 기도드립니다. 아멘.+

16. 기도하지 않는 자

_기도를 위한 말씀 묵상: 마 7:7

하늘의 보좌에 계신 주여,
여호와께서 아브라함에 오셔서 그의 자손이 하늘의 뭇별처럼 많을 것을 약속하신 은혜를 이 시간에 ○○님께 주시기 원합니다. 심방을 통해서 하나님의 찾아오심을 경험하시는 저에게 약속의 말씀이 주어지는 은혜를 내려 주시옵소서.

이 복스러운 예배에서 한 마음, 한 입으로 주님께 영광 드리기를 소망합니다. 목사님께서 말씀을 증거하실 때, 하나님의 능력과 은혜가 드러나게 하시옵소서. 성령이 저희를 이끌어 '아멘'으로 말씀을 듣도록 인도해 주시기를 빕니다.

하나님 아버지, 믿음으로 생각하고, 행동하기 위해서 늘 기도를 가까이 두게 하시옵소서. 저가 간구할 때마다 성령님의 감화로 가슴이 벅차게 하시고, 진리의 삶을 살도록 이끌어 주시옵소서.

목이 마른 이에게 물을 주시고, 마른 땅에 시내가 흐르게 하겠다고 약속하신 말씀이 이 가정에서 이루어지기 원합니다. ○○님이 부요하게 하시는 재정의 은혜를 통해 하나님의 교회를 섬기는 복을 누리게 하시옵소서.

예수님의 이름으로 기도드립니다. 아멘.+

17. 믿음에 회의를 갖는 자

_기도를 위한 말씀 묵상: 요 6:68-69

함께 해주시는 하나님,
　○○○님에게 성령님의 충만하심으로 이끌어 주심을 감사합니다. 저에게 하나님께 충성을 다하며 살기를 다짐하게 하시옵소서. 저가 이 세상에 누리게 될 자녀로서의 권세에 대하여 즐거워합니다.
　천에 하나, 만에 하나로 선택을 받으신 ○○님께서 하나님의 자녀가 되셨음에 감사드립니다. 여호와 하나님을 찾으며, 하루의 삶을 시작하도록 하시고, 주님 한 분으로 만족하게 하시옵소서. 주 예수님만이 길이요, 진리이며, 생명이 되심을 고백하도록 하시옵소서.

　하나님 아버지, 이 시간에, 예배로 하나님께 영광을 드리고, 저희들에게는 은혜로 충만하게 하시옵소서. 주님의 백성들에게 크신 복을 내려 주시어 향기로운 제사를 드리기 원합니다. 성령님께서 '너는 내 아들이다' 라 말씀하시는 하나님의 음성을 듣게 하시옵소서.
　오늘도 우리 하나님은 이 가정에 복을 주심을 믿습니다. 영혼이 잘 되게 하신처럼, 범사가 잘 되게 하심을 믿습니다. 날마다 우리의 짐을 지시는 여호와께서 매일매일 이 가정에 재정을 마련해 주시옵소서. 하나님의 공급하심을 누리면서 청지기의 열매를 맺게 하시옵소서.
　예수님의 이름으로 기도드립니다. 아멘.+

18. 연단을 이기지 못하는 자

_기도를 위한 말씀 묵상: 계 3:18

은택을 입히시는 하나님,
저희들의 능력이 약한 데서 온전해짐을 믿습니다. 지금 겪는 궁핍이나 시련이 하여금 하나님 앞에서 합력하여 선을 이루는 과정이 됨을 믿습니다. 문제를 해결해 주시고, 눈물을 웃음으로 바꾸어 주시옵소서.

하나님의 심방을 받아 즐거워하시는 ○○님과 이 가정의 식구들이 전심으로 주를 찬송하고, 영원토록 주님의 이름에 영광을 드리는 예배가 되게 하시옵소서.

하나님 아버지, 오늘, 저희들을 향해 주님의 음성을 담아내기 위해서 말씀을 전하시는 목사님께도 성령으로 충만하게 하시옵소서. 그 말씀이 능력이 되어 어떤 어려움도 이겨낼 수 있도록 하시옵소서.

사랑하는 지체의 심령이 하나님의 말씀에 주의하고, 하나님의 말씀을 삶의 첫 자리에 두겠다는 다짐을 하게 하시옵소서. 그 말씀만이 연단을 견디게 하시고, 인내하여 승리하게 해주심을 믿습니다.

○○님을 제자로 불러주셨으니, 저에게 주님을 제일의 우선순위로 모시는 은혜를 주시옵소서. 우리 하나님께서 이 가정에 복을 주심을 믿습니다. 영혼이 잘 되게 하심처럼, 범사가 잘 되게 하심을 믿습니다.

예수님의 이름으로 기도드립니다. 아멘. ✝

19. 갑자기 병에 걸렸을 때

_기도를 위한 말씀 묵상: 시 16:10

뜻을 이루시는 여호와여,

마지막 때에는 세상이 알지 못했던 일들을 보여주시는 하나님을 믿습니다. 부족한 종이 주님의 이름으로 간구할 때, 치유의 역사가 나타날 줄 믿습니다. 여호와의 치료하심을 보여 주시옵소서.

하나님의 사랑하시는 종이 병을 얻었으니, 여호와의 치료하심을 보여 주시옵소서. 이로써 하나님은 자기 백성들을 스올에 버리지 않으심을 알려 주시옵소서.

저희들이 예배할 때, 하나님은 영광을 받으시고, 어려움을 만나게 된 ○○○님의 심령에는 위로와 평안이 찾아들게 하시옵소서. 목사님의 설교를 마음의 문을 활짝 열고 듣게 하시며, 주님의 말씀을 생명의 양식으로 받아 심령이 배부르게 하시옵소서.

하나님 아버지, 생각하지도 못했고, 예비하지도 못한 일이었으나 ○○○님의 몸을 통해서 하나님의 일이 이루어지기를 소망합니다. 갑자기 만난 어려움 뒤에서 움직이시는 하나님의 손을 보게 하시옵소서.

저의 몸을 통해서 주님께 영광이 되기 원합니다. 받아들이기 힘든 이 갑작스러움으로 말미암아 ○○○님이 주님을 더욱 찾게 하시옵소서.

예수님의 이름으로 기도드립니다. 아멘.✝

20. 불의의 사고로 다쳤을 때

_기도를 위한 말씀 묵상: 잠 6:23

치료하시는 하나님,

병자의 손을 잡으시고, 불쌍히 보시면서 낫게 하셨던 주님의 얼굴을 저희들에게 돌려주시옵소서. 인자하신 얼굴로 ○○○님을 바라보시며 치료해 주시는 은혜를 입게 하시옵소서. 사랑의 손으로 만져 주시옵소서.

○○○님의 완쾌를 위하여 기도하는 가족들에게 하나님의 자비하심이 넘치기를 소망합니다. 졸지에 어려움을 당하였으나, 상태가 이만하심에 감사드리며, 성령님의 충만하심으로 인해서 치료하심과 싸매어주시는 은혜를 기다립니다.

하나님 아버지, 이 시간에, 저희들 모두에게 아름답고 거룩한 자세로 여호와 앞에 마음을 드리게 하시옵소서. 하나님을 예배할 때, 이 자리가 복 되게 하시옵소서. 설교하시는 목사님께 하늘의 문을 열어 능력을 더하여 주시고, 그 말씀을 힘이 있게 전하게 하시옵소서.

모든 이들이 절망할 수밖에 없는 상황에 처해져도 주님께서 붙잡아 주시면 나음을 받을 것을 믿습니다. 주님의 인자한 얼굴로 ○○○님을 보아주시고, 사랑의 손을 내밀어 주시옵소서. 일어나라 말씀해 주심으로 저희들에게 기쁨을 보게 하시옵소서.

예수님의 이름으로 기도드립니다. 아멘. +

21. 오랜 지병 · 노환의 환자

_기도를 위한 말씀 묵상: 눅 4:39

눈물을 보시는 하나님,

우리 주님의 몸에서 능력이 나가 병자를 치료해주신 은혜가 ○○○님의 것이 되게 하시옵소서. 오랫동안 시달리는 병중에서도 저를 지켜주신 여호와를 찬양하는 예배를 드리려 하니 받으시옵소서.

우리를 사랑하시는 주님의 이름으로 ○○○님을 축복합니다. 성령님의 충만하심이 저의 몸을 만져 주시옵소서. 고통스럽게 했던 병마는 한 길로 왔으나 일곱 길로 도망가기를 축복합니다. 주님께서 ○○○님을 위하여 병을 짊어지신 것을 믿으니, 나음을 입게 하시옵소서.

하나님 아버지, 목사님께서 하나님의 말씀을 증언하실 때, ○○○님에게 위로와 힘이 되게 하시고, 은혜를 받게 하시옵소서. 말씀을 받음이 저의 복이 되기 원합니다. ○○○님은 숙환으로 힘드시지만, 저의 고통스런 몸을 통해서 하나님의 영광을 나타내고 있음을 믿습니다.

이제, 주님이 대신 짊어주셨기에 ○○님은 병에서 자유로워졌음을 선포합니다. 이 병상이 거룩한 자리가 되어 하늘의 성전을 향하는 저희들이 되게 하시옵소서. 순간순간이 어렵지만 낙심하지 않게 하시고, 간호하는 가족들에게도 하늘의 위로로 견디게 하시옵소서.

예수님의 이름으로 기도드립니다. 아멘. +

22. 질병의 고통이 심해질 때

_기도를 위한 말씀 묵상: 마 8:16

단련하시는 주여,

　질병의 고통이 심해져 더욱 힘들어 하시는 ○○○님을 축복합니다. 저가 육신적으로는 참기 어렵게 되었으나 그 영혼은 날로 새로워짐을 믿습니다. 하나님께서 자기 백성을 지켜주시는 이 시간에, 두 세 사람이 있는 곳에 함께 하시는 주님을 바라보며 예배합니다.

　지금은 ○○○님의 고통이 더 심해져서 하나님의 위로가 나타나기를 소망하며 머리를 숙였습니다. 저희들이 주님의 이름을 경배할 때, 죽은 자를 살리셨던 주님의 권능이 나타나게 하시옵소서. 말씀을 준비하신 목사님께 성령으로 감동해주시고, 하나님의 역사를 나타내 주시옵소서.

　하나님 아버지, 하나님의 사랑을 입은 ○○○님께서 잃었던 건강을 도로 찾으시게 하시옵소서. 다시 걷고, 다시 뛰고, 다시 몸을 드려 헌신하는 종이 되시게 하시옵소서. 귀한 종을 회복시켜 주셔서 몸을 드려 천국의 일을 감당하시기를 소망합니다.

　○○○님께서 치료를 받으시는 동안에 많은 돈을 의료비로 지출했지만, 가난이나 궁핍함의 그림자가 끼지 않게 하시옵소서. 여호와의 돕는 손길로 재정의 부요를 보게 하시옵소서.

　예수님의 이름으로 기도드립니다. 아멘.✝

23. 병원에 입원 중인 환자

_기도를 위한 말씀 묵상: 겔 34:16

앙망하는 자에게 은혜를 주시는 하나님,

그리스도 안에서 ○○○님이 지금까지 여호와의 은혜를 누리게 하셨음에 찬송을 드립니다. 병든 자를 일으키고, 낙심된 자를 소성케 하시는 성령님께서 역경에서 끌어내어 주시옵소서.

이 병실에서도 주인이 되시는 하나님께 영광을 드립니다. 여호와의 은총으로 ○○○님이 생명의 보호를 받고, 시간마다 하나님의 사랑을 그리워하게 하셨음에 하나님을 경외하며 예배합니다. 하늘에 영광이 드려지고 하나님의 영화로움이 이 병실에 가득하게 하시옵소서.

각색 병든 자들이 주님 앞으로 오자, 일일이 그들 위에 손을 얹고 기도해 주신 은혜를 ○○○님도 누리게 하시옵소서. 예배 후에 목사님께서 주님의 이름으로 성령님의 손이 되어 ○○○님의 몸에 대시려 하십니다. 저의 손은 연약하지만 종의 손을 통해서 주님의 능력이 나가기를 소망합니다.

우리는 모세가 들었던 지팡이는 지팡이에 불과했으나 홍해를 갈랐던 것을 믿습니다. 주님의 역사가 나타나서 의사가 하지 못했던 기적을 보여 주시옵소서. 사랑하는 저의 몸을 낫게 하셔서 의의 병기로 사용해 주시옵소서.

예수님의 이름으로 기도드립니다. 아멘.✝

24. 수술을 하게 되는 경우

_기도를 위한 말씀 묵상: 행 3:16

치료하시는 하나님,

주님의 옷가에라도 손을 대기를 원했던 여인의 사모함이 ○○○ 님의 심령에 있게 하시옵소서. 성령님의 은혜가 흘러 주님의 옷을 만지는 체험을 주시고, 혈루증을 치료받은 여인의 은혜를 내려 주시옵소서.

하나님의 예정 가운데 수술을 받도록 하셨으니, 지금은 예배로 주님의 이름을 높여 드립니다. 어려운 수술이지만 하나님의 영광이 나타나고, 성령님께 ○○○님의 몸을 지켜 주시옵소서. 하나님을 송축하는 이 자리에서 영광을 받으옵소서. 목사님께서 전하시는 말씀이 마음의 밭에 새겨져 열매를 맺게 하시옵소서.

하나님 아버지, 어려움에 처하였으나 ○○○님에게 복을 주셔서 좋은 의사를 만나게 하셨습니다. 이제, 의사들에게 지혜를 주셔서 ○○○님의 생명을 회복시키는 일에 수고를 아끼지 않게 하시옵소서. 수술이 진행되는 시간에 오직 성령님께서 주관해 주시기를 소망합니다.

치료하시는 여호와의 은혜가 수술을 통해서 나타나게 하심에 감사드립니다. 육체의 수술을 통하여 더욱 강한 몸으로 새로워져서 하나님의 자랑이 되는 자녀가 되게 하시옵소서.

예수님의 이름으로 기도드립니다. 아멘.✚

25. 치료 후 회복기의 환자

_기도를 위한 말씀 묵상: 시 146:5

소망을 주시는 여호와여,
 사랑하는 ○○○님께서 예수 그리스도의 이름으로 치료함을 받게 하셨음에 감사드립니다. 저의 몸은 주님의 것이라 연약하게 하시면서 주님의 뜻을 이루셨고, 때가 되어 낫게 하시니 영광을 받으시옵소서.
 그 동안에, ○○○님의 쾌유를 위해서 기도하며 온갖 수고를 담당했던 이들을 위로해 주시옵소서. 간호하면서 지내오는 동안에 쏟았던 사랑과 헌신에 대한 하나님의 위로가 있기를 소망합니다.
 ○○○님이 오랜 시간의 투병생활을 마치고 건강한 몸을 갖게 해주셨음에 감사드립니다. 하나님의 이름의 은혜로 치료되었으니, 저의 생애를 오직 하나님의 영광에 맡기게 하시옵소서.

 하나님 아버지, ○○○님이 천국 백성으로서 여호와 앞에서 성결된 특권을 누리게 하시옵소서. 사람이 행함으로도 의롭다 하심을 받는다는 고백이 저의 것이 되어, 거룩함의 완전에 이르도록 도와주시옵소서.
 성령님의 충만한 임재를 통해서 거룩해짐을 사모하게 하시고, 저의 몸으로 영광의 삶이 되게 하시옵소서. 잃었던 건강을 도로 찾게 해주신 은혜에 보답하는 삶이 ○○○님께서 넘쳐나게 하시옵소서.
 예수님의 이름으로 기도드립니다. 아멘.✚

7
교회-교회의 지체들을 위한 기도문

1. 목회비전과 담임 목사를 위한 중보

_기도를 위한 말씀 묵상: 골 1:25

하나님 아버지,

여호와 앞에서 존귀한 ○○의 지체들을 인도하시며, 기도해 주시는 목사님을 모신 것을 기쁘게 여깁니다. 목사님의 헌신으로 교회는 부흥하고, 온 성도들이 주 안에서 이기는 생활을 하게 하시니 그 높으신 은혜에 찬양을 드립니다.

복음을 위해서 목숨을 바치시기로 작정하신 목사님께 앞으로는 더욱 더 성령님의 충만하심이 물 붓듯이 쏟아지기를 빕니다. 이로써 목사님의 사역에 성령님의 열매가 나타나기를 빕니다.

하늘의 문이 열려지고, 천상의 은혜가 ○○교회에 갑절이나 더해지시게 하시옵소서. 그 은혜와 권능으로 양떼를 인도하시는 데 조금의 부족함이 없게 하시옵소서.

능력을 주시는 하나님, 하늘나라의 진리에 대하여 눈먼 이들에게 안내자가 되시기를 원하시는 목사님의 소원이 이루어지기 빕니다. 늘 슬퍼하는 자와 피로에 지친 사람들을 그리스도의 사랑으로 위로하시기 원하시는 소원이 열매 맺도록 하시옵소서. 목사님의 모든 활동과 직무를 통하여, 예수 그리스도의 영광을 더욱 드러나게 하시옵소서.

예수님의 이름으로 기도드립니다. 아멘.+

2. 복음이 선포되는 교회

_기도를 위한 말씀 묵상: 고전 7:17

하나님 아버지,
　우리 주님의 피로 ○○교회를 세워주신 하나님을 찬양합니다. 오늘도 죽어가는 사람들을 구원하시려고, ○○의 지체들을 통하여 복음을 전파하게 하시니 감사드립니다. 지금까지 주님의 일을 해 온 저희 교회가 앞으로는 갑절로 더 복음을 전하여 보다 많은 이들이 구원에 이르는 방주가 되기 원합니다.
　사랑하는 우리 ○○ 교회에 전도의 영을 부어주시옵소서. 이 교회에 속한 지체들이 전도의 영으로 충만하기를 빕니다. 장년에서 어린이에게 이르기까지 전 권속이 전도에 헌신하게 하시옵소서. ○○의 지체들은 생명을 구하는 일에 자기 목숨을 내어놓게 하시옵소서.

　생명을 주시는 하나님, 이 세상에서 마지막 남은 한 사람에게 복음이 전해질 때까지 저희 교회를 보호해 주시옵소서. 우리 모두에게 하나님께서 구원하시기로 작정된 영혼들을 보게 하시옵소서. 그리하여 이 지역의 사람들뿐만 아니라, 모든 사람들에게 생명의 말씀을 밝히 전하는 교회가 되기를 원합니다. 저희들에게 오직 복음을 전하는 소망을 갖게 하시옵소서.
　예수님의 이름으로 기도드립니다. 아멘. +

3. 하나 된 공동체가 되는 교회

_기도를 위한 말씀 묵상: 엡 5:27

하나님 아버지,

저희를 하나 되게 하신 하나님의 사랑에 찬양을 드립니다. 아버지 하나님을 모시고, 서로 사랑하면서 주님의 장성한 분량에까지 자라나는 저희들이 되기 원합니다. 하나님의 말씀으로 온전해지며, ○○교회를 중심으로 살아가기를 소망하게 하시옵소서.

지금, 혹시라도 저희들 중에, 마음의 분열과 갈등으로 말미암아 나누인 지체들이 있다면 서로를 용서하게 하시옵소서. 서로를 받아들일 수 있는 사랑으로 위로해 주시기 원합니다. 또한 나눔과 반목이라는 불행에 빠진 경우가 있다면 그 상처를 치유하여 주시옵소서.

하나를 원하시는 주여, 성삼위 하나님의 하나 되심을 저희들의 것으로 삼기를 빕니다. ○○의 지체들에게 은총을 베푸셔서 모든 것을 믿으며, 참으며, 바라면서 하나를 이루게 하시옵소서. 이 땅에서 지내는 동안에 주님께서 십자가를 지시고 흘리신 보혈로 한 지체가 되었음을 늘 기억하게 하시옵소서.

오직, 십자가의 사랑으로 한 몸이 되기를 소원하게 하시옵소서. 하나님 아버지도 오직 한 분이심을 고백하는 공동체가 되게 하시옵소서.

예수님의 이름으로 기도드립니다. 아멘.+

4. 지역사회에서 섬기며 봉사하는 교회

_기도를 위한 말씀 묵상: 롬 16:16

하나님 아버지,
 이미 죄로 죽었었는데, 그리스도 안에서 새 생명을 입게 하시니 감사드립니다. 하나님의 사랑이 예수님을 속죄의 제물 되게 하셨으니 제물 된 삶을 올려드리는 ○○의 공동체가 되게 하시옵소서. 주님께서 자신의 몸을 드려 봉사하셨던 삶을 따르게 하시옵소서.
 저희들에게 성령을 선물로 주셨으니, 성령 안에서 하나 되는 교회가 되기 원합니다. 하나님의 은혜를 나누며, 무엇을 하든지 하나 되어 주님의 몸을 이루게 하시옵소서. 아름다웠던 초대 교회의 공동체처럼 마음을 같이 할 수 있게 하시옵소서.

 사랑의 주 하나님, 세상에 계실 때, 하나님과 하나 되시고자 기도하신 주님을 본받기 원합니다. 교회의 온 성도들이, 아무 일에든지 다툼이나 허영으로 하지 않도록 성령께서 인도하시옵소서. 오직 겸손한 마음으로 각각 자기보다 남을 낫게 여기는 교회가 되게 하시옵소서.
 우리 ○○교회의 권속에게 섬김의 영을 부어 주시옵소서. 이웃에 대하여 봉사하는 영으로 충만하기를 빕니다. 예수님의 사랑을 주셨으니, 이 사랑을 가지고 뜻을 합하는 한 몸이 되게 하시옵소서.
 예수님의 이름으로 기도드립니다. 아멘.+

5. 거룩함이 보전되는 교회

기도를 위한 말씀 묵상: 살후 2:13-14

하나님 아버지,

하늘나라를 향한 믿음과 사랑의 소원을 품게 하시니 참 감사드립니다. 하나님의 말씀에 순종하는 생활로 저희들의 영혼을 굳건히 세우도록 도와주심을 믿습니다. 사랑하는 권속들이 죄를 거절하는 은혜를 누리게 하시옵소서.

사랑하는 지체들이 목사님과 믿음의 선배들의 사랑어린 지도를 받아 온전함에 이르기 원합니다. 이 분들의 기도와 사랑을 통해서 주님 앞에서 봉사의 일을 할 수 있기까지 자라게 하시옵소서. 그리하여 그리스도의 몸으로 세워지게 하시옵소서.

거룩하게 하시는 여호와여, 저희 교회의 성도들이 하나님의 품에서 자라는 일에 날로 더 열심을 내고 부지런해지게 도와주시기 원합니다. ○○의 지체들이 하나님 앞에서 천국 백성으로 갖추어 지는 것에 기뻐하게 하시옵소서.

성도들의 심령에 언제나 주님께서 친히 임재하심을 믿습니다. 주님께서 저희들을 부르시는 모든 곳, 모든 만남, 모든 일에 하나님의 다스리심이 있게 해 주시옵소서.

예수님의 이름으로 기도드립니다. 아멘. +

6. 사회와 문화를 이끌어 가는 교회

_기도를 위한 말씀 묵상: 행 2;47

하나님 아버지,

　우리가 사랑해야 하는 ○○교회를 위하여 두 손을 모으게 하시니 감사드립니다. 우리 교회가 예배시간에만 성도들이 모였다가 흩어지는 곳이 아니기를 원합니다. 우리에게 속한 권속 한 사람, 한 사람이 성령님으로 교통하게 하시고, 주님의 몸을 이루게 하시옵소서.

　○○교회가 이 사회에서 죄로 부패되어 가는 부분을 깨끗하게 할 수 있는 소금의 역할을 감당하게 하시옵소서. 세상을 향해서 교회의 사명을 감당하도록 도와주시옵소서. 이웃을 사랑하고, 아픈 이들은 위로하며, 병든 이들을 위해서는 기도를 하는 공동체로 만들어 주시옵소서.

　아들을 주신 하나님, 오늘, ○○교회도 주님의 몸으로서 우리 자신을 사회에 내어 주어, 어두운 자리를 밝히게 하시옵소서. 그리고 모자란 부분을 채워 주는 아름다운 교회로 만들어 주시옵소서.

　또한 이 사회를 바르게 하는 일에 앞장서서 더욱 굳게 함으로써 사회를 섬기는 종이 되게 하시옵소서. 이로써 여기에서 하나님의 나라가 이루어지기를 빕니다. 죽음의 땅에서 영생의 문화를 꽃피어가게 하시옵소서.

　예수님의 이름으로 기도드립니다. 아멘.+

7. 지역사회에서 칭찬받는 교회

_기도를 위한 말씀 묵상: 마 16:18

하나님 아버지,

○○교회를 이 지역에 세우시고, 하나님을 영화롭게 해드리며 세상을 섬기게 하셨음에 감사드립니다. 우리 교회에 속한 지체들이 하나님을 사랑하고, 이웃을 사랑하게 하시옵소서. 아버지의 계획에 따라 세상을 섬기는 교회가 되게 하심을 감사드립니다.

우리 주 예수님께서 세상에 오셨던 것처럼, 저희 교회도 자신을 내어 주기 위하여 세상으로 보내지게 해주시기를 빕니다. 세상을 위하여 자신의 모든 것들을 주는 교회가 되게 하시옵소서. 저희들에게 있는 생명의 말씀을 죽어가는 이들에게 거저 줄 수 있게 하시옵소서.

사랑의 하나님, 구원받아야 할 세상 사람들을 위하여 문이 열려진 교회가 되게 하시옵소서. 저희들이 누리는 생명의 복을 거저 받았으니 평안이 필요한 이들에게 거저 줄 수 있게 하시옵소서.

저희들이 주님의 목적을 깨달아 받들어서 끝까지 따르게 하시기 원합니다. 세상을 향해서 주님의 말씀에 순종하여 지키게 하시옵소서. 죄와 탐욕으로 얼룩진 세상에 의의 행실로 다가가게 하시옵소서. 천국 복음을 전파하며, 눌린 자를 자유케 하는 교회가 되게 하시옵소서.

예수님의 이름으로 기도드립니다. 아멘.+

8. 담임 목사

_기도를 위한 말씀 묵상: 요 10:14-15

하나님 아버지,

주님으로 말미암아 ○○○ 목사님께서 ○○ 교회에서 사역하시는 동안에 의의 열매가 가득하게 하시는 여호와를 높여드립니다. 목사님과 사랑하는 가족이 범사에 여호와를 기쁘시게 하시니 좋습니다.

사랑하는 목사님의 가정에 건강의 복이 넘치기를 소망합니다. 교회를 위해서 전심으로 사역하시는 동안, 건강이 뒷받침되도록 도우시며, 조금도 피곤하지 않게 하시옵소서. 교회의 여러 일들과 성도들을 돌아보시는 일들로 분주하실 때, 건강을 잃지 않도록 하시옵소서. 여호와로 말미암은 건강의 은혜가 식구들에게 나타나 범사에 강건하게 하시옵소서.

영혼의 만족이 되시는 여호와여, 비록 가난하지만, 하나님께서 도와주심을 바라고, 소망 중에 지내고 있는 이 가정의 식구들을 축복합니다. 부모와 자녀들이 거룩한 성전을 만들어가는 아름다운 가정이 되게 하시옵소서.

달려갈 길을 다가도록 애쓰시는 목사님께서 이전보다 더 성령님께 붙들린 바가 되시는 감화로 인도하시옵소서. 하나님을 사랑하는 종이 기도와 말씀을 가까이 하는 중에 목자의 사명을 감당하게 하시옵소서.

예수님의 이름으로 기도드립니다. 아멘. +

9. 부목회자들

_기도를 위한 말씀 묵상: 눅 17:10

하나님 아버지,
주님께 쓰임을 받고 있는 종이 그의 가정을 만세 반석 위에 짓게 하신 여호와께 찬송을 드립니다. ○○○님께서 교회를 위하여 자신의 몸을 드리고 있으니, 주님의 재림 시에 큰 상이 있음을 믿습니다.

이 귀한 가정의 식구들이 성경대로 생육하며, 번성하며, 하나님의 복을 받은 땅에서 잘 지내시게 된 것에 감사드립니다. ○○○ 강도사님께서 저희 교회에 오셔서 더욱 열매를 맺는 모습을 보니 즐겁습니다. 하나님께서 복을 주시니 그동안에도 찬송으로 살아온 가족들입니다. 하나님께서 하늘의 문을 여시니 자녀들도 다 잘 됨을 감사드립니다.

이김의 여호와여, 이 복스러운 가정이 교회 안에서도 모범이 되게 하시고, 교회의 부흥에 크게 쓰여 지게 하시옵소서. ○○○님과 이 가정의 식구들은 하나님께 속하였고, 사탄을 이기게 하셨으니, 마귀가 틈을 타지 못함을 믿습니다.

아침과 저녁으로 기도하는 가운데 화목하게 하신 주님의 사랑이 가득한 가정이 되게 하시옵소서. 세상에 있는 그 어떤 돈으로도 살 수 없는 복된 가정을 이루도록 이끌어 주시옵소서.

예수님의 이름으로 기도드립니다. 아멘. +

10. 장로

_기도를 위한 말씀 묵상: 골 1:24

은혜가 풍성하신 하나님,

이제까지도 ○○○ 장로님이 하나님의 교회를 통해서 좋은 나무가 되어 아름다운 열매를 맺도록 하신 하나님께 찬양과 경배를 드립니다. 장로님께서 오직 주님만을 사랑하고 교회를 섬기심에 감사드립니다.

장로님에게 하나님 앞에서나 성도들 앞에서 책망할 것이 없으신 일군으로 봉사하시는 은혜를 주시옵소서. 개인적으로 신령한 삶에 힘을 쓰셔서 그의 삶이 곧 성도들에게 가르침이 되게 하시고, 목회자를 잘 받들어 섬기는 동역의 은혜를 주시옵소서.

하나님 아버지, 지금까지 주님께서 장로님과 함께 하셔서 해를 두려워하지 않게 하셨음에 감사드립니다. 이제도, 주님의 십자가로 사탄의 궤계를 물리치게 하시며, 늘 성령님의 충만하심으로 죄를 마귀의 궤계에 예민하여 물리치게 하시옵소서.

우리 장로님에게 은혜를 주셔서 더욱 성실하신 종이 되시게 하시옵소서. ○○교회를 위하여 성실함을 다하시는 일꾼이 되게 하시옵소서. 베드로가 밤이 맞도록 그물을 내렸듯이, 장로님께서도 눈에 보이는 결과에 아랑곳하지 않으시면서 최선을 다하시게 하시옵소서.

예수님의 이름으로 기도드립니다. 아멘.+

11. 안수집사

_기도를 위한 말씀 묵상: 겔 44:14

하나님 아버지,

○○○ 집사님과 권속들이 언제나 즐겁게 지내도록 하신 여호와를 찬양합니다. 하나님께서 계획하신 대심방의 식탁을 통하여 영혼이 복을 받고, 세상에서도 잘 되는 은총이 이 가정에 임하기를 소망합니다.

주님께서 불꽃같은 눈동자로 사랑하시는 ○○○ 집사님의 가정에 복을 주셨음에 감사드립니다. 이 가정의 식구들이 주님의 사랑 안에서 하나가 되게 대화를 주셨음에 감사드립니다. 부모와 자녀가 서로에 대하여 관심을 나타내는 대화가 넘치게 하시고, 혹시 개인적으로 무거운 짐을 지게 될 때, 함께 짊어지는 가족이 되게 하시옵소서.

거룩하게 하시는 하나님, 집사님에게 교회를 위하여 봉사하게 하셨으니, 즐거움으로 감당하게 하시옵소서. 목사님께서 기도를 하시는 일과 말씀을 전하시는 일에 전무하시도록 협력하는 종이 되게 하시옵소서.

하나님의 채워주심에 자신의 모든 것을 맡기시는 집사님이 복되기를 소망합니다. 여호와의 은혜에 소망을 두고 가족들이 위로부터 내려지는 복을 앙망하면서 살아가도록 하시옵소서.

예수님의 이름으로 기도드립니다. 아멘.+

12. 권사

_기도를 위한 말씀 묵상: 벧전 4:10

하나님 아버지,

ㅇㅇㅇ 권사님이 구원의 은총을 누리고 지내시니 즐겁습니다. 권사님은 세상의 부귀영화를 얻을 수 있는 기회가 많았으나 언제나 거절하고, 예수님으로 만족하려는 마음을 갖게 하시는 여호와를 찬양합니다.

아브라함에게 복을 주신 은혜를 권사님도 경험하게 하시옵소서. 이로써 이 가정이 창대하게 되는 역사를 이루어 주시고, 이 가정에 임한 복으로 말미암아 하나님의 교회에 영광이 되기 원합니다.

교회를 지키시는 하나님, 권사님께서 더욱 더 성령님에의 충만하심으로 교회를 섬기도록 인도해 주시옵소서. 여종이 단정하신 인품으로 성도들을 대하게 하시고, 교회의 어려운 일에 즐거움으로 섬기게 하시옵소서. 목사님의 목회방침을 잘 알아서 도와드리는 동역자요, 신실한 일꾼이 되게 하시옵소서.

권사님께서 교회를 위하여 착한 여종이 되시도록 간구합니다. 하나님의 나라를 위한 충성을 성실하게 감당하는 여종이 되기 원합니다. 주님께서 제자들을 끝까지 사랑하셨던 그 심정으로, 권사님께서도 끝까지 교회를 사랑하는 마음을 갖게 해주시옵소서.

예수님의 이름으로 기도드립니다. 아멘. +

13. 집사

_기도를 위한 말씀 묵상: 눅 12:42

하나님 아버지,

하나님의 택하심을 받은 가정에서 예배할 때, 주님의 영광이 나타나고, 저희들에게는 성령님이 충만하심이 있기를 원합니다. 오늘도 집사님의 모습에서 의를 얻으시는 은혜를 보게 하심에 감사드립니다.

집사님의 가정에 천국의 문이 열리는 은혜가 있기를 소망합니다. 부모들이 하나님의 사랑에 감사하고, 주님의 영광만을 소원으로 삼고, 자녀들 또한 부모에게 공경하는 모습을 보이게 하셨습니다. 부부 사이에, 형제들 사이에, 부모와 자녀 사이에 사랑의 표현을 나누는 대화가 기도만큼이나 뜨거워지게 하시옵소서.

재물의 은혜를 주시는 주여, 아쉬울 것이 없게 하시는 하나님의 손길이 집사님의 재정에도 임하기 원합니다. 간절히 바라오니, 여호와의 부요케 하심으로 모든 착한 일을 행하게 하시고, 물질을 통하여 받으실 영광을 드리게 하시옵소서.

사랑하는 집사님께서 하나님께 가까이 가려는 결단을 경험하게 하시옵소서. 이제까지와 같이, 여호와의 거룩하심에 들어가시는 다짐의 은혜를 주시옵소서.

예수님의 이름으로 기도드립니다. 아멘. +

14. 구역장

_기도를 위한 말씀 묵상: 엡 3:7

하나님 아버지,

하나님께 영광을 드리고, 하늘에서부터 내려지는 은총으로 거룩해져 가는 ○○○ 권찰님과 이 가정을 볼 때, 감사드립니다. 성령님께 충만해서 그 은혜의 맛을 보는 식구들이 되게 하시옵소서. 영생의 은혜를 주신 여호와의 손으로 구역장님의 생활을 만져 주시기 원합니다.

권찰님께서 힘들어 하시는 문제들로부터 구원함을 받게 하시옵소서. 이 세상에서 믿음을 지키며 산다는 것 자체가 외롭고, 곤고할 수밖에 없으니 마귀의 참소를 물리쳐 주시옵소서. 권찰님께 평안을 주시고, 번성과 부요의 은혜로 살아가시게 하시옵소서.

여호와 우리 주여, ○○○ 권찰님이 하나님의 나라를 위하여 애쓰는 것이 고스란히 기도가 되어 저의 삶이 풍성해지기 원합니다. 생활을 하는데 먼저 재물의 부요를 보게 하시고, 가족은 화평함이 넘쳐서 복된 가정을 이루게 하시옵소서.

하늘의 신령한 은혜로 풍서하게 하신 그 손이 재정에 있어서도 후하게 되어 부어주심을 믿습니다. 땅에서 지내는데 조금의 아쉬움이 없도록 누르고 흔들어 넘치게 안겨주시옵소서.

예수님의 이름으로 기도드립니다. 아멘.+

15. 세상적인 것들에 마음을 두는 지체

_기도를 위한 말씀 묵상: 벧전 4:11

신실하신하나님,
　여호와께 존귀한 ○○○ (집사)님과 이 가정을 축복합니다. 날마다 하나님의 은혜를 사모하는 ○○○ (집사)님에게 주님의 다시 오심을 기다리도록 권면해 주시는 하나님의 사랑에 감사드립니다. 주님께서 오시면 저희들이 믿음을 따라 살아온 그대로 상을 받을 것을 기대하면서 지내게 하시옵소서.
　○○ 교회를 통해서 하나님의 영광을 구하고, 하나님의 말씀에 순종하여 달려갈 길을 다하기까지 힘을 쓰는 저희들이 되게 해 주시기를 빕니다. 이 시간에, ○○○ (집사)님과 함께 재림의 신앙을 갖도록 권면을 받기 위하여 머리를 숙였습니다.

　날마다 하루 분량의 즐거움을 주시고, 일생의 꿈은 그 과정에 기쁨을 주셔서, 떠나야 할 곳에서는 빨리 떠나게 하시고 머물러야 할 자리에는 영원히 아름답게 머물게 하시옵소서.
　저희들에게 종말에 대한 예민함을 갖게 하시고, 이슬과 같이 사라지고 말 세상에 대하여서는 너무 집착하지 않게 하시옵소서. 지금, 저희들이 누릴 수 있는 것으로 하나님께 영광을 구하게 하시옵소서.
　예수님의 이름으로 기도드립니다. 아멘.+

16. 욕심의 미혹을 받는 지체

_기도를 위한 말씀 묵상: 엡 4:22

인애하신 하나님,
  오늘도 예비하신 하늘의 복으로 ○○○ (집사)님과 이 가정을 둘러 주시옵소서. 우리 주님의 몸 된 교회를 사랑하고, 성도의 사명을 감당하도록 오늘도 은혜를 주시니 감사드립니다. 주님의 이름으로 심방하여 예배할 때, 성령님의 충만하심을 보게 하시옵소서.
  혹시, 성령을 거역하며 마음대로 살아왔던 저희들을 불쌍히 여겨 주시옵소서. 하나님 앞에서 질서를 지키고 원칙과 기준이 확실하며 균형과 조화를 잃지 않도록 하시옵소서. 성공한 사람보다 소중한 사람이 되게 하시옵소서.

  소망을 품게 하시는 주여, 이 세상에 있는 모든 것들이 하나님께로부터 왔음에, 감사한 마음으로 사용하게 하시고, 하나님의 귀한 것들을 맡기셨으니 성실한 마음으로 사용하게 하시옵소서.
  저희들은 세상의 것들에 마음을 두지 않게 하시옵소서. 더 가지려는 욕심을 거절하게 하시옵소서. 사용하라고 맡겨 주셨으니 주인의 뜻을 헤아려서 물질을 사용하는 충성스러운 청지기로 지내게 하시옵소서.
  예수님의 이름으로 기도드립니다. 아멘.✝

17. 재물에의 탐욕에 끌리는 지체

_기도를 위한 말씀 묵상: 살전 5:23

전능하신 하나님,

영혼이 잘 됨 같이 범사가 잘 되고, 강건하기를 원하시는 하나님의 은혜가 ○○○ (집사)님과 이 가정에 넘치기를 소망합니다. 이 시간에, 저희들이 누릴 수 있는 복이 하나님께로부터 말미암음을 깨닫게 하시니 감사드립니다.

사랑하는 ○○○ (집사)님께서 여호와를 경외함에 더욱 힘쓰는 지체가 되기를 빕니다. 저희들이 가질 마음의 자세는 재물에 대한 탐욕이 아님을 잊지 않게 하시옵소서. 재물보다는 우리에게 영원히 복이 되시는 하나님을 사랑하는 마음으로 가슴을 채우게 하시옵소서.

날마다 말씀으로 살게 하시며, 말씀 속에서 주님의 세미한 음성을 들으시도록 인도해 주시옵소서. 그리고 그 말씀의 인도하심에 따라 우리가 삶으로 아멘하게 하시옵소서. 삶으로 아멘하는 행동하는 신앙인이 다 되게 하시옵소서.

이 시간에, 하나님을 사랑해 드려야 할 ○○○ (집사)님의 가슴에 세상에서의 재물에 탐을 내는 유혹이 들어오지 않게 하시옵소서. 사탄이 재물의 유혹을 통해서 공격하지 않도록 지켜 주시옵소서.

예수님의 이름으로 기도드립니다. 아멘.+

18. 거짓에의 유혹을 받는 지체

_기도를 위한 말씀 묵상: 딤전 6:14

정직한 영의 하나님,

우리 주님의 이름으로 복된 가정에 찾아왔으니, 하늘의 문을 여시고, 큰 복을 내려 주시옵소서. 저희들이 예배할 때, 이 가정을 영광의 처소로 구별해 주시고, 영과 진리로 예배하게 하시옵소서.

주 안에서 저희들의 심방을 받으신 ○○○ (집사)님이 예배의 복에 참여하게 하시옵소서. 저희들은 잘 알지 못하지만 ○○○ (집사)님께서 눈물로 간구하는 소원이 이루어지게 하시며, 이 가정의 복된 삶을 훼방하는 사탄의 역사를 물리쳐 주시옵소서.

하나님 아버지, 말씀으로 살아가게 하시고 깨달아 주님의 뜻대로, 주님의 자녀답게 사시도록 인도해 주시옵소서. 아울러 온유하고, 겸손하신 주님의 삶을 본 받는 ○○○ (집사)님이 되게 하시옵소서.

하나님께서 주신 생명의 시간을 사는 동안에, ○○○ (집사)님이 여호와 앞에서 의롭다 인정받기를 빕니다. 잠깐 동안의 유익을 얻기 위해서 거짓과 술수의 미혹이 올 때, 거절하게 하시옵소서. 세상에 대하여 빛으로 살게 하시며, 여호와께 대하여 착한 행실로 살게 하시옵소서.

예수님의 이름으로 기도드립니다. 아멘.✝

19. 부부가 서로 갈등을 겪고 있는 지체

_기도를 위한 말씀 묵상: 골 3:18-19

사랑으로 우리를 돌보시는 하나님,

사랑하는 ○○○ (집사)님과 이 가정의 지체들에게 여호와의 임재를 경험하게 하시옵소서. 오늘, 저희들의 걸음을 이 가정으로 인도하셔서 예배하게 하셨음을 즐거워합니다. 사랑하는 ○○○ (집사)님에게 잠깐 동안의 근심이 있지만, 우리 하나님의 은혜로 풀려질 줄로 믿습니다.

주님의 크신 능력으로 집사님의 마음을 강하고 뜨겁게 하사 결심을 새롭게 하시고 말씀을 따라 살게 하시옵소서. 주님의 은혜를 찬송하며, 구속의 은혜를 감사하며, 영원히 송축하도록 인도해 주시옵소서.

여호와 앞에서 존귀한 자녀의 가정에 하나님의 특별하신 은혜가 임하게 되기를 소원합니다. ○○○ (집사)님이 더욱 풍성한 사랑에 들어가도록 하시는 하나님의 일하심을 보게 하시옵소서. 지금, 잠시의 갈등으로 하나님을 찾게 하셨으니 여호와의 강권적인 만져 주심의 은혜를 내려 주심을 빕니다.

하나님의 백성으로 구별된 성도의 가정에 하늘의 평안을 가득 부어 주시옵소서. 서운함이나 미움의 역사가 일어나지 않게 하시옵소서. 집사님께서 하나님의 은혜를 더욱 사모하게 하시기를 원합니다.

예수님의 이름으로 기도드립니다. 아멘. +

20. 고부의 갈등을 겪고 있는 지체

_기도를 위한 말씀 묵상: 엡 6:2

부모를 공경하게 하시는 하나님,

하늘의 문을 여시고, ○○○ (집사)님의 가정에 복을 주시기 위해서 저희들이 심방하게 하시며, 예배로 영광을 드리니 받아 주시옵소서. 영과 진리로 예배할 때, 하나님의 은총이 크게 나타나게 하시옵소서.

사랑하는 ○○○ (집사)님이 잠시 마음이 곤고하고, 평안을 잃었으니 성령님의 충만하심으로 마음의 아픔이 치유되게 하시옵소서.

서운함과 마음의 상함으로 눈물 밖에 없는 ○○○ (집사)님에게 내 편이 되어 주시는 하나님의 은총을 보게 하시옵소서. 불평하기보다는 하나님을 찾고, 불만으로 성격을 나타내기보다는 하나님의 인도하심을 구하는 종에게 은혜로 응답해 주시옵소서.

하나님 아버지, 이 가정에 며느리를 보듬어 품는 시어머니와 시어머니를 마음으로 섬기는 며느리의 복됨을 누리게 하시옵소서. 하나님의 은혜를 사모합니다. 영혼이 잘 됨 같이 범사에 잘되고 강건케 될 줄 믿사오니 늘 성령의 충만함을 허락하여 주시옵소서.

○○○ (집사)님에게 강하고 담대한 믿음을 허락하사 하나님의 말씀에 순종하며 세상을 이기는 힘을 허락하여 주시옵소서.

예수님의 이름으로 기도드립니다. 아멘.+

21. 부모-자녀의 갈등을 겪고 있는 지체

_기도를 위한 말씀 묵상: 골 3:20

인애하신 하나님,

저희들을 부모가 되게 하신 여호와를 찬양합니다. 저희들에게 자녀의 양육을 맡기셔서 아이들을 키우게 하신 하나님의 섭리를 묵상합니다. ○○○ (집사)님의 가정에도 칭찬받는 자녀들을 주셔서 이 가정이 모범되게 하셨음을 즐거워합니다.

이 가정의 삶에서 가정에 복을 내려주시는 하나님의 은혜를 보게 하셨음을 기억합니다. 지금, 아주 잠깐 동안 부모와 자녀 사이에 갈등이 있어 기도하게 하시니 더욱 감사드립니다. 갈등을 통해서 부모는 더욱 좋은 부모가 되고, 자녀는 더욱 부모에게 사랑스럽게 하시옵소서.

하나님 아버지, 갈등의 아픔을 통해서 하나님의 은혜를 구하는 ○○○ (집사)님에게, 부모에게 순종하는 자녀와 자녀를 격노케 하지 않는 부모의 가정을 만들어 가게 하시옵소서. 나아가 이 은혜 안에서 하나님과의 가족관계를 경험하게 하시옵소서.

오늘도 ○○○ (집사)님의 의지와 생각이 주님 앞에서 하나로 묶어져 가족을 사랑하고, 보듬어주는 마음으로 성장하게 하시며, 그 사랑이 죽을 영혼도 살려내는 생명력이 넘치는 믿음이 되게 하시옵소서.

예수님의 이름으로 기도드립니다. 아멘.+

22. 가족 중에 불의한 일에 가담한 가정

_기도를 위한 말씀 묵상: 빌 2:13

우리를 넉넉하게 하시는 하나님,

여호와께 존귀한 ○○○ (성도)님과 이 가정을 축복합니다. 안타깝게도 사랑하는 ○○○ (성도)님께 어려움이 있어 하늘의 은혜를 구합니다. 이 근심과 걱정은 아주 잠시일 뿐임을 믿습니다.

오늘, 예배하는 중에, ○○○ (성도)님의 마음을 누르고 있는 악한 세력을 물리쳐 주시옵소서. 흑암의 세력을 걷어내시고, 우리 주님의 피가 묻은 손으로 어루만져 주시기를 빕니다.

하나님 아버지, 하나님의 은혜로 ○○○ (성도)님 가정의 경제를 붙들어 주시옵소서. 흔들리는 경제로 인하여 쓰러지는 어려움이 없게 하시옵소서. 이 가정에서 소용되는 대로 재물을 사용하게 하시고, 생계의 수단이 막히지 않도록 복을 내려 주시옵소서.

사탄은 ○○○ (성도)님을 쓰러뜨리려고 갖가지의 방법으로 유혹하고 있으나 성령님께서 불 칼과 불 병거로 막아주시옵소서. 악한 생각의 자리에 함께 하지 못하도록 붙잡아 주시옵소서. 오직 여호와를 즐거워하고, 하나님의 은혜를 구하게 하심을 빕니다. ○○○ (성도)님께서 죄인의 자리에 서지 않게 하시옵소서.

예수님의 이름으로 기도드립니다. 아멘.+